# 고마워요 미안해요 일어나요

대한민국 제16대 대통령
노무현 추모시집

이 도서의 국립중앙도서관 출판시도서목록(CIP)은 e-CIP 홈페이지
(http://www.nl.go.kr/cip.php)에서 이용하실 수 있습니다.
(CIP 제어번호 : CIP2009001977)

대한민국 제16대 대통령
노무현 추모시집
고마워요 미안해요 일어나요



2009년 7월 7일 초판 1쇄 찍음
2009년 7월 10일 초판 1쇄 펴냄
2009년 7월 23일 재판 1쇄 펴냄

지은이 | 정희성 외
펴낸이 | 방남수
펴낸곳 | 도서출판 화남
편집고문 | 김영현 홍일선
편집주간 | 이승철
편집위원 | 박해전 이재무 현준만 임동확
편집 · 디자인 | 권영임 오경은 현정

등록 | 제2-1831호(1994.9.26.)
주소 | (121-838) 서울시 마포구 망원동 57-276 프라임빌라 204호
전화 | (02)3142-4787 팩스 | (02)3142-4784
이메일 | hwanambang@daum.net

한국문학평화포럼 (121-861) 서울 마포구 아현동 437-3 고려아카데미텔 1621호
전화_(02)730-6820 팩스_(02)730-6822
www.munhakforum.or.kr

ISBN 978-89-6203-030-3 03810

값 10,000원

대한민국 제16대 대통령
노무현 추모시집

# 고마워요 미안해요 일어나요

정희성 외

노무현, 당신을 사랑합니다
당신을 영원히 잊지 못하는
이 땅의 시인 265인의 추모 헌정시집

화남

책 머 리 에

# 노무현 전대통령 추모시집을 펴내면서

대한민국 제16대 대통령, 노무현 전대통령의 서거는 우리들에게 형언할 수 없는 충격과 비통함을 안겨주었다. 한 인간의 죽음이 이토록 온 나라를 충격과 비탄에 빠뜨린 적은 일찍이 없었기에, 우리들은 가장 뜨거운 5월의 시간을 보냈다. 자신의 전 생애를 불꽃보다 더 뜨겁게 살면서 참으로 '사람 사는 세상'을 간절히 염원하였던 사람……. 허나 그 꿈을 이루지 못한 채 끝내 처절한 결단으로 스스로를 투신하여 역사의 제단 위로 뚜벅뚜벅 걸어간 '바보 노무현' 이었기에 그의 삶과 죽음은 오늘을 사는 우리 모두에게 삶의 참 의미를 되묻고 있다.

차마 뉘라서 이 죽음 앞에서 떳떳할 수 있으랴. 그러기에 2009년 5월 23일부터 29일까지 1주일간의 국민장 동안 전국과 해외에 설치된 분향소에 무려 500만 명이 넘는 추모 조문객이 다녀갔고, 노무현 전 대통령의 고향인 봉하마을엔 100만 명이 넘는 추모인파가 몰리는 등 온 나라가 노란 깃발과 흰 국화로 뒤덮였다. 저마다의 얼굴 위로 흘러나오던 울음과 통곡의 말들, 수천 수만 개의 종이학들, 그리고 거리마다 만장 되어 펄럭이던 애도의 글들은 노무현이라는 한 인간에 대한 사무치는 그리움, 바로 그것이었다.

노무현 전대통령에 대한 참으로 놀라운, 이 같은 추모 열기는 '바보 노무현', 인간 노무현의 위대함을 새롭게 인식하게 해주었다. 한 마디 말로는 도저히 표현할 수 없는 그 슬픔과 분노, 애틋한 추모의 마음은 "당신을 지켜주지 못해 죄송합니다."라는 그 한 마디로 압축되기도 했다.

노무현 전대통령은 서거 직전에 절명시를 연상케 하는 짧은 유서를 남겼다. 죽음을 결심할 수밖에 없는 처절한 상황 속에서 가족들에게 당부하는 말로 쓴, 열네 줄의 이 유서는 우리가 지금까지 보아온 그 어떤 시보다도 더 울림이 컸으며, 그만의 고결한 정신과 삶에의 순결한 진정성을 저절로 느끼게 해주었다. 이 나라 국민들은 그에 화답이라도 하듯 내 마음속 대통령을 기리기 위하여 구구절절한 추모의 언어를 빈소와 거리와 광장의 벽면에 남겼다. 그 벽면 위 수많은 애도의 글은 한 편의 거대한 추모 서사시였다.

그에 비하면 여기 추모시집에 수록된 시인들의 추모시는 어찌 보면 보잘것없는 것일지도 모른다. 하지만 한 인간의 죽음 앞에서 더구나 권력과 무관한 일국의 시인들이 전직 대통령의 서거 앞에서 이토록 많은 추모시를 자발적으로 썼다는 사실은 참으로 의미심장한 일이 아닐 수 없다.

이 땅의 시인 265명이 쓴 이 추모시집은 시인들의 가슴 저 밑바닥에서 우러나온 인간 노무현, '바보 노무현' 에 대한 반성과 사랑의 고백이다. 아울러 이는 한국 민주주의의 회생과 노무현 정신의 부활, 참다운 인간해방을 염원하는 시인들 자신의 자기다짐이기도 하다.

'바보 노무현' , 인간 노무현은 영원히 우리와 함께 할 것이다. 두 손 모아 노무현 전대통령의 명복을 빌면서 삼가 고인의 영전에 그리고 그를 사랑하는 모든 사람들께 이 시집을 바친다. 끝으로 이 시집 출간을 위해 물심양면으로 도움을 준 여러 필자 시인들과 문학인들 그리고 독지가 여러분들께도 고마운 마음을 전한다.

2009년 7월 10일, 노무현 전대통령 49재를 맞아

노무현 전대통령 추모시집 발간위원회 | 한국문학평화포럼 | 시 전문지 『시경』 | 도서출판 화남

# 차례



## 1 노무현 살아오소서

류연복 판화 〈내 마음속 대통령 노무현〉

## 2 밀짚모자 대통령

## 3 그런 사람 한 번 더 만날 수 있다면

## 4 한 편의 영상을 두고 떠난 님

김영남 그림 〈밀짚모자를 쓴 노무현〉



## 5 바보 노무현꽃이여

사람 사는 세상 꽃불 밝혔네 6

이 시집을 노무현 전대통령의 영전에 삼가 바칩니다.
아울러 노무현 전대통령을 사랑하는 모든 국민들께 바칩니다.

# 1 노무현 살아오소서

류연복 판화 〈내 마음속 대통령 노무현〉

김성라 그림 〈밀짚모자를 쓴 대통령〉

# 봉화산

정희성

당신 떠난 그 자리에
사람들이 모여 듭니다
당신 떠난 그 자리에
사람들이 서성이며 울고 있습니다
아아 천둥번개 비바람 지난 뒤에도
당신 떠난 빈 자리에
사람들은 숲이 되어 서 있습니다

**정희성**
1945년 경남 창원 출생. 1970년 『동아일보』 신춘문예로 등단. 시집으로 『답청』 『저문 강에 삽을 씻고』 『한 그리움이 다른 그리움에게』 『시를 찾아서』 『돌아다보면 문득』 등. 김수영문학상, 불교문학상, 시와시학상, 아름다운작가상, 만해문학상, 이육사시문학상 등 수상. 숭문고등학교 국어교사로 35년 봉직. 한국작가회의 이사장 역임. 현재 한국작가회의 고문.

# 부엉이바위 이마의 깊은 주름살

문인수

힘껏 자라난 식물의 맨 꼭대기에 뭉툭하게 맺힌
한 주먹 꽃,
저 외딴 붉은 목청은 마음의 벼랑 끝이다.

지금은 창공, 박차고 날아오른 저 새가 꽃이다.

지금은 부엉이바위 이마의 일획일소一劃一掃 한 一자 깊은 주름살, 그 높은 자리 대통령이란 때때로 사방 만 리가 적막한 꽃이었을 것이다.
이제는 역사가 된 이의 가치와 정신은 어디서 가꾸나. 지역구도 타파와 권위주의 극복, 참여민주주의의 실현을 향한 그의 꿈은 어디서 왔나.
자문자답으로 얻은 여러 신념들, 다짐들, 용기들, 실천들이
제자리 악물고 타오른 불, 불! 스스로 포박당한 사람, '노짱'을 아시는지….
지금은 죽어 그리운 바보 노무현, 타워크레인 위 야생의 그 포효가 또한 꽃이었을 것이다.

지금은 아이의 기억 속에서 가장 행복한 할아버지, 무엇보다 그 사랑이 꽃이다.

"너무 슬퍼마라, 누구도 원망하지 마라."

엄청 굵은 눈물, 새파란 새벽을 찍어 쓴 절필!
한 주먹 꽃,
먼훗날 바라 서 있는 고향 마을의 벼랑 끝이다.

**문인수**
1945년 경북 성주 출생. 1985년 『심상』으로 등단. 시집으로 『쉬!』 『배꼽』 등. 대구문학상, 김달진문학상, 노작문학상, 한국가톨릭문학상, 미당문학상 등 수상. 제8대 대구시인협회 회장 역임.

# 당신의 눈썹에 박혀있는 흉터, 초롱불처럼

— 노무현 전 대통령의 영전에

강은교

그때
저는 이끼낀 쇼핑백을 들고 있었습니다
그때
당신이 '상록수' 노래를 부르며 어둑어둑한 세상과 싸우고 계실 때.
그때
저는 잿빛 불평만 중얼거리고 있었습니다
그때
당신이 행렬의 처음에 서서 빛나는 어깨띠를 추스르고 계실 때.
당신이 훨훨훨훨 민주의 자전거를 달리고 계실 때.
그때
저는 떨어지는 빗방울만 바라보고 있었습니다
그때
당신이 결코 찢어지지 않는 우산을 만들고 계실 때.
그때
저는 흐린 역사의 그림자나 후벼파고 있었습니다
그때
당신이 사라지는 별들을 모아 모든 굳건한 벽에 노란 풍선으로 매달고 계실 때.
그때
저는 마음대로 안되는 세상에 대고 삿대질만 하고 있었습니다
그때
당신이 고향의 흙들에 살풋살풋 생명의 김을 쐬어주고 계실 때.

그때

저는 저만치 서 있는 사랑의 뺨을 바라보고만 있었습니다

그때

당신이 사랑의 긴 어깨를 쓰다듬고 계실 때.

길이 길을 만든다네, 사람이 길을 만들고 저기 지나가네, 라고 외치고 계실 때.

그럼요, 죽음은 삶이지요, 암요, 삶이지요

거기 하늘은 어떠신지요? 사람사는 세상이 보이시는지요? 시간의 아이들이 하늘 우러르는 모양, 보이시는지요?

당신의 눈썹에 박혀있는 흉터, 초롱불처럼 광장의 이마들 위에 켜졌습니다

이제

당신은 이겼습니다, 역사가 시간에 업혀 당신에게 담배를 물리고 있으니

솟아오르소서, 또 다른 삶으로 솟아오르소서

우리 모두 민주의 바위 휘도는 솟음이게 하소서

푸른 님이여, 향기로운 님의 잠이여

**강은교**

1945년 함남 홍원 출생. 1968년 『사상계』 신인문학상으로 등단. 시집으로 『허무집』 『풀잎』 『빈자일기』 『소리집』 『붉은 강』 『오늘도 너를 기다린다』 『그대는 깊디깊은 강』 『벽 속의 편지』 『어느 별에서의 하루』 『등불 하나가 걸어오네』 『시간은 주머니에 은빛 별 하나 넣고 다녔다』 『초록 거미의 사랑』 등. 한국문학상, 현대문학상 등 수상. 현재 동아대 국문과 교수.

# 노무현 유스도를 품어주소서

유안진

하느님 !
노무현 유스도를 부탁합니다
당신의 뜻으로
같은 땅에 태어나 같은 언어를 사용하며
반세기 이상을 같이 살아왔고
자고 눈 뜨면 때 없이 마주치는 지난 5년을 살아와
그늘도 햇볕도 눈서리도 비바람도
더불어 함께 했던 우리 누군들
왜 하고 싶은 한마디쯤 없겠습니까마는
왜 국민들에게는 한마디도 남긴 말이 없었느냐고
누구든 왜 아니 경악하다가 원망하다가 허탈하다가…….
아무리 생각해봐도
그래서는 안 되고 절대로 안 되는데
그렇게밖에는 증명이 안 되는 결벽증세도
자칫하면 자신과 세상에 복수로 오해되는데
그런 염려마저도 다만 지나가는 한 오리 바람일 뿐이라는 듯이…….
큰 틀로도 작은 틀로도 죽음 뒤에야 다만 한 점 이슬방울 같은
허망일 뿐이라고
한도 없이 여리고 여린 사람의 어리석은 염려일 뿐이라고

목숨의 주인이신 주님!

그럼에도 노무현 유스도를 부탁합니다
그와 더불어 제 각자의 장소에서 한 시대의 한 세상을 일구어온
이 땅의 모든 이들이 바라는 바, 오직
노무현 유스도의 영혼을 품어주소서
당신의 나라가 땅에서도 이루어질 때까지
세상에서 못 누린 안식으로 그를 덮으소서.

**유안진**
1941년 경북 안동 출생. 1967년 『현대문학』으로 등단. 시집으로 『달하』 『물로 바람으로』 『월령가, 쑥대머리』 『누이』 『다보탑을 줍다』 등. 정지용문학상, 소월문학상 특별상, 대한민국펜문학상 등 수상. 현재 서울대 명예교수.

# 바위

김규동

전직 대통령 노무현님이
몸 던진 바위

김구를 죽이고
여운형을 죽이고
조봉암을 죽인 그들이
좋은 지도자 한 사람을 죽였다
아니
우리 모두가 죽였다

부엉이바위라 불리는 그 바위
경남 김해시 진영읍 본산리 봉하마을에 있다

**김규동**
1925년 함북 종성 출생. 1948년 『예술조선』 신춘문예 당선으로 등단. 시집으로 『나비와 광장』 『죽음 속의 영웅』 『생명의 노래』 『느릅나무에게』 등. 자유문인협회상, 만해문학상 수상. 은관문화훈장 서훈. 현재 한국작가회의, 한국문학평화포럼 고문.

# 노무현 살아오소서

김진경

국민이 나라의 주인이라는 상식
그 국민에 못 배우고 힘없는 이들도 당연히 포함된다는 상식
그 작고 아름다운 상식이 왜 이렇게 말해질 수밖에 없는가?
대통령도 국민의 한 사람이라는 상식
물러나면 평범한 국민의 한 사람으로 평화롭게 살 수 있다는 상식
그 작고 아름다운 상식이 왜 이렇게 말해질 수밖에 없는가?
법이 모든 국민에게 공정해야 한다는 상식
법이 파당의 이익을 위해 봉사해선 안 된다는 상식
그 작고 아름다운 상식이 왜 이렇게 말해질 수밖에 없는가?
당신은 늘 불편한 노무현이었습니다.
그 작고 아름다운 상식을
당신 자신과 우리들에게 가혹할 정도로 요구했기 때문입니다.
당신은 늘 외로운 노무현이었습니다.
그 작고 아름다운 상식을
편리함을 위해 너무도 쉽게 저버리는 우리들 속에서
당신은 늘 바보 노무현이었습니다.
당신의 존재는 운명적으로
국민이 나라의 주인이라는 상식
그 국민에 못 배우고 힘없는 이들도
당연히 포함된다는 상식을 말하고 있었습니다.
그래서 당신은 늘 두려운 노무현이었습니다.
잘 나고 힘 있는 소수가

사실상 모든 걸 결정하고 이끌어야 한다고 믿는 사람들은
늘 당신의 존재를 두려워했습니다.
당신의 존재 자체를 지우고 싶어했습니다.
그런 작고 하찮은 상식을 끝까지 품고 가는 사람은 이 세상에 없는 거라고
헛된 희망은 품지 말라고
뙤약볕에 밀짚모자를 쓰고 환하게 웃는
평범한 농부 노무현의 모습마저 지우려 했습니다.
아, 그리고 당신을 불편해 하는 우리들의 침묵이
마침내 당신을 벼랑 끝에 세우고 말았습니다!
당신은 대한민국을 너무도 깊이 사랑했으므로
칼날이 되어 들어오는 법의 이름을 부정하지 않았습니다.
그 칼날 앞에서 그 작고 아름다운 상식을 말할 수 있는 방법은
그리하여 당신에게 죽음뿐이었습니다.
여기 아직 희망이 있다고 말할 수 있는 방법은
그리하여 당신에게 죽음뿐이었습니다.
아, 늘 불편한 노무현!
나태해지는 우리의 어깨를 두드리는 죽비소리로
다시 살아오소서.
아, 늘 외로운 노무현!
그 작고 아름다운 상식을 위한 싸움이야말로
가장 외롭고 힘든 싸움이라고

우리의 어깨를 토닥여주는 따뜻한 손길로
다시 살아오소서.
아, 바보 노무현!
그 작고 아름다운 상식이 꽃피는 나라로
다시 살아오소서.
우리들이 반드시 이룰 터이니
그 아름다운 나라로 다시 오소서.
아, 당신의 아름다운 사랑은
정말
이렇게
죽음으로 말해질 수밖에 없었는가!

**김진경**
1953년 충남 당진 출생. 1974년 『한국문학』 신인상으로 등단. 시집으로 『갈문리의 아이들』 『우리 시대의 예수』 『닭벼슬이 소똥구녕에게』 『별빛속에서 잠자다』 등, 장편으로 『이리』, 산문집으로 『30년에 300년을 산 사람은 어떻게 자기 자신일 수 있을까』, 교육동화집으로 『고양이 학교』 등. 프랑스 앵코립티블상 수상.

# 5월의 끝자락에 서서

— 5월의 님을 여의고

문병란

5월 29일, 그 푸름의 끝자락에 서서
보내기 아쉬운 마음,
천지를 흔드는 큰 슬픔을 안고
그 님이 남기고 간 핏빛 사랑을
가만히 읊조려 본다
보내기 싫어 떠나기 싫어
6월에 떠밀려 가는
뒷모습 서성이는 5월아
뚝뚝 떨어지는 피 먹은 장미
가시에 찔리운 붉은 심장
멈추지 않는 고통 속에서
멈출 수 없는 슬픔 속에서
보낼 수 없는 마음만
떨어진 꽃 붙잡고 울고 있다
떼거리로 열지어 선 5월의 꽃들
짙푸른 청라언덕 거기
먼저 간 님들 손짓하는
휘푸른 미명의 새벽에
수상한 부엉이는 울어
방방곡곡 핏빛 종소리로 울어
피 섞인 눈물로 새기는
5월의 묘비명은 자유와 사랑이다

장미꽃 떨어져 향기 썩는 곳에
살모사도 고요히 눈뜨는 새벽
검은 독나방 죽음을 뿌리고
피 젖은 돌멩이는 하늘을 나는가
5월은 죽음의 달, 풍찬노숙,
꽃아 꽃아 돌멩이 던지지 마라
촛불 횃불 되어 경경히 타오른다
잎에서 자고 가는 님, 핏방울 뚝뚝
눈물 짓는다 그 5월의 끝자락에서.

**문병란**
1935년 전남 화순 출생. 1963년 『현대문학』으로 등단. 시집으로 『죽순밭에서』 『땅의 연가』 『무등산』 『직녀에게』 『인연서설』 『민들레 타령』 등, 산문집으로 『저 미치게 푸른 하늘』 등. 전남문학상, 요산문학상, 금호예술상, 광주시예술상, 한림문학상 등 수상. 민족문학작가회의 이사, 광주민예총지회장 역임. 현재 조선대 평생교육원 지도교수, 서은문학회 명예회장.

# 어둡다

이성부

세상 사람들이 가지 말라고 하는 길을
그대는 애써 찾아 들어갔다
그 길은 험하고 아프고 외로웠으나
그대는 흔들림 없이
치열하게
그 길을 뚫고 나아갔다
그리고 마침내 그대는 그 길이 옳았음을
세상에 알렸다
그대의 길은 결코 외롭지 않았다

아아 그대는 죽음까지도
이토록 순결하구나!
아깝고 분하고 비통하다

**이성부**
1942년 광주 출생. 1962년 『현대문학』으로 등단. 시집으로 『이성부 시집』 『우리들의 양식』 『백제행』 『전야』 『빈산 뒤에 두고』 『야간산행』 『지리산』 『작은 산이 큰산을 가린다』 등. 현대문학상, 한국문학작가상, 대산문학상, 편운문학상, 가천환경문학상 등 수상.

# 평안하시라는 말 하지 않겠습니다

박남준

이제 나는 봄날이 싫어졌습니다
사월은 역사의 낡은 유물처럼 빛바랜 채 뒤틀려졌는데
다시 또 오월은 아우성처럼 머리맡을 뒤척이고
유월은 소리쳐 잠든 시간을 일깨우겠지요
초록과 싱싱한 것들 꿈틀거려야 할 이 땅의 시간
사람을 죽음으로 내모는 이 나라가 두렵습니다
생명을 무참히 짓밟는 이 정권이 끔찍합니다
아니라고 도리질을 쳐봅니다

어찌 그리 가셨는지요
살아오며 잘못한 일 없는 사람 어디 있겠습니까
우러른 하늘 떳떳한 사람 그리 많겠습니까
나도 욕했습니다
이런저런 나라의 일로 못마땅했습니다
그러나 또한 기억합니다
피 흘리던 이 땅의 민주주의가 연둣빛 새싹을 틔우는 것을,
잎을 드리우고 줄기가 자라며 뿌리내려가는 시간을,

개나리처럼 노란 희망이라는 말을 떠올립니다
벼랑 끝에 내몰렸던 당신의 뒷등을 보았습니다
눈시울 붉혀 찍어 내리던 당신의 눈물,
거침없는 단호함을, 쩡쩡거리는 올곧은 분노와

벼락같은 호통의 말갈기,
푸른 소나무를 생각합니다
천길 벼랑 끝 바위 틈에 서서
부단의 강물로 노래하는 소나무를,
지친 새들의 작은 날개를 곤히 쉬게 하는
바람 부는 언덕 위 늘 푸른 소나무 말입니다
당신 떠난 자리 참으로 커다랗습니다
생명과 평화로 가는 길은 이렇게도 잔인한 것입니까
산첩첩 의로운 자들의 묘비명을 쌓은
죽음으로 가는 제단이어야 합니까

비, 비, 이 땅은 지금 우기의 날들
저 비를 딛고 일어설 아름다운 희망의 꿈을 꾸어봅니다
침략과 전쟁과 위선과 기만에 찬 모든 악의 무리들이,
그 이름의 대명사인 제국주의 미국과 이명박 살인정권이,
남김없이 뽑혀지고 사라져서 이루어질
생명과 평화로 가득 찬 통일조국의 신명난 세상 말입니다
남은 것은 이제 살아남은 사람들의 몫입니다
부디 잘 가시라는 말 아직 못하겠습니다
그곳에서 평안하시라는 말 하지 않겠습니다
4 · 3 한라산의 이름으로 당신을 불러봅니다
오월 무등산의 이름으로, 혁명 지리산의 이름으로,

통일 백두산의 이름으로
이 땅에 산화해간 모든 열사들의 이름으로 당신을 불러봅니다
오래 오래 잊지 않겠습니다

**박남준**
1957년 전남 법성포 출생. 1984년 『시인』지로 등단. 시집으로 『그 숲에 새를 묻지 못한 사람이 있다』 『다만 흘러가는 것들을 듣는다』 『적막』 등, 산문집으로 『작고 가벼워질 때까지』 『꽃이 진다 꽃이 핀다』 『산방일기』 등.

# 당신은 영원한 우리의 대통령이십니다

이시영

지금 이 나라에는 죽은 권력이 산 권력을 다스리는 기이한 일이 벌어지고 있다.

어제까지도 그를 사지로 내몰며 조롱하던 권력은 쥐눈을 한 채 납작 엎드려,

"이런 비극이 다시 일어나지 않도록 하는 것도 우리의 몫"이라는 하나마나한 뻔한 말만 늘어놓으면서 무엇이 그렇게 두려워 자유로워야 할 시민들의 광장을 경찰버스로 에워싸고 있고,

고향 뒷산 부엉이바위에서 지상의 고독한 인간의 모습으로 추락한 옛 권력은 오늘 가장 순결한 영혼으로 부활하여

봉하마을에서, 덕수궁 대한문 앞에서, 광주 도청 앞 분수대에서, 부산역 광장에서, 제주에서, 공주 연기에서 그리고 강원도에서 촛불로 활활 타오르고 노란 리본으로 바람에 선연히 나부끼고 있다.

"당신을 지켜드리지 못해서 죄송합니다."

"당신이 있어서 그동안 행복했습니다."

"당신은 영원한 우리의 대통령이십니다."

"당신이 실천한 민주주의를 우리가 실천하겠습니다."

2009년 5월, 광주민주화운동으로부터 29년, 유월항쟁으로부터 22년, 무엇이 그를 우리들의 가슴에 다시 불러오는가?

그것은 바로 민주주의다!

끝까지 인간의 모습을 잃지 않는 민주주의다!

우리는 아직까지 검찰 출두를 앞두고 "면목이 없습니다."라며 솔직하게 자신의 심경을 토로하는 전직 대통령을 본 적이 없으며, 심지어는 "저를 버려주십시오!"라고 얘기하는 사람을 보지 못했다.

그리고 아직까지 우리는 임기 5년의 무거운 대통령 자리에서 내려와 고향 사람들 앞에서 "야, 기분 좋다!"라고 외친 사람을 본 적이 없다.

유모차에 손녀를 태우고 시골길을 달리는 밀짚모자 쓴 대통령의 모습을 보지 못했고

봉하마을을 찾은 여고생들과 함께 사진을 찍으면서 두 다리를 유쾌하게 Y자로 구부린 사람을 보지 못했고

마을 수퍼에 들러 스스럼없이 담배를 사서 피우는 이웃집 농부 아저씨 같은 대통령의 모습을 본 적이 없다.

그러나 살아있는 권력은 그를 가만히 내버려두지 않았다.

어떻게 해서든 그를 죽여야 자신이 산다는 것을 너무나 잘 알고 있었기 때문이다.

언론권력 또한 그를 가만히 내버려두지 않았다.

그에게서 받은, 자신들의 지난 수십 년 동안의 특권에 대한 일시적 수모를 견딜 수 없었기 때문이다.

걸핏하면 시청 앞 광장에 성조기를 들고 나와 '대한민국 수호'와 '미국과의 혈맹'을 외치는 수구 기득권 세력들 또한 그를 가만

히 내버려두지 않았다.

그들의 눈에 그는 '10·4선언'을 합의한 친북좌파였다.

강남의 부자들 또한 그를 가만히 내버려두지 않았다.

그는 자신들과는 출신계급이 너무나 다른, 종합부동산세의 창안자였기 때문이다.

일부 지식인들 또한 그를 가만히 내버려두지 않았다.

신자유주의의 수호자이며 한미FTA의 추진자이며 무엇보다 서민들의 삶을 파탄나게 한 무능한 참여정부의 책임자였다는 것이다.

아니 우리 모두들 또한 그를 가만히 내버려두지 않았다.

그가 검찰청 문을 나설 때 그를 이미 도덕적 파탄자로 여겼고, 그를 실패한 대통령으로 머릿속에서 지워버렸다.

2009년 5월, 그런데 그는 왜 다시 부활하는가?

자신의 죽음으로써 우리 모두에게 그 무엇인가를 묻고 있기 때문이다.

민주주의란 무엇이며, 사람이 사람답게 사는 게 어떤지를 자신의 고독한 결단으로써 묻고 있기 때문이다.

지금 이명박 정부의 민주주의는 지난 10년간 우리가 피땀 흘려 성취한 민주주의를 송두리째 부정하는 그들만의 민주주의이며

자유와 정의 평등에 기초하는 인간의 얼굴을 한 민주주의가 아니라는 것을 그의 죽음은 말없이 증언하고 있는 것이다.

그리하여 침묵하고 있는 우리들에게 어떻게 사는 것이 인간다운, 의로운 삶인지를 묻고 있는 것이다.

가난한 농민의 아들로 태어나 인권변호사를 거쳐 대통령이라는 최고의 자리에까지 오른 그,

대통령에 당선한 뒤에는 그의 부모나 다름없는 형님의 무릎을 베고 누워 "나 대통령 되었다!"고 어린애처럼 좋아했다는 그,

퇴임 후에는 고향에 정착해 '노무현표 오리쌀'을 생산하는 생태농업인으로 살고 싶었던 그,

우리 모두가 그의 꿈을 지켜주지 못했으나 우린 뒤늦게 깨닫는다.

아마도 우리는 앞으로 영원히, 그런 서민적인 대통령을 갖지 못할 것이다.

그래서 우리는 지금 강남역 6번 출구 시민 분향소에서, 서울 신림동 고시촌 분향소에서 그 앞에 경건하게 한 자루의 향을 피워올리며 기원한다.

"남은 일은 우리에게 맡기시고 편히 쉬시라!"

**이시영**
1949년 전남 구례 출생. 1969년 『중앙일보』 신춘문예(시조)와 『월간문학』 신인상(시)으로 등단. 시집으로 『만월』 『길은 멀다 친구여』 『무늬』 『사이』 『바다호수』 『우리의 죽은 자들을 위해』 등. 정지용문학상, 동서문학상 등 수상. 현재 한국작가회의 부이사장.

# 마침내 바보들이 돌아왔다

이원규

한 사람이 떠났다 보내야 했다
한 사내가 떠났다 보내야만 했다
한 바보가 떠났다 보낼 수밖에 없었다

이른 아침까지 저승새가 울더니
한 시대의 풍운아가 떠나고
한반도의 고독한 승부사가 떠나버렸다

잠시 눈길 피하는 사이
한 사나이가 몸을 날렸다
절망과 환멸의 짙은 그늘 아래 쪼그려 앉아
잠시 고개를 숙이는 사이
역주행 한반도의 먹구름 속에서
발만 동동 서로 다른 곳을 바라보는 사이
한 사나이가 먼저 온몸을 날렸다

살아남은 우리 뒤통수에 벼락을 치며
저 홀로 훌쩍 뛰어내리고야 말았으니
이 시대의 마지막 의인에게
부엉이바위는 절명의 벼랑이 되었다
이 시대의 처음인 혁명가에게
부엉이바위는 생사일여 순명의 성지가 되었다

그리하여 한 사람이 떠나고
또 한 사람이 돌아오고 있다
한 사내가 가고 또 한 사내가 오고 있다
한 바보가 가고 또 한 바보가 돌아오고 있다
한 시대의 의인이 가고
비운의 풍운아, 고독한 승부사가 가고
순명의 혁명가 노무현이 돌아오고 있다

단 하나의 노무현이 떠나고
노무현 같은 바보들이 하나 둘 돌아오고 있다
마침내 수십만 수백만 명의 노무현들이 돌아오고 있다

**이원규**
1962년 경북 문경 출생, 1984년 『월간문학』, 1989년 『실천문학』으로 등단. 시집으로 『강물도 목이 마르다』 『옛 애인의 집』 『돌아보면 그가 있다』 『빨치산 편지』 등, 산문집으로 『지리산 편지』 『길을 지우며 길을 걷다』 등. 신동엽창작상, 평화인권문학상 수상. 순천대 문창과, 지리산학교, 실상사 작은학교 강사.

# 확성기가 있었고 저격수가 있었다*

이중기

바보! 거기에도 바람은 불고 풀잎이 흔들립니까
배고픈 저녁이 오면 처마끝에 등불 걸고 누군가를 기다립니까
외롭고 쓸쓸한 밤이면 누군가를 불러 소주도 한잔 마십니까
거기서도 번쩍이는 은륜을 굴려 들길을 달려갑니까
꼬리가 긴 별을 바라보며 누군가를 그리워합니까

바보! 당신은 그들에게 민주주의를 물려주었지요
하지만 그들은 그것을 뿌리치고 수레바퀴를 돌려
미친 듯이 옛날로 옛날로 달려가고 있습니다
눈이 멀었던 우리가 쥐어 준 민주주의는 강물에 던져버리고
신의 비밀창고에 가둬버린 권력을 훔쳐왔습니다
우리가 감춰버린 그 야비한 권력을 훔쳐 마구 휘두릅니다
바보! 우리는 두 눈 부릅뜨고 지켜보았습니다
당신이 살았던 이 땅에서의 마지막 몇 달, 그 남루의 시간
확성기가 있었고 저격수가 있었습니다 아직도
직성이 안 풀린 격렬한 문장처럼 확성기는 짓까불고
저격수는 악착같이 광장을 정조준하고 있습니다

바보, 나라에 어둠이 내리고 산하는 적막합니다
비단 같은 삼천리가 다친 짐승처럼 격렬한 신음에 떨고
무성하게 웃자란 울분이 저자에 넘쳐납니다
저수지는 바닥을 드러냈고 강물은 끊어졌습니다

장마는 전선을 형성하지 못하고 먼 바다에서 노닥거립니다

---

* 소설가 구효서의 작품 「확성기가 있었고 저격병이 있었다」에서 인용했음.

**이중기**

1957년 경북 영천 출생. 1992년 시집 『식민지 농민』으로 등단. 시집으로 『숨어서 피는 꽃』 『밥상 위의 안부』 『다시 격문을 쓴다』 『오래 된 책』 등.

# 님 가시고

— 고 노무현 대통령님을 추모하며

나해철

말이 사라지고
시가 없어졌습니다

님이
가시면서

가슴이 부풀어올라 부어서
몸이 가슴뿐입니다
젖고 막막한

일찍 귀가하여 행복해질 수도
더 불행해질 수도 없어
늦도록 밖에 있습니다

새벽빛이
님의 얼굴에
금빛 가시관으로 빛납니다
가시는 바위처럼 단단하게
살에 박히고

시는 없습니다
말도 사라졌습니다

보고 싶고
보고 싶을 뿐
젖고 막막한

**나해철**
1956년 나주 출생. 1982년 『동아일보』 신춘문예로 등단. 시집으로 『무등에 올라』 『동해일기』 『그대를 부르는 순간만 꽃이 되는』 『아름다운 손』 『긴사랑』 등. 〈5월시〉 동인.

# 촛불

고희림

목이 긴 붉은 말씀
한마디도 뱉지 않고 속을 태운다
겉으로 겉으로 친절하지만
속으로 속으로 울고 있는
이것이 나와 그대의 운명이라면
할 말이 없다
다만
소멸해가는 도중에
우리 사이에 어떤 시비가 있어
일순 비칠거리는 의심이 일거든
내 너무 진지한 동백 같은 눈빛을 보아라
길고도 짧은 삶의
눈물나는 방향이
각별히,
여기,
홀로 서 있다

**고희림**
1960년 대구 출생. 1999년 『작가세계』로 등단. 시집으로 『평화의 속도』 등. 문학 계간지 『시와반시』 발행인 역임.

# 벼랑에 지는 꽃

도종환

바람도 없는 허공에
들찔레꽃 하얀 잎 하나 혼자 지고 있네요

치열하게 살았으나
욕되게 살 수는 없어
벼랑 끝에 한 생애를 던진 저 한 점 꽃잎의 영혼을
하늘이여, 당신의 두 팔로 받아 안아주소서

그의 좌절은 나의 좌절
그의 한계는 이 나라의 한계
그의 굴욕은 우리들의 굴욕
그의 자존심은 우리 모두의 자존심이었음을
뒤늦게 깨달으며 뉘우치노니

그의 늑골에 금이 가는 것은
권위주의를 벗으려는 노력에 금이 가는 것
그의 정강이뼈가 부서지는 것은
지역주의를 깨보려던 시도가 부서지는 것
그가 피 흘리며 쓰러지는 것은
정의로운 역사를 세우려던 몸부림이 쓰러지는 것
그의 몸이 산산조각 나는 것은
우리의 민주주의, 균형 발전, 평화로운 나라를 향한

간절한 소망들이 산산조각 나는 것이므로
역사여, 당신의 가슴으로
이 조각난 육신을 받아 안아주소서

다시는 손녀딸을 자전거에 태우고 논길을 달리는
대통령을 가질 수 없을지 모르니
밀짚모자를 쓰고 구멍가게 앉아 담배를 꺼내무는
소탈한 우리의 대통령을 만나지 못할지 모르니

그가 꿈꾸던 아름다운 가치들이
모조리 불에 타
허망한 연기, 한 주먹의 재로 사라지게 할 수는 없으니
잔혹한 시대여, 그를 우리의 벗으로 다시 돌려주소서

그를 조롱하고 손가락질하던 야만의 시간은
지금 어디에 숨어 있습니까
그를 업신여기고 비아냥거리던 비겁한 권력들은
지금 무슨 혀를 준비하고 있습니까

가장 뜨거웠으나 가장 외로웠던 그
가장 도전적이었으나 가장 힘들어 했던 그를
혼자 벼랑으로 걸어가게 한 이 누구였을까요

우리는 아니었을까요

눠우치는 눈물 발등을 적시지만
이제 어디서 그를 만나야 합니까

이 땅의 슬픈 역사여,
아아, 대한민국이여!

**도종환**
1954년 충북 청주 출생. 1984년 동인지 『분단시대』로 등단. 시집으로 『고두미 마을에서』 『접시꽃 당신』 『사람의 마을에 꽃이 진다』 『부드러운 직선』 『슬픔의 뿌리』 『해인으로 가는 길』 등. 산문집으로 『모과』 『흔들리지 않고 피는 꽃이 어디 있으랴』 등. 신동엽 창작상, 민족예술상, KBS 바른 언어상 등 수상. 현재 한국작가회의 사무총장.

# 통곡은 포효가 될 것이다

김정란

사악한 용들의 혀가 그의 몸을 칭칭 감았다. 끈적이는 모욕의 침을 그의 온몸에 뿌려댔다. 그 모욕의 침은 우리의 얼굴 위에도 떨어졌다. 다만 올바르게 살기 위해서 역사의 갈피를 지극한 마음으로 살폈던 자들의 얼굴 위에도. 매일이 악몽 같았다. 용들의 혀는 사방으로 독을 내뿜었다. 사방이 그 독이 뿜어낸 매캐한 연기로 가득 찼다. 앞이 보이지 않았다. 사람들의 마음속으로 그 독이 깊이 스며들었다. 사악한 용들의 혀는 특히 사람들이 독립적으로 사유하지 못하도록, 자기들에게 이익이 되는 세계의 원리를 사람들이 진리라고 숭앙하도록, 스스로 사유의 주체가 되려는 자들의 얼굴 위에 독의 침을 발랐다. 그들의 얼굴이 흉하게 일그러지고, 몸이 썩어가기 시작했다. 사악한 용들이 오만하게 외쳤다. 보라, 우리에게 저항하면 어떤 꼴이 되는지를.

사악한 용들의 혀에 칭칭 감긴 그의 몸이 광장으로 끌려나왔다. 사람들은 지나다니면서 한 번씩 그의 몸 위에 침을 뱉고, 저주의 말을 내뱉었다. 사람들은 진실에는 아무 관심도 없었다. 그들은 이미 사악한 용들의 혀가 오랫동안 내뿜은 독에 중독되어 있었으므로, 그들이 자신의 사유의 주인이 아니라는 사실을, 그들이 그를 향해 내뱉는 저주의 말이 실은 사악한 용들의 말이라는 사실을 알지 못했다. 그는 광장에 끌려나와 모든 모욕을 감당해야 했다. 사악한 용들은 이미 그에게서 모든 방어수단을 빼앗아 버린 뒤였다. 그에게는 자신을 지킬 수 있는 최소한의 방법도 없었다. 그가 믿었던, 그나마 덜 사악한 작은 용들의 혀도 사악한 용들이 걸어 놓은 마법의 주문대로 움직였다. 때로는 사악한 용들보다 더 잔혹하게 그의 몸에 비수를 꽂았다. 그렇게 해야만 세상의 저주가 온몸에 떨어지고 있는 그를 한때 지지했던 자신들이 그보다 더 우월하며, 절대적으로 순수하고 무결하다는 것을 사람들이 믿어줄 것이라고 생각했기 때문이다. 그와 무관하다는 것을 증명해야 했다. 그를 더욱더 잔인하게 고문함으로써, 이제 그를 버렸다는 것을 세상에 알려야 했다.

그는 자신의 안으로 돌아갔다. 영혼은 맑고 차다. 두려움도 회한도 없다. 그는 마법에 걸린 세상을 향해 돌아서서 울었다. 그러나 그 울음은 오래 지속되지 않았다. 그는 자신이 할 수 있는 일을 모두 끝냈다는 것을 알았기 때문이다. 그는 운명을 완성하기 위하여 그에게 남은 마지막 존재의 매체인 몸을 높이, 아주 높이 들어올렸다. 그리고 그는 자신이 오래 사랑했던 세상을 향해 자신의 몸을 던졌다. 그를 칭칭 감고 있던 사악한 혀의 밧줄이 단번에 툭툭 끊어졌다. 그의 몸에 덕지덕지 붙어 있던 모욕의 진물도 맑은 새벽 공기 속으로 연기처럼 사라졌다. 그는 우주의 순수 공간으로 돌아갔다.

갑자기 혀의 마법이 사라졌다. 사람들의 가슴에 진실에 대한 열망이 돌아왔다. 그리고 눈에 눈물이 차올랐다. 사악한 용들의 마법을 걷어내는 눈물. 진정한 이성의 전조인 눈물. 세계의 진실에 감응하는 눈물. 세상이 통곡으로 가득 찼다. 사람들은 회한으로 몸부림쳤다. 사람들은 그의 찢어지고 부서진 몸을 껴안고 통곡했다. 그들은 죽어서 비로소 모욕으로부터 자유로워진 그의 가엾은 작은 몸을 쓰다듬으며 울었다. 그들의 사유는 비로소 그들 자신의 것이 되었다. 사람들은 그제야 그들이 사악한 용들의 혀가 내뿜는 독의 마법에 걸렸었다는 것을 깨달았다.

그러나 사악한 용들이 그들의 혀를 거두어들였다는 징조는 아직 어디에도 없다. 사람들의 통곡이 세상을 바꿀지도 아직은 알 수 없다. 사악한 용들을 부리던, 아니 어쩌면 그들에게 부림을 당했던 자는 사람들의 고통스러운 외침에 귀를 틀어막고 있다. 사악한 용들은 다시 혀를 낼름거리기 시작하고 있다.

그런데, 보라, 사람들이 저마다 홀로 조용히 몸을 일으키는 것을. 통곡이 깨달음으로 서서히 전환되는 것을. 그들의 머리 위로 어둠을 찢으며 황금 부엉이가 방향을 가리키며 날아오르는 것을. 그가 몸을 던진 부엉이바위 옆에는 사자바위가 있다. 시대는 상징으로 가득차 있다. 사람들의 통곡은 포효가 될 것이다. 사자는 사악한 혀를 낼름거리는 용들과 싸우기 위해 천천히 몸을 풀기 시작하고 있다.

**김정란**
1953년 서울 출생. 시인이자 문학평론가, 불문학자, 번역가로 활동 중. 1976년 『현대문학』으로 등단. 시집으로 『다시 시작하는 나비』 『매혹, 혹은 겹침』 『그 여자 입구에서 가만히 뒤돌아 보네』 등, 문학 평론집으로 『비어있는 중심』 등, 번역소설로 『람세스』 등. 소월시문학상 대상, 한국백상출판번역상 수상. 현재 상지대 인문대 교수.

# 부엉이바위

손택수

부엉이가 울었다는 산
부엉이 울음이
바위귀 속으로 들어가
바위가 되었다는 산

날카로운 부리와 발톱으로
침을 놓듯
막힌 혈을 뚫어주던,
어둠을 뚫어져라 응시하던 그 눈

이제 부엉이는 보이지 않는데
부엉이 울음이 다시 들린다
아직 어둠이 다 새지 않았다고
이 어둠을 뭉쳐 한 종지 이슬을 만들어야 한다고

바위처럼 굳어버린 사람들
귀속으로 들어간 울음소리

**손택수**
1970년 전남 담양 출생. 1998년 『한국일보』 신춘문예로 등단. 시집으로 『호랑이 발자국』 『목련 전차』 등. 신동엽창작상, 오늘의 젊은 예술가상, 이수문학상 등 수상. 현재 실천문학사 주간.

# 고마워요 미안해요 일어나요

— 고 노무현 전 대통령 영전에 바침

안도현

뛰어내렸어요, 당신은 무거운 권위주의 의자에서
사람이 사람답게 사는 세상으로

뛰어내렸어요, 당신은 끝도 없는 지역주의 고압선 철탑에서
버티다가 눈물이 되어 버티다가

뛰어내렸어요, 당신은 편 가르고 삿대질하는 냉전주의 창끝에서
깃발로 펄럭이다 찢겨진, 그리하여 끝내 허공으로 남은 사람

고마워요, 노무현
아무런 호칭 없이 노무현이라고 불러도
우리가 바보라고 불러도 기꺼이 바보가 되어줘서 고마워요

아, 그러다가 거꾸로 달리는 미친 민주주의 기관차에서
당신은 뛰어내렸어요, 뛰어내려 으깨진 붉은 꽃잎이 되었어요
꽃잎을 두 손으로 받아주지 못해 미안해요
꽃잎을 두 팔뚝으로 받쳐주지 못해 미안해요
꽃잎을 두 가슴으로 안아주지 못해 미안해요
저 하이에나들이 밤낮으로 물어뜯은 게
한 장의 꽃잎이었다니요!

저 가증스런 낯짝의 거짓 앞에서 슬프다고 말하지 않을래요
저 뻔뻔한 주둥이의 위선 앞에서 억울하다고 땅을 치지 않을래요
저 무자비한 권좌의 폭력의 주먹의 불의 앞에서 소리쳐 울지 않을래요
아아, 부디 편히 가시라는 말, 지금은 하지 않을래요
당신한테 고맙고 미안해서 이 나라 오월의 초록은 저리 푸르잖아요
아무도 당신을 미워하지 않잖아요
아무도 당신을 때리지 않잖아요
당신이 이겼어요, 당신이 마지막 승리자가 되었어요
살아남은 우리는 당신한테 졌어요, 애초부터 이길 수 없었어요

그러니 이제 일어나요, 당신
부서진 뼈를 붙이고 맞추어 당신이 일어나야
우리가 흐트러진 대열을 가다듬고 일어나요
끊어진 핏줄을 한 가닥씩 이어 당신이 일어나야
우리가 꾹꾹 눌러둔 분노를 붙잡고 일어나요
피멍든 살을 쓰다듬으며 당신이 일어나야
우리가 슬픔을 내던지고 두둥실 일어나요
당신이 일어나야 산하가 꿈틀거려요
당신이 일어나야 동해가 출렁거려요

당신이 일어나야 한반도가 일어나요
고마워요, 미안해요, 일어나요,
아아, 노무현 당신!

**안도현**
1961년 경북 예천 출생. 1984년 『동아일보』 신춘문예로 등단. 시집으로 『서울로 가는 전봉준』『그대에게 가고 싶다』『외롭고 높고 쓸쓸한』『그리운 여우』『바닷가 우체국』『아무것도 아닌 것에 대하여』『너에게 가려고 강을 만들었다』『간절하게 참 철없이』 등. 시와시학 젊은 시인상, 소월시문학상, 노작문학상, 이수문학상, 윤동주문학상 등 수상. 현재 우석대 문예창작학과 교수.

# 쑥떡

이정록

아침부터 어스름까지 풀밭에 앉아 막걸리를 마셨다. 풀물 으깨어진 가슴을 봄바람이 어루만졌다. 막걸리 한 말을 다 비웠다. 술 취한 채 자전거를 끌고 간 벗에게서 긴급문자가 날아왔다. 갈았다 망신이다 십방! 이라고 찍혀 있다. 십방 만신창이, 노대통령을 떠나보낸 다음날이었다. 슬픔이 새나가지 못하게 촘촘하게 꿰맸다고 했다. 코와 입으로 들어간 울먹임이 왜 부엉이바위 같은 이마를 찢고 날아오르려 했을까. 깃털 하나 빠져나가지 못하게 이를 악물었다고 했다. 실밥 뽑는 날, 다시 술통을 부수자 했다. 수화기 저편에서 생마늘냄새가 훅 건너왔다. 곰무현! 환생하라. 막걸리 거품이 이팝꽃처럼 부풀었다. 실밥 주변에 쑥떡만하게 풀물이 고였다고 했다. 쑥떡이나 먹어라! 실밥 풀어 쑥떡을 꺼내고 있다고 했다. 쑥떡이 두개골만하다고 했다.

**이정록**
1964년 충남 홍성 출생. 1993년 『동아일보』 신춘문예로 등단. 시집으로 『벌레의 집은 아늑하다』 『버드나무 껍질에 세들고 싶다』 『제비꽃 여인숙』 『의자』 등, 동화로 『귀신골 송사리』 『십 원짜리 똥탑』 등. 김수영문학상, 김달진문학상 수상.

# 우리는 '바보'와 사랑을 했네

박노해

오늘은 두 손으로 얼굴을 가리고 웁니다
기댈 곳도 없이 바라볼 곳도 없이
슬픔에 무너지는 가슴으로 웁니다

당신은 시작부터 바보였습니다
떨어지고 떨어지고 또 떨어지면서도
정직하게 열심히 일하는 사람이 잘살 수 있다고
웅크린 아이들의 가슴에 별을 심어주던 사람

당신은 대통령 때도 바보였습니다
멸시받고 공격받고 또 당하면서도
이제 대한민국은 국민이 대통령이라고
군림하던 권력을 제자리로 돌려준 사람

당신은 마지막도 바보였습니다
백배 천배 죄 많은 자들은 웃고 있는데
많은 사람들을 힘들게 했다고, 저를 버려달라고,
깨끗하게 몸을 던져버린 바보 같은 사람

아, 당신의 몸에는 날카로운 창이 박혀 있어
저들의 창날이 수도 없이 박혀 있어
얼마나 홀로 아팠을까
얼마나 고독하고 힘들었을까
표적이 되어, 표적이 되어,

우리 서민들을 품에 안은 표적이 되어
피흘리고 쓰러지고 비틀거리던 사랑

지금 누가 방패 뒤에서 웃고 있는가
너무 두려운 정의와 양심과 진보를
두 번 세 번 죽이는 데 성공했다고
지금 누가 웃다 놀라 떨고 있는가

지금 누가 무너지듯 울고 있는가
"당신이 우리를 위해 얼마나 열심히 인생을 사셨는데"
"당신이 지키려 한 우리는 당신을 지켜주지도 못했는데"
지금 누가 슬픔과 분노로 하나가 되고 있는가

바보 노무현!
당신은 우리 바보들의 '위대한 바보' 였습니다
목숨 바쳐 부끄러움 빛낸 바보였습니다

다들 먹고 사는 게 힘들고 바쁘다고
자기 하나 돌아보지 못하고 타협하며 사는데

다들 사회에 대해서는 옳은 말을 하면서도
정작 자기 삶의 부끄러움은 잃어가고 있는데
사람이 지켜가야 할 소중한 것을 위해
목숨마저 저 높은 곳으로 던져버린 사람아

당신께서 문득 웃는 얼굴로 고개를 돌리며
그리운 그 음성으로 말을 하십니다
이제 나로 인해 더는 상처받지 마라고
이제 아무도 저들 앞에 부끄럽지 마라고
아닌 건 아니다 당당하게 말하자고

우리 서럽고 쓰리던 지난날처럼
'사람 사는 세상' 의 꿈을 향해
서로 손 잡고 서로 기대며
정직한 절망으로 다시 일어서자고

우리 바보들의 '위대한 바보' 가
슬픔으로 무너지는 가슴 가슴에
피묻은 씨알 하나로 떨어집니다

아 나는 '바보' 와 사랑을 했네
속 깊은 슬픔과 분노로 되살아나는
우리는 '바보' 와 사랑을 했네

**박노해 시인**
1957년 전남 함평 출생. 1983년 『시와경제』 제2집으로 등단. 시집으로 『노동의 새벽』 『머리띠를 묶으며』 『참된 시작』 등, 산문집으로 『사람만이 희망이다』 『여기에는 아무도 없는 것만 같아요』 등. 제1회 노동문학상 수상. 현재 사회단체 '나눔문화' 상임이사.

# 부엉이바위

조기조

미동도 없이 높은 바위에 앉아 깊은 어둠을 응시하던 부엉이 한 마리 이윽고 날개를 활짝 펴서 쏜살같이 날아가서 부리 끝에 젖은 새벽빛을 물어와 어린 미래의 붉은 입속으로 함께 꾸었던 꿈 한 조각 찢어 넣어주는 사이 태양은 솟구치는데 황혼에 날아 새벽에 깃드는 부엉이는 다시 찾을 길 없고 바위만 우뚝 솟아 굵은 주름의 전설을 이마에 아로 새긴다.

**조기조**
1963년 충남 서천 출생. 1994년 『실천문학』 신인상으로 등단. 시집으로 『낡은 기계』 『기름미인』 등.

# 죽음으로 하는 말

이청화

슬프다!
생솔잎 떨어진
소나무 아래
검은 돌을 쪼아대는
새들의 울음은.

간 것인가
간 것인가.
흐름을 멈춘 봉화산의 물 위에
종이배 하나 띄워 놓고,
발이 아픈 신발을 벗어버린 것인가.

숱한 매 맞으며, 발길질 받으며
낡은 문패를 떼어야 할 집을 나와
오래 꿈 꾼 새옷을 입고
새시대로 건너 갈
구름다리를 놓은 사람.

살아온 날들을 펴 보는 손바닥에는
아무 것도 없는데,
밤마다 창에 모래를 뿌리는
불길한 바람소리 들으며

혼자 외로웠으리라.

지금까지 쟁반을 들고
마른 빵 젖은 떡
다 만졌지만,
그러나 때 묻지 않는 손
배꽃같이 그 흰 손.

그 손에 화인火印이 찍히면
여기저기 비 맞는 곳
와르르 무너질 돌탑이 있어
안된다고, 안된다고
죽음으로 하는 말.

들었는가?
누런 호박잎이 된 귀들
입이 아니라
부엉이바위에서 몸을 던져
저 죽음으로 한 그 말을.

이제 이미 해는 지고
그도 가고

줄 끊긴 연 사라진 적막한 하늘에
유서처럼 남은 붉은 노을
종을 치고 읽어야 하리.

**이청화**
1962년 출가. 1977년 『불교신문』 신춘문예와 1978년 『한국일보』 신춘문예로 등단. 시집으로 『무엇을 위해 살 것인가』 등, 저서로 『돌을 꽃이라 부른다면』. 조계종 교육원장 역임. 현재 청암사 주지.

# 바위의 사랑

— 새로 원숙圓寂에 든 신생아, 노무현 전 대통령 영가 앞에

이진명

놀랐지만 놀라지 않았습니다
죽어서 사는 삶을 알듯 했기 때문입니다
당신의 그 일 있기 한해 반 전
저도 자살한 적 있습니다
그때 자살이 제 삶의 평범한 한 표현이었듯
당신도 당신 삶을 평범히 표현한 것일 테니까요

제가 좋아하는 바위를 택하셨군요
저는 암벽타기를 좀 해본 적 있어 바위를 압니다
물론 한 만큼만 압니다
바위는 따뜻하고 깨끗하고 크고 높고
마른 쑥향 잘 타는 선향線香 냄새가 나지요
바위에는 또 결마다 맑은 눈물이 있고요
바위를 택하셨으니 잘 아실 테지요
바위의 살 얼마나 부드러운지를
바위만큼 오래된 잠 크나큰 꿈이 있겠는지요
바위는 정답고 고요하고 깊어요
그러면서도 잘 웃고 잔말도 잘 하지요
제 살껍질에 글도 아주 많이 쓰는데 잘 써요
아름다운 바위, 심해의 푸른 숨결이 감돌기도 하는 바위
제가 좋아하는 바위를 택하셨다니
미처 몰랐었는데 당신을 다시 생각하게 되었어요

바위가 쿵, 쿵
당신을 두 번이나 받아주었다지요
좋은 인연이라는 걸 절로 알았기 때문일 거예요
당신은 좋겠습니다
삼라 중의 제일인 믿음직한 바위와 한몸이 되어봐서
한몸이 되어, 한없이, 같이 갈 테니까요
가난도 학벌도 인맥도 집안도 명예도 돈도 친구도
바위한테 오면 다 한 조각 구름이 됩니다
바위는 구름을 농사짓는 주름 많은 농부
꼼수와 삿됨이란 없는 당신의 제1의 친구
마지막으로 정말 좋은 인연을 맺으신 겁니다
제가 만약 조금이라도 놀랐다면
당신이 마지막 처음으로 가지신
값 매길 수 없는 바위와의 행복 그 때문일 것입니다
당신, 잘 가세요
약한 저는 자살하고 돌아와 무기력과 불만으로 살지만
씩씩한 당신, 정말 잘 가세요

**이진명**
1955년 서울 출생. 1990년 계간 『작가세계』 제1회 신인으로 등단. 시집으로 『밤에 용서라는 말을 들었다』 『집에 돌아갈 날짜를 세어보다』 『세워진 사람』 등. 일연문학상, 서정시학작품상 수상.

# 그가 남몰래 울던 밤을 기억하라

김경주

아마 그는 그 밤에 아무도 몰래 울곤 했을 것이다.
어느 시인은 세상에 어느 누구도 울지 않는 밤은 없다고 말했지
만
세상은 이제 그가 조용히 울던 그 밤을  기억하려 한다.

어둠 속에서 조용히 흐느껴본 자들은 안다.
자신이 지금 울면서 배웅하고 있는 것은
아무도 보지 못하는
자신의 울음이라는 사실을.

이 울음으로
나는 지금 어딘가에서 내 눈 속을 들여다보는 자들의 밤을
마중 나가고 있다고.

그리고 나는 아주 오랫동안
이 밤을 기억하기 위해 애쓰고 있을 것이라고.

아마 그는 자신의 그 밤을 떠나지 않기 위해
스스로 끝없는 약속을 하곤 했을 것이다.
잃어버린 것이 아니라 잊지 않기 위해
나는 살았다고.
세상은 마중과 배웅의 사이에 있는

무수한 주소들이었다는 사실을
떠올리고 있다고.

우리는 그가 조용히 이불을 들추고 일어나
흐느꼈던 그 밤을 기억해야 한다.
배웅에 대해서 이야기하기 위해선
입을 틀어막고 울어본 자들이
더 많이 필요한 세상에.

그 밤을 생각하면
눈물이 나는 시간이 올 것이다.

**김경주**
1976년 광주 출생. 2003년 『대한매일』 신춘문예로 등단. 시집으로 『나는 이 세상에 없는 계절이다』 『기담』 등, 산문집으로 『패스포트 PASSPORT』 『펄프키드』 등. 시작문학상 수상. 현재 무경계문화펄프연구소 '츄리닝바람' 대표. 청소년 계간지 『풋』 편집위원.

# 5월, 바보새에게

강민

싱그러운 5월이 울고 있다
초록빛 넘치고
초록물빛 흘러라
흘러라
흘러 흘러서
이 내 먹물가슴 씻어 내리고
어둠에 밀려 피멍든
염통 숨통 비비고 쓸어내리고
이 타는 목마름
온 산하여 물들어라
초록은 평화다
생명이다
희망이다
온 겨레 갈라지는 아픔을 식혀라
초록물빛 흘러라
흘러 흘러서
부러진 날개로 비상한
바보새여
죽음으로 바꾼
병든 민주주의의 회로여
생명으로
희망으로

평화로 물들어라
온 겨레 피눈물로 닦고 닦아
새날을 맞으라
생명의 부활을 다시 맞으라

**강민**
1933년 서울 출생. 1962년 『자유문학』으로 등단. 1963년 시동인지 『현실』에 참여. 윤동주문학상 본상 수상. 시집으로 『물은 하나 되어 흐르네』 『기다림에도 색깔이 있나 보다』 등. 한국작가회의 자문위원, 국제펜클럽한국본부 이사 역임.

# 풍등을 날리며

조용미

우리는 풍등을 날렸다
기름 솜에 불을 붙이자 종이 갓을 쓴 등이 둥글게
기구처럼 부풀어 올랐다

노란 풍등이 한여름밤의 반딧불이처럼 고요히 날아올랐다
자정의 덕수궁 앞
우리는 울먹이며, 노래를 부르며 노란 풍등을 바라보았다

아무도 끌 수 없고 누구도 훼손할 수 없는 저 등불은
그와 우리들만의 신호
놀이도 등싸움도 아닌 우리만의 제의,
그를 떠나보내며 하는 약속과 결의

꺼지지 않고 지구의 밖으로 먼 우주로 날아갈 것만 같은 저 풍등
하나하나마다 우리가 잊지 않고 기억할
당신이 이루지 못한 그 꿈

늘 약자들의 편에 섰고 권위를 버렸던 수평적 인간
원칙과 소신으로 시대를 뛰어넘고자 했고
조그만 흠결에도 괴로워했으며
당당히 죽음으로 자존을 지킨,

죽어서 우리 가슴에 다시 살아난 사람

당신을 보내기 전날 밤, 우리는 모두 모여 다함께 풍등을 날렸다
우리의 바람願이 바람風이 되어 띄워올리는
당신의 마지막 길에

남은 자들의 슬픔과 다짐을 실어 보낸다
편히 가시라
당신은 실패하지 않았다, 너무 많이 이루었다
당신은 불멸이다

**조용미**
1962년 경북 고령 출생. 1990년 『한길문학』으로 등단. 시집으로 『불안은 영혼을 잠식한다』 『일만 마리 물고기가 山을 날아오르다』 『삼베옷을 입은 자화상』 『나의 별서에 핀 앵두나무는』 등.

# 잃어버린 우산

박후기

비 들이치는 검은 저녁이다
노란 우산 하나 비 내리는 어둠 속으로 걸어가는 저녁이다
고개 숙인 것은 다만 비바람 앞에서 등 돌리지 않겠다는 뜻, 비바람 앞에서 우산이 겸손해지는 저녁이다
홀로 비바람 맞으며 한 발 한 발 앞으로 나아가는 우산의 고독한 저녁이다
바람에 찢겨 만신창이가 된 우산 하나 쓸쓸히 젖은 숲길에 나뒹구는 저녁이다
우산을 잃어버린 뒤, 비로소 비바람 앞세운 어둠의 실체와 맞닥뜨린 저녁이다

**박후기**
1968년 경기도 평택 출생. 2003년 『작가세계』로 등단. 시집으로 『종이는 나무의 유전자를 갖고 있다』. 신동엽창작상 수상.

# 우리가 당신을 버렸습니다

— 노무현 전 대통령 영전에 드린다

백무산

우리가 당신을 버렸습니다
그건 프로 정치가 아니야, 바보야

진보란 그런 게 아니야!

우리가 당신을 버렸습니다
그건 사이비 민주주의야, 바보야
애국은 그런 게 아니야!

아, 우리가 당신을 버렸습니다
말뿐이던 우리가 텅텅 빈 우리가
허세뿐이던 우리가 당신 손을 뿌리쳤습니다
새벽닭이 울기 전에 열번 스무번 당신을 부인했습니다

그렇게 당신을 버리고 돌아서니
난데없는 철벽이 우리 앞을 가로막았습니다
그렇게 당신을 벼랑에 떠밀고 내려다보니
바위 벼랑 아래 처박힌 피투성이 얼굴은
우리의 얼굴이었습니다

운명이었습니다
아, 운명이었습니다

운명은 첫 순간에 종말을 결정해 버렸습니다
당신은 그렇게 하지 말았어야 했습니다
권력자는 뜨거운 정의의 감정을 품어서는 안되는 것이었습니다
순결한 영혼을 동경하지 말았어야 했습니다
권력과 순결한 영혼은 공존할 수 없습니다
권력을 국민에게 돌려주려는 짓 따위는 하지 말았어야 했습니다
가난한 자를 높이 세우려는 짓 따위에
열정을 품지 말았어야 했습니다
권력자가 선한 일을 행하고자 한다면
자신을 제거해야 한다는 사실을 알았어야 했습니다
당신은 이것을 거부함으로써 운명의 비극에 갇히고 말았습니다

당신으로 인해 우리가 알게 되었습니다
이천년 전 십자가에 못 박혀 죽은 한 사내의
외침을 이제야 알 것 같습니다
나의 패배가 여러분의 승리라고 외치고 있습니다
피에 굶주린 자들에게 당신을 먹이로 던지고
피의 잔을 나누라고 외치고 있습니다
오, 슬픈 선지자의 꿈이여!
당신은 정치가가 아니었습니다

아, 살아서 훌훌 벗어버리고 싶었던 사람이여
다 벗고 인간만 남기고자 했던 사람이여
정치도 벗고 권력도 벗고 모든 권위도 벗고
오직 벌거숭이 인간만 남기려 했던 사람이여
차별 없는 인간만 남겨 조건 없는 사랑을 꿈꾸었던 사람이여
당신의 눈물이 우리들 가슴에 강물처럼 일렁입니다
당신의 눈물이 검은 아스팔트 위에 붉게 출렁입니다

**백무산**
1954년 경북 영천 출생. 1984년 시 전문지 『민중시』로 등단. 시집으로 『만국의 노동자여』 『인간의 시간』 『초심』 등. 이산문학상, 만해문학상 수상.

# 아름다운 등

— 고 노무현 대통령 사십구재에

김수우

큰 등을 봅니다 크지만 낮은 등, 낮지만 따뜻한 등입니다
민중을 업고 휘어진 등, 내가 한번도 사랑하지 못한 그 등은
이제 낮은 의자가 되었습니다
그 의자에 우리는 앉습니다
당신이 보여준 등, 그 서러움은 오늘 큰 선물입니다
양심이라는 선물, 진정이라는, 부끄러움이라는 선물
아니지요 이건 정말 아니지요 하는 비탄조차 오히려 선물이 되었으니
당신의 의로운 제사로 우리는 부자입니다
부엉이바위처럼 묵묵한, 단단한 역사가 되어 천 년을 넘을
그 깊은 꿈에 편안한 의자 하나 놓아드리려니

**김수우**
부산 출생. 1995년 『시와시학』 신인상으로 등단. 시집으로 『길의 길』 『당신의 옹이에 옷을 건다』 『붉은 사하라』 등, 사진에세이집으로 『하늘이 보이는 쪽창』 『아름다운 자연 가족』 『지붕 밑 푸른 바다』, 산문집으로 『씨앗을 지키는 새』 등. 부산작가상 수상.

# 당신은 지지 않았다

함민복

오월, 찔레꽃에서 상처의 냄새가 났다

당신이 가는 길이었다
당신이 방방곡곡 길이었다
길들이 다 당신이었다
당신은 사선을 넘어서며
우리들이 살아갈 길을 열어주었다
무력증에 빠져있던 우리들 되살아나
당신이 가는 길은 눈물의 강이었다
부엉이 눈동자 빛 노란 만장들이
어두운 세상을 향해 칼날처럼 빛났다
당신의 손녀딸은 당신이 지지 않고 이겼다고
두 손가락 들어 브이 자를 그렸다
우리도 양 손바닥으로 눈물을 찍어 훔치며
당신은 지지 않았다고, 우리들도 지지 않을 것이라고
얼굴에 브이 자를 그렸다

들판을 달리던 자전거 바퀴 두 개 어디로 갔나
밀짚모자 아래 환하던 웃음 어디로 갔나
작은 자전거 바퀴 두 개 남아 봉하 들판 외롭다
들판길 달리던 바퀴 두 개를 돌려달라
아니, 아니 필요없다

들판길 달리던 바퀴 두 개 죽지 않는다
너희들의 겁이 우리들 희망 앗아갈 권리 없다
너희들의 잔머리에 우리들이 무릎 꿇을 리 없다
동물 중에 부엉이가 제일 앞서 다닌다고 했다
호랑이도 부엉이 뒤를 따른다고 했다
당당하게 살아와 용감한 당신
부엉이바위에서 사람 사는 세상의 깃발로 날아올랐다
해와 달도 눈물방울처럼 슬픈 날이었다

당신의 비보를 듣고 낮은 문턱도 절벽이었다
이 땅의 민주주의도 천길 절벽이었다
사람들 마음에도 절벽이 패였었다
그러나 그러나
사람들 가슴으로 흐르는 눈물의 강은 뜨거워
떨쳐 일어나며 대오를 형성하고 걷는 사람들 맘에 용기 터져 솟아올라
우리가 우리 세상 찾으려 맘 뭉쳤던 4 · 19, 5 · 18, 6 · 10, 민주사다리 올곧아
한 줌 어두움의 편인 절벽은 제풀로 낮아졌다
우리는 이미 튼튼하게 울고 있었고
당신은 너와 내가 우리의 한 조각임을 일깨워주며
뚜벅뚜벅 우리들 속으로 걸어 들어오고 있었다

당신은 역사의 바퀴인, 우리 백성들의 눈동자
두 개 맑게 닦아주고 있었다

오월, 당신이 떠나간 길에서 찔레꽃향이 났다

**함민복**
1962년 충북 중원 출생. 1987년 『세계의 문학』으로 등단. 시집으로 『말랑말랑한 힘』 『모든 경계에는 꽃이 핀다』 등, 산문집으로 『미안한 마음』 『눈물은 왜 짠가』 등. 김수영 문학상, 박용래 문학상 등 수상.

# 사십구재에 오신 궁민窮民 여러분께

공광규

저는 죽지 않았습니다.
몸을 버리러 가면서
잡초를 뽑는 것 다 봤을 겁니다.
몸은 바위 아래 버렸으나
벼 포기 사이 오리로 태어났습니다.
곡식과 강물 위 햇살로 태어났습니다.
공장 기계소리로 태어나고
상점 호객소리로 태어났습니다.

저는 논두렁에 있습니다.
광장과 거리에 있습니다.
시장과 술집과 다방에 있습니다.
법당과 성당과 교회에 있습니다.
노동자 대열 속에 있고
장애인 휠체어를 밀고 있습니다.
저는 주방 도마 소리와
어린아이 보행기 앞에 있습니다.

저는 강바닥에서 소리치고 있습니다.
휴전선 철책에서 울고 있습니다.
부자들 비밀계좌를 추적하고 있으며
국회의원 입을 지켜보고 있고

청와대에서 귀신으로 배회하고 있습니다.
검찰 조사서를 넘겨보고 있고
법정 판결문을 지켜보고 있습니다.
누가 사이비 기자인지 알고 있습니다.

잡초가 누구인지 아는 저는
목매 죽은 특수고용노동자와 함께 있고
불타죽은 철거민과 같이 있고
노숙자와 같이 살고
의분에 목매단 목사님과 같이 삽니다.
이들과 잡초를 뽑으러 다시 올 것입니다.
와서 잡초를 뽑고 말겠습니다.
저 죽지 않았습니다.

**공광규**
1960년 충남 청양 출생. 1986년 『동서문학』 신인상으로 등단. 시집으로 『소주병』 『말똥 한 덩이』 등. 『내일을 여는 작가』 편집위원, 『불교문예』 편집주간. 윤동주문학상 문학부문 대상 수상.

# 내 첫사랑의 시절은 그렇게 갔다

홍일선

연둣빛 못자리논에 물이 말라
날로 야위어가는 어린 벼들이 불쌍했다
2009년 5월 23일
남한강변 가문 밭에서는 돌아오지 않는
옛 정인을 그리듯
희디흰 감자꽃이 누군가를 기다려
홀로 시들어갈 때
망육望六 내 오래된 첫사랑 속으로
발자국소리 낮추며
천둥이 찾아 오셨다
그날 함께 하신 벼락소리는 실로 황홀했다

강께서는
대운하니 4대강 살리기 따위
세간의 말에 오불관언
일체 말씀이 없으셨는데
강의 오랜 침묵은
어디쯤에서 근원했는지 모르는
거대한 곡비哭婢와 더불어
천지간을 한목소리로 깨울 때
시들은 나무들
야윈 벼포기들

죽어가던 풀들
수척해진 강물들
상처받아 허리 꺾인 꽃들
울음의 힘으로 촉촉해져서
우리나라 평야 다복하실 수 있었을 것이다

그렇다
이 땅에서 시든 나무들은
아무도 슬퍼하지 않아도 괜찮은 벼들은
죽은 듯 누워있는 풀들은
허리 꺾여 노여운 꽃들은
싯푸른 생명의 땅
초록빛 신생의 말씀이었고
한몸이 아니면서 한몸이 되는 거대한 군무였고
오방색 꽃다지 달콤함이었고
그리고 실패였고 좌절이었고 쓰라림이었고
그리하여 부엉이바위 투신공양投身供養 사무침이었다
아하, 청천벽력의 황홀한 첫사랑이었다

**홍일선**
1950년 경기 화성 출생. 1980년 『창작과비평』으로 등단. 시집으로 『농토의 역사』 『한알의 종자가 조국을 바꾸리라』 『흙의 경전』 등. 현재 시 전문지 『시경』 편집주간, 한국문학평화포럼 부회장.

# 그리운 저녁

정수자

요즘은 부엉이가 안 운다고, 왠지 통 안 보인다고,

그렇게 말하다가 오염 탓인가 했다더니, 친친한 홍진 송진 올가미를 사루고자 하 어두운 세상을 온몸으로 밝히고자 치를 떨다 그렇게 치욕을 확 내던졌나, 황혼이 짙어지면 부엉이가 난다는데 부엉이들 깨우려고 생을 훌쩍 던졌나, 죽음보다 외로웠을 절명 직전 그 순간을 피 한 방울 못 뱉은 채 안고 간 그 절벽을, 망연자실 짚어보다 다시 곰곰 씹어보다 얼굴이 뻘겋도록 가슴이 터지도록 슬픔의 불 회한의 불 바람의 불 켜들고 으헝으헝 출렁이는 노란 강물 물결을 다시 보네 어화어화 알 수 없는 그 운명을 퉁퉁 불어나는 마지막 행간들을

어디쯤 젖은 날개를 터는지
문득 부엉이가 그리운 저녁

**정수자**
1957년 경기 용인 출생. 1984년 〈세종숭모제전 전국시조백일장〉 장원으로 등단. 시집으로 『저녁의 뒷모습』『저물녘 길을 떠나다』 등. 중앙시조대상, 이영도 시조문학상, 한국시조작품상 등 수상.

# 지금 여기, 이 땅에 당신을 묻습니다

나종영

당신을 가슴에 묻지 못하고
지금 여기,
사나운 광풍이 휘몰아치는
광야에 묻습니다

아직도 당신을 가슴에 묻지 못하고
가진 자들이 없는 자들을 차가운 거리로 몰아내는
노숙의 땅,
지금 여기에
당신을 묻습니다

진실을 말하는 자들에게 재갈을 물리고
하루 먹고 살기 위하여 몸부림치는 철거민들을
화염 불구덩이에 밀어놓고 사체냉동고에 처박은
주검의 땅,
지금 여기에 당신을 묻습니다

당신이 그토록 바랐던
사람 사는 세상
가난하고 힘없는 사람도
사람답게 사는 세상
평화가 강물처럼 넘쳐흐르고

자유와 평등이 사람의 가슴마다에 꽃으로 피어나는 세상

아름다운 생명의 꿈 하나 간직하고
자연 속에 너와 나 우리가 행복하게 사는 세상
대통령 할아버지가 손녀를 자전거 꽁무니에 태우고
바람을 가르며 논둑길을 달려가는,
푸른 들판 가득 따스한 햇살이 넘실거리는 세상

그러나 지금 여기
2009년 5월,
이제는 죽음이라고 부를 수밖에 없는
야만의 시간 위에 당신을 묻습니다
어떤 위협에도 끝내 꿈을 버리지 않던 당신
어떤 고난이 당신을 옥죄어 오더라도
끝내 사람의 가치와 명예를 버리지 않았던 당신

당신을 역사의 가슴에 묻지 못하고
누구인들 차마 눈물이 아니면 쳐다볼 수 없는
조국의 붉은 하늘 아래
말없는 바위 허공에
당신을 묻습니다

지금 여기
아직 살아 남아있는 우리가
이 땅에 당신을 고이 묻습니다.

**나종영**
1954년 광주 출생. 1981년 창작과비평사 13인 신작시집 「우리들의 그리움은」으로 등단. 시집으로 『끝끝내 너는』 『나는 상처를 했네』 등. 〈시와경제〉 〈오월시〉 동인. 『문학들』 편집인.

# 시인과 대통령

배창환

1
그 자신 굴곡진 한 편의 서정시였던,
그 마을 앞 주막 평상에 둘러 앉아
우리 동네 쌀막걸리 큰 사발로 드리고 싶었던 분,
그가 가버린 지금, 그 없는 세상에서
이런 텁텁한 시 한 사발 드리지 못한다면
내 어찌 그의 벗이라 할 수 있으리
사람 사는 세상, 따뜻한 흙 한 줌
사람의 아름다움 꿈꾸며 사는
이 땅의 시인이라 말할 수 있으리

2
당신을 이길 사람,
세상 어디에도 없습니다.
마침내 당신을 이긴 단 한 사람,
바람꽃 황토 언덕
손 흔들며
우리 곁으로 환히 돌아오신, 오직 당신

3
그날 봉하마을 가서 당신을 만났습니다. 당신은 그 많은 사람들 일일이 손잡아 맞으시고, 품으신 꽃 얼마나 크고 무량한지, 주먹밥 같은 국화 송이 뚝뚝 떼어 가슴마다 포근히 안겨주셨습니다.

먼 길 오시느라 수고 많으셨다며 당신이 내주신 국밥 한 그릇, 목구멍으로 꾸역꾸역 다 밀어 넣고, 서늘한 수박 한 조각 입술 지그시 깨물어 넘기고, 해 저물어 어둑한 길, 말없이 걷고 걸어 돌아왔습니다. 당신이 그 자리 오래오래 서 계실 것만 같아 차마 뒤돌아볼 수 없었습니다.

마을 길 봇도랑처럼 흐르는 눈물에 온몸 둥둥 떠내려 보내도록 마시고 싶었지만, 막걸리는 아껴 두었습니다. 아직 우리에겐 길이 남았고, 이제 막 거친 세상길에서 돌아오신 당신, 그곳에 계실 날 많을 테니까요.

길 가다 보면 당신 생각에 자꾸 목이 마르겠지요. 언제 그런 날 찾아만 가면, 당신은 틀림없이 일손 놓으시고 주막집 평상으로 우릴 데려가, 쌀막걸리 큰 사발이 철철 넘치도록 부어 주실 테니까요…….

**배창환**

1954년 경북 성주 출생. 1981년 『세계의 문학』으로 등단. 시집으로 『잠든 그대』 『다시 사랑하는 제자에게』 『백두산 놀러 가자』 『흔들림에 대한 작은 생각』 『겨울 가야산』 등, 시 교육 관련서로 『국어 시간에 시 읽기 1』 『이 좋은 시 공부』 『뜻밖의 선물』 등. 대구작가회의 회장 역임.

# 저기, 사람이 지나가네

이경림

저기, 사람이 지나가네
저기, 사람이 지나가네

집에서 집까지가 너무 멀어서
자동차를 타고 버스를 타고 택시를 타고 지하철을 타고

가네
모두 지나가네

가도 가도
내 집은 없고
네 집도 없고
우리 집도 없고
구만리장천만 무섭게 펄럭이는데

어쩌자고 저기, 저기

사람이 지나가네

햇빛이 철없이 쨍한 거리에
꽃들이 철없이 환한 거리에

만장같이
꽃상여같이

아아, 저기 사람이 지나가네

**이경림**
1947년 경북 문경 출생. 1989년 『문학과비평』으로 등단. 시집으로 『토끼찾기』 『그곳에도 사거리는 있다』 『시절 하나 온다, 잡아먹자』 등.

# 작은 연못

양문규

그대 떠난 빈자리를 메우기 위해
마당 한가운데 돌확으로 작은 연못을 만들었다
천년 세월이 지나도 제자리에서
어느 먼 세상까지 환하게 비출
빛의 웅덩이가 생의 목록으로 새겨졌다
이른 봄날부터 늦은 가을날까지
빛이 오고 가는 길목에서
바람소리 파도소리 하늘소리까지 끌어들여
아무 소리없이 울듯
그대의 환한 웃음 퍼 담기 위해 돌확을 묻었다
바보 소리를 들으면서도 일생을 바보로 살다
그대는 이 세상을 떠나갔지만
뚜벅뚜벅 황소걸음으로
부산 자갈치 시장 지나 산방까지
겨울이 와도 따뜻한 빛으로
돌 위를 돌돌 흐르다가 봄날을 다시 안겨주리라
상처받은 자들이 기척없이 모여들어
꽃잎 날리는 소리 하염없이 바라보며
잠시 몸을 쉴 수 있는 작은 연못

**양문규**
충북 영동 출생. 1989년 『한국문학』으로 등단. 시집으로 『벙어리 연가』『영국사에는 범종이 없다』『집으로 가는 길』, 논저로 『백석 시의 창작방법 연구』, 평론집으로 『풍요로운 언어의 내력』 등. 현재 계간 『시에』 편집주간.

# 당신의 참말

유용주

비가 그치고 써레질 끝낸 논바닥에 찰람찰람 물이 들어찼습니다. 찔레꽃 피고 오동꽃 떨어지자 곧 모내기가 시작되었어요. 오와 열을 맞춘 어린 모들이 흔들리며 뿌리를 내립니다. 그 층층 다랭이 호수 속에는 나무와 풀 그림자가 들어 있고 해와 달과 산과 구름이 한껏 돛폭 부풀려 서쪽 바다를 향해 항해를 하고 있군요. 해오라기 한 쌍 노을에 되비친 자기 모습을 보며 묵언정진에 들어갔으며 바람은 삽을 씻고 돌아가는 늙은 농부의 주름살 계곡으로 쉼 없이 불어갑니다. 흙 묻은 장화를 털고 담배를 빼어 문 황토빛 얼굴에는 땅을 탓하지 않고 평생 삶을 경작해온 흥그런한 마음이 들어 있습니다. 많이 굶고 살아온 사람만이 가질 수 있는 밥그릇에 대한 경건한 기도가 들어 있습니다. 무엇보다 서럽고 가난하고 힘없는 사람들 편에 서려 했던 당신의 마음이 들어 있습니다. 당신은 누구보다, 한 그릇 밥 앞에 눈물 흘려본 사람이기에, 밥이야말로 얼마나 치사하고 위대한 참말이라는 것을 알고 있는 사람이기에, 어둠 속에서도 거짓말할 줄 몰랐던, 진실한 말은 오히려 서툴다는 것을 온몸으로 보여준 당신이기에, 어떤 바닥이든 가리지 않고 완벽한 수평을 유지하려는 물의 평등한 말씀을 떠올려 보았습니다.

당신은 참 말을 못하는 사람이었지요. 왜냐하면 참말만 골라 했기 때문이지요. 당신의 말을 이해하지 못한 사람들은 좋은 학교 나온 별 볼 일 있는 사람들이었거든요. 바보라는 별명, 그거 '바로 보다'에서 나온 말 아닌가요. 바로 보는 사람은 늘 손해 보게 마련입니다. 이익이나 대차대조표를 그렸다면 진즉에 때려치우고 떠났을 것입니다. 농부만큼 바보가 어디 있겠습니까. 손해나는 장사를 하는 사람이 몇이나 있겠습니까. 질 줄 알면서도 싸우는 선수가 어디 있겠습니까. 삶에서 이기려고 기를 쓰고 덤벼든 우리가 당신을 떠밀었습니다. 더 편안한 삶을 위해 당신을 절벽 아래로 떨어뜨렸습니다.

바야흐로 똥 묻은 개가 겨 묻은 개를 타박하는 시대입니다. 제 눈의 들보는 걷어내지 못하고 남 눈의 티를 의심하는 세월입니다. 저 하늘에 계신 하늘님과 땅속이 천국인 양 헤집고 노는 땅강아지에 이르기까지 삼천대천세계에서 헛된 죽음은 없는 거지요. 당신이 흘린 피는 물이 되고 불이 되고 공기가 되어 당신을 죽음으로 몰아간 사람들의 몸속으로 스며들 것이니,

여름 비바람, 가을 무서리, 겨울 폭설에도 계절은 어김없이 흐르고, 세상 이야기가 다 쓰여지고 난 뒤에도 새로운 이야기가 지금 다시 쓰여지고 있듯, 세상 사람들 다 죽어 흔적없이 사라진다 해도 새로운 생명은 어디선가 꿈틀 일어서듯, 당신의 참말은, 당신의 참행동과 실천은 끝내 다시 시작하는 후세들에게 뿌리내려 울울창창할 것입니다. 한 치 망설임도 없이 뛰어내린 고드름처럼, 삶이란 올가미 앞에 절대 고독을 견디며 매달려왔던 당신의 손을

가만히 만져봅니다. 거친 삶을 살아왔지만 뜻밖에 부드럽군요. 당신이 흘린 눈물, 세상 골목을 빠져나와 아픈 틈을 메우고 강물을 휘돌아 지금 마악 바다와 만나 뜨겁게 끌어안는 모습이 보입니다. 눈물은 말이 태어나기 전, 어머니가 만들어낸 가장 오래된 모국어라는 것을 믿습니다.

**유용주**
1960년 전북 장수 출생. 1991년 『창작과비평』으로 등단. 시집으로 『가장 가벼운 짐』 『크나큰 침묵』 『은근살짝』 등. 신동엽창작상 수상.

## 웃음의 배후

이재무

웃음의 배후가 나를 웃게 만든다
자꾸 웃음이 나온다
밥 먹으면서 웃고 길 걸으며 웃는다
앉아서 웃고 서서 웃고 누워서 웃는다
수업하다가 웃고 차 타면서 웃는다
잠자다가 깨어 웃고
소리 내어 웃는다 소리 죽여 웃는다
누가 보거나 말거나
몸에 난 사만팔천개의 구멍 속에서
비어져 나오는 웃음의 가래떡
찡그리면서 웃고 이죽거리며 웃는다
웃는 내가 바보 같아 웃고
웃는 내가 한심해서 웃는다
이렇게 언제나 나는 가련한 놈
웃다가 웃다가 나는 미쳐 죽을 것이다

백지의 공포 앞에서 볼펜이 웃고
내가 웃자 웃음의 인플루엔자에 전염된
꽃들이 웃고 새들이 웃고
애완견과 밤고양이가 웃고
가로수가 웃고 도로가 웃고 육교가 웃고
지하철이 웃고 버스가 웃고 거리의

간판들이 웃고 티브이, 컴퓨터가 웃고
핸드폰, 다리미, 냉장고, 식탁,
강물, 들녘이 웃고 산과 하늘이 웃는다
동심원을 그리며 번져가는
날선 웃음들
사방팔방 안팎에서 떼 지어 달려와
두부 같은 삶을 물었다 뱉는,
가공할 웃음의 저 허연 이빨들

웃음의 감옥에 갇혀 엉엉 웃는다
그 언제나 즐겁고 신나는 새날이 와
눈치 보지 않고
눈물 콧물 흘리며 실컷 울 수 있을까

**이재무**
1958년 충남 부여 출생. 1983년 동인지 『삶의 문학』으로 등단. 시집으로 『섣달 그믐』 『위대한 식사』 『푸른 고집』 등. 난고문학상, 윤동주상(문학상 대상) 수상. 화남출판사 편집위원.

# 태생이 아름다운 당신

박영희

당신은 위대하지 않았습니다.
일부러 자신을 낮추려 애쓰지도 않았습니다.

당신은 태생이 그랬습니다.
앉아 있으면 옆집 아저씨 같고
서 있으면 동네 이장 같고
걸어가는 뒷모습을 보면 영락없는 공장 노동자였습니다.

옆에서 한둘이 당신을 만만하게 본 건
아마도 그 때문이었을 겁니다.
그렇다고 기죽을 당신도 아니었습니다.
비록 당신의 입은 좀 거칠었지만
그 사심 없는 당당함은 누구도
흉내낼 수 없는,
당신은 가장 높은 곳에 가장 낮은 사람이었습니다.

저 사람과 눈을 맞출 줄 알고
그 너머 사람과도 말을 주고받을 줄 아는,
당신은 눈물의 의미를 아는 사람이었습니다.
당신은 사랑의 의미를 아는 사람이었습니다.

분노를 아는 눈물은 얼마나 아름답습니까.

아, 분노하는 그 가슴은 얼마나 따뜻합니까.

알몸으로 왔다 알몸으로 돌아간
당신,
당신은 태생이 아름다웠습니다.

**박영희**
1962년 전남 무안 출생. 1985년 문학무크 『민의』 3집으로 등단. 시집으로 『조카의 하늘』 『해 뜨는 검은 땅』 『팽이는 서고 싶다』 『즐거운 세탁』 등, 서간집으로 『영희가 서로에게』, 시론집으로 『오늘, 오래된 시집을 읽다』, 평전으로 『김경숙』, 기행산문집으로 『만주를 가다』 등.

# 울음은 아직 시가 아니다

노혜경

*

언젠가는 나도 추모시를 한 편 쓸 것이다.
리듬과 상징이 있는, 천하의 마음이 부르는 노래, 그래서 오래 갈 시를.
그러나 지금은,
나는 운다.
예루살렘의 여인들이 너와 네 자녀를 위해 울듯 나는 울 뿐이다.

노무현 그대,
그립고 미운 그대
때문이 아니라
내가 짊어지고 가야 할 무거운 짐 때문에
게으르고 늙은 당나귀 위에 갑자기 물 젖은 솜덩이 얹힌 것처럼
등허리가 부러질 듯 아파서 운다.

내, 이 솜덩이를
솜이거등? 하면서 그대 등에 얹었더라.
나는 몰랐다고 말했더라.
그대, 당나귀,
비틀거린다고 때렸더라. 세치 혀로 만든 채찍으로 때렸더라.
그대, 죽었더라.
뒤돌아보면서, 절뚝거리면서

그대, 떠나가더라.
등뼈 으스러지고 두개골이 깨어진 채로
하고픈 말 해질 무렵 꽃잎 오무리듯 도로 삼키고
그대, 가버렸더라.
온 세상 강물 다 끌어와 핏줄에 받아놓고
울어도 울어도
돌아오지 않더라

*

승리는 언제나 역사를 통한 승리였다 그러나
우리는 살아서 이겨보자고 내게 말한 그대
그대가 지녔던 표지, 그대가 포기하지 않으려 했던 의미가
내 가슴에 불을 질렀다
불가능하다고 애초에 포기했던 꿈을 맨 아래 서랍에서 꺼내
이건 아니야, 불가능해, 못해, 라고 거부하는 마음을
내 스스로 거미줄 걷듯 끝없이 걷어내면서
손바닥으로 발바닥으로 청동거울 닦듯이 닦으면서
이 무참한 인간이란 괴물 그러나
모든 문학이 꿈꾼 사람, 인간의 상상력이 만들어낸
아름다운 사람 사는 세상으로
한 걸음만 가자고
우리는 손을 잡았다

각성한 개인들의 느슨한 연대, 그 빛나는 꿈의 손을 내밀었다

우리는 잠에서 깨어나고
우리는 19세기를 건너오고
우리는 사랑하고 서로 안고
우리는 가난과 무지를 무찌르고
우리는 지느러미가 생기고 날개가 돋아나
내일로 내일로 날아가자고
이 기나긴 영혼의 망명길을 청산하자고

그러나 문득 이 손을 놓쳤다.
놓았다.
무거워서, 두려워서, 비겁해서 놓아버렸다.
내다버려진 아기의 울음소리가 들려온다.
숲속 어딘가에
지하로 난 하수관의 긴 굽이를 따라 어디론가 떠내려가버린
내 순수 내 비전 내 이념 내 사랑의 이름인 아기
구유에 누인 채로 떠내려 가버린.

저수지 바닥처럼 고요한 종소리가 들려온다.
속죄도 참회도 아직은 허락되지 않는

깊고 깊은 직면하라는 종소리.

*

울음은 아직 시가 아니다
나는 추모시를 쓰지 않는다
내 울음이 그치고 서쪽 하늘에 오색 무지개 뜰 때
시는 쓰여지리라

저절로 터져 나오던 젊음의 노래가 아니라
눈먼 사람들이 더듬어더듬어 나가는 역사의 어두운 골목길에서
오래 견디어 빛이 된 심장의 돌처럼
내 살가죽을 무두질하여 종이를 만들고
내 뼈에 피를 찍어 쓰게 될 시

그날을 위하여
그대,
하늘을 향해 날아올랐던 것이었을 게다 비록
남루한 몸은 바위틈에 부서졌을지라도

**노혜경**
1958년 부산 출생. 1991년 『현대시사상』으로 등단. 시집으로 『새였던 것을 기억하는 새』 『뜯어먹기 좋은 빵』 『캣츠아이』 등, 에세이집으로 『천천히 또박또박 그러나 악랄하게』 등. 부산외국어대학교 국문학과 겸임교수, 부산민예총 정책위원, 부산민족문학작가회의 회원. 〈노사모〉 출판위원장 및 여성위원장 역임.

# 고사리를 보며 고개 숙이던 당신

김진

부엉이가 서럽게 울던 밤을 견디지 못했나요 걸어온 길을 돌아보다 걸어갈 길을 찾지 못했나요 아침이 밝으면 걷어질 안개를 헤치고 이슬이 채 마르지 않은 길을 그렇게 걸었나요 길 위에 남은 발자국은 어쩌라고 그렇게 걸었나요 오직 우리들에게만 숙이고 꿇었던 그 얼굴과 무릎을 조각조각 남기고 원망이라도 남기지 한숨이라도 남기지 그저, 안마당 하나 내어달라는 부탁만 하셨나요 작년 논에 풀어 놓은 오리들은 어쩌라고 당신이 남긴 자전거는 어쩌라고.

언제나 당신은 밀짚모자를 쓰고 기다려 줄 거라 생각했습니다 막걸리 한잔 하자하며 웃을 줄 알았습니다 등산화 질끈 동여매고 봉화산에 오르자 할 줄 알았습니다 태어날 아이들에게 당신이 우리 앞에서 흘리는 눈물을 보여주며 민주주의란 저런 것이다 말할 줄 알았습니다 몰랐습니다 멍들며 찢겨지고, 썩어가며 곪아가는 당신을. 몰랐습니다 민주주의를 묻는 아이들에게 아무 말도 하지 못할 것을 몰랐습니다 당신을.

미안해요 당신의 날개 속에 머물지 못해서 미안해요 당신의 걸음을 보지 못해서 미안해요 고사리를 보며 고개 숙이던 당신을 알지 못해서 미안해요 흙보다 시멘트가 많아진 이 땅에서 당신이 뿌린 씨앗은 자리도 잡지 못했어요 미안해요 아직 당신이 말한 사람 사는 세상을 살지 못해서 뜨거운 5월의 햇살에 꽃잎은 시들고 꽃씨는 바람을 타고 머릿속으로 들어갑니다.

**김진**
1981년 경남 산청 출생. 2007년 『경남작가』 신인상으로 등단. 현재 단국대학교 문예창작대학원 박사과정 재학중.

# 눈물의 이유

김해자

치마도 바지도
구겨진 자도 반듯한 자도
패인 주름살도 팽팽한 이마도
잠바도 양복도 넥타이도 몸빼도 세라복도
손에 닿지도 않는 머나먼 관을 향해 눈물 흘리는 것은
우리가 아직은 사람이어서입니다
대동맥도 실핏줄도 숨죽여 피 흐르는 것은
우리가 아직은 살아 있기 때문입니다
찐찐하게 속으로 울다 고주망태처럼 비적비적거리다
울음 찔찔 새어나오고 마는 것은
우리가 한몸이었다는 걸 다는 잊지 않은 까닭입니다
당신이 나이고 우리여서 울어지는 것입니다

느닷없는 아비 죽음 앞에 차마 울지도 못한 내가
주소 없이 떠돌다 임종도 입관도 보지 못한 불효자식,
아비가 영영 땅속으로 들어갈 적에야 관 잡고 놓지 못하였듯
오래 참아온 눈물이 말이 되지 못한 외마디 울음이
꺼억꺼억 저도 모르게 흘러나왔듯
'저러다 숨 넘어가겄소 저것 좀 누가 말려보쇼'
'…내비 둬라 다 지 설움에 우는 것을…'
내 손가락 끝에 관, 가장 먼 곳
이 세상 너머에서 들리던 아비 화답에

그제야 소리가 길을 내고 콸콸 쏟아져 내린 것처럼
봇물 터뜨린 설움이 터놓은 길 따라 맘껏 통곡한 것처럼
우리가 우는 것은
우리 삶이 그만큼 아프고 서러운 까닭입니다

눈물은 나를 향한 기도입니다
울음은 당신을 향한 손 뻗침입니다
눈물을 더 흩뿌려주십시오
콸콸 더 흘러내리십시오
지렁이 굼벵이 반딧불이여 쑥 민들레 장삼이사여
동체대비同體大悲의 눈물이 우리를 구원하리니
눈물로 젖이 퉁퉁 불을 때까지
그 젖 흘러내려 메마른 입술 적실 때까지
목마른 꽃과 배고픈 백성들 입에 젖을 물릴 때까지
눈물 방울방울 흘러내린 자리
찢어지고 파헤쳐진 이 땅의 살이 메워지고
부서진 나와 당신이 동서와 남북이 다시 합체合體되리니
아 당신들의 순결한 눈물이 환한 웃음꽃이었구나

**김해자**
1961년 전남 신안 출생. 1998년 『내일을 여는 작가』로 등단. 시집으로 『무화과는 없다』 『축제』 등. 전태일문학상 수상.

# 사람들이 지금 무엇인가 각자 준비를 하고 있다*

정용국**

나토신 부엉이바위 아가위 흰꽃 곁에
한 끝이 시작을 물고
뒤척이던 신새벽

오래 돼 영글던 생각 지천으로 번졌다

아수라장 돌비알에 사느랗게 올려 둔 채

청맹과니 허튼 손으로
하늘을 가리려고
옥죄던 야비한 웃음 바보답게 내쳤네

사랑할 만한 사람을 사랑하여***

아주 작은 비석 하나
숨골 속에 박아 두고

우리는
지금 무엇인가 각자
준비를 하고 있다.

* 한양대 제3섹터 연구소 정상호 교수의 말.

** 정용국(전 국민개혁정당 남양주지구당 사무국장).

*** 유시민 (전 국민개혁정당 발기인).

**정용국**

1958년 경기 양주 출생. 2001년 『시조문학』 『시조세계』 신인상으로 등단. 시집으로 『내 마음 속 게릴라』 『명왕성은 있다』 『폐광』 등, 기행문집으로 『평양에서 길을 찾다』 등. 이호우문학상(신인상), 가람시조문학상(신인상) 수상. 현재 한국시조시인협회 사무총장, 한국문학평화포럼 사무국장.

# 살아있다, 그는

홍일표

부엉이바위에서 불을 꺼내 쓴 적이 있다
딱딱 몸 부딪히면 불에 대한 기억을 산발적으로 뱉어내고
수천의 풀잎들은 눈을 반짝이며 가느다란 빛을 받아 삼켰다

길을 걷다가 돌부리에 걸려 넘어진 적이 있는 자라면
부엉이바위의 목구멍까지 차올라있던 말들을 들었어야 했다

그때 바람의 귀는 후박나무 마른 잎새처럼 서걱거렸다

강가에 널브러져 있던 돌들이 제몸에 붙어있던 날개를 기억하고
새들의 뒤를 쫓거나
강물의 새파란 이마빡을 후려치며 파닥일 때

부엉이바위는
추락과 번민의 밤을 지새우던 커다란 눈동자,

봉하마을에는 아직 귀가하지 않은 누군가가 있다

**홍일표**
1958년 충남 입장 출생. 1988년 『심상』 신인상, 1992년 『경향신문』 신춘문예로 등단. 시집으로 『안개, 그 사랑법』 『순환선』 『혼자 가는 길』 『살바도르 달리 風의 낮달』 등, 민담집으로 『산을 잡아 오너라』, 산문집으로 『죽사발 웃음 밥사발 눈물』 『조선시대 인물기행 - 홍일표 역사기행 산문집』 등.

# 2 밀짚모자 대통령

# 봉화산 부엉이바위야 너는 알고 있느냐

박해전

노무현 대통령 고향마을
봉화산 부엉이바위야
너는 알고 있느냐

푸른 오월 신새벽 어찌하여 역사 속으로
홀연히 온몸 던져야만 했던가
그것은 분명 영원히 다시 올 수 없는
아득한 과거이고 태양이 찬란한 미래일 수 없어라

이천팔구년 하루하루 또 하루
백천길 낭떠러지 마냥
악몽처럼 산산히 부서져내렸는가
노무현 대통령 아닌 한국 민주주의여

6 · 15 자주통일 10 · 4 평화번영의 공든탑
드팀없이 쌓아온 남북해외 온 겨레
고통의 바다에서 통곡했어라

노무현 대통령 고향마을
봉화산 부엉이바위야
너는 알고 있느냐

그것은 2007 대선 2008 총선에서
예고된 운명이더냐
6 · 15 시대정신 여야 까맣게 잊고
미국산 비비케이 사기 놀음이 판친 대통령 선거
10 · 4 남북관계 발전과 평화번영 실천의 맹세도 없이
제정당사회단체 제각각 이기주의 수렁에 빠져
6 · 15 10 · 4 평화통일 정권 오롯이 잇질 못하고
6 · 15 10 · 4 평화통일 국회 흐릿해졌어라

노무현 대통령 고향마을
봉화산 부엉이바위야
너는 알고 있느냐

누가 노무현은 바보라고 업수이 부르더냐
아니다 아! 노무현 대통령은
읍에서 10리나 떨어진 진영 산골짜기 가난한 농가에서 태어나
온갖 가시밭길 헤치고 성공한 불세출의 대정치인

민족자주와 조국통일 기상이 나래치는 21세기 첫 대선에서
새 정치와 언론개혁 신념을 안겨준 선구자
김대중 국민의 정부 계승하여
역사적인 6 · 15 공동선언 실천하겠노라

공약하고 선거혁명 주도한 승리자

노무현 대통령 고향마을
봉화산 부엉이바위야
너는 알고 있느냐

절체절명 북·미 핵전쟁 위기에서
한반도 전쟁 결코 용납할 수 없노라
반전평화 선포한 평화의 수호자를

조국과 민족 앞에
7천만 겨레의 대통합시대 열겠노라
취임사 그 약속대로 10·4 선언 이루어
조국통일의 새 역사 창조했어라

제왕적 대통령상 훌훌 벗어던지고
참여정부 모든 권력기관 국민의 봉사자로 거듭나게 했어라
대통령 욕 실컷 해도 오히려 공포감이 없는 나라
정경유착 권언유착의 고리 마침내 끊어
원칙과 상식이 통하는 민주주의
국민이 대통령인 국민주권시대 열었어라

노무현 대통령 고향마을
봉화산 부엉이바위야
너는 알고 있느냐

민주주의 수레바퀴 거꾸로 갈 수 없노라
자주통일 평화번영의 길 가로막을 수 없노라
반역의 역사 거짓의 역사 용서할 수 없노라
순국열사의 의지로 준엄한 심판 하였어라

노무현 대통령은 국민들 서늘한 가슴 속에
민주주의 장애물
자주통일 평화번영의 장벽
타파하는 횃불로 끝끝내 타오르리라

너무 슬퍼하지 마라
원망하지 마라
운명이다
민주주의
자주통일
평화번영
사람 사는 세상 이루는 날
남북해외 우리 겨레 모두 모두

최후의 승리자로 우뚝 서는 날
거대한 침묵 깨뜨리며
더욱 뜨겁게 우리 곁으로 돌아올지니

노무현 대통령 고향마을
봉화산 부엉이바위야
너는 알고 있느냐

**박해전**
1954년 충남 금산 출생. 1981년 〈아람회사건〉으로 옥고. 2009년 5월 재심 무죄 판결. 한겨레신문 창간 참여. 여론매체부 차장. 1992년 『통일문학 통일예술』 창간호로 등단. 대표시로 『조국을 찾아서』 등, 저서로 『희망의 나라』 『박해전의 여론일기』 등. 제1회 민족언론상 수상. 2002년 노무현 대통령후보 시민사회특보. 현재 인터넷신문 『참말로』 회장.

# 별을 닦았던 바보에게

고미경

손바닥으로 눈물을 닦으며
밤하늘을 올려다보았던 바보야

눈물을 길어다가
밤하늘을 닦았던 바보야

어둠 속에서 소리죽여 울었지만
벼랑에서 캄캄하게 혼자 울었지만

네 뜨거운 눈물로
우리들 시궁창에도 별들이 뜨는구나
서로를 향하여 반짝거려주는구나

보아라,
젖어서
찬란하게
빛나는 바보야

**고미경**
1964년 충남 보령 출생. 1996년 『현대시학』으로 등단. 시집으로 『인질』 등. 〈시비〉 동인.

# 고향에 돌아와

김영현

사람 사는 길 멀고도 아득하다지만
고향산천은 매양 어머님
날 기다리시는 어머님 품속 같은 고향산천은
벌거벗은 몸으로 땡볕 아래 물장구 치고 놀던
고향 산천은
언제나 그곳에 있어
나 이제 다시 고단한 몸 돌아와 누웠네.

꿈이여,
별을 바라보며 눈물 짓던 어린 시절의
박꽃마냥 가난했던 꿈이여,
소牛 그늘 아래 누워 책 읽으며
바라보던 푸른 하늘
너무 푸르러 서러웠던 꿈이여,

그 꿈이 날아 날개를 쳤다네.
어두운 조국의 겨울하늘을 날아 푸르디푸른 하늘로
강을 거슬러 날아가는 한 마리 솔개처럼
둥지를 쪼고 날아가는 장산곶 수리매처럼

불의와 기만이 판치는 세상,
원칙도 염치도 도덕도 양심, 상식도 없이

가진 자들은 더욱 가지기 위해 탐욕의 혀를 너울거리고
죽임과 죽음이 끊임없이 이어지던 세상을 거슬러
한 마리 솔개처럼 그렇게
그렇게 유유히 외로이 날아갔다네.

기억하는가, 벗들이여!
그 혹독했던 우리들의 겨울을.
공장에서 쫓겨난 벗들과 나누었던 눈보라 치던 포장마차
차디찬 한잔의 소주를.

그리고 기억하는가,
성난 가슴을 거칠게 짓밟으며 오랏줄을 묶던
저 억척스런 손길을!

솔아, 솔아, 푸르른 솔아, 노래 가사에 한없이
한없이 눈물 흘렸던 그 시절의
목 놓아 부르던 민주주의 만세를!

나는 이 나라 대한민국의 대통령이었다!
육해공군 최고 통수권자였으며
국가 원수였다!

하지만 아니다.
아니다, 아니다, 아니다,
도리치며 아니다.

나의 머물 곳은 저 낮은 곳.
언제나 한결 같은 나의 형제 누이들이 살아가는 맨 땅
농투산이 내 어미 아비 할아버지 할머니 흘린 땀이 배인
아아, 사랑하는 내 조국의 저 낮은 신음 소리
마늘밭에서 만난 정다운 이웃의 두런거리는 소리.
사람이 그저 사람답게 사는 곳.
일찍이 백범이 꿈꾸었고 전태일이 꿈꾸었던 행복한 나라
보통 사람이 주인인 민주주의 대한민국.

길고 긴 날이었네.
길고 어두운 고난의 날이었네.
바람은 거세고, 눈발은 파도처럼 높았네.
사나운 개들
날카로운 이빨들.
무자비한, 야만적인 공격들.

그리고…….

죽음.
폐허.
텅빔.

— 삶과 죽음은 본래 자연의 한 조각이다.
— 너무 미안해 하지도 말고, 원망하지도 마라.

꿈이여,
눈물 없이는 돌아보지 못할 어린시절 푸른 꿈이여!
삶도 죽음도 감히 범치 못할 꿈.
찔레꽃처럼 순결한 꿈.
죽어
마침내 죽어
나는 그 꿈 보았네.
죽어 다시 부활하는
죽어
다시
내 형제들, 내 누이들 가슴에 영원히 함께 살아있는 꿈 말이네.

이제 푸른 하늘 가르며 날던 솔개 한마리
고향에 돌아와 어머님 가슴 같은 고향 돌아와
날개 접고 누우려네.

안녕! 들판을 달리는 바람아,
망초꽃 익어가는 개천아, 매미소리야,
누렁소 게으른 울음소리야.
어린시절 올라가 놀던 정다운 바위야.

하지만 벗들이여, 기억하게나.
긴 밤 눈물로 감격하던 우리들의 약속을.
박꽃처럼 선했던 우리들 그때 그 아름다운 그 약속을.

……그래. 부디 잊지들 마시게나.

**김영현**
1955년 경남 창녕 출생. 1984년 『창비신작소설집』, 1988년 시집 『겨울바다』로 등단. 소설집으로 『깊은 강은 멀리 흐른다』 『해남가는길』 『라일락 향기』, 장편으로 『낯선 사람들』 『폭설』 등, 시집으로 『남해엽서』 『그후, 일테면 후일담』 등. 한국일보문학상, 이무영문학상 등 수상. 현재 한국문학평화포럼 회장, 한국작가회의 부이사장, 실천문학사 대표.

# 낙화

강영환

먼 길 떠나기에는 새벽이 좋은가보다
아무도 가지 않은 골목길 남은 어둠을 쓸어 담으며
치장을 벗어 버린 그대가 살을 덜어 짐을 가볍게 꾸리고
허리띠 단단하게 졸라 맨 뒤
아침에 깨어나는 바람 끝에 몸을 실었다
발자국 소리 죽여 쌓이는 몸짓
먼 길 가는 그대 뒷모습이 끝없이 밝기만 하다

**강영환**
경남 산청 출생. 1977년 『동아일보』 신춘문예와 1979년 『현대문학』으로 등단. 1980년 『동아일보』 신춘문예 시조 당선. 시집으로 『칼잠』 『그리운 치밭목』 『산복도로』 등, 시조집으로 『북창을 열고』 『남해』 등. 시 전문지 『월간 열린시』 주간 역임. 이주홍문학상, 부산작가상 수상. 현재 〈얼토〉 동인, 『남부시』 편집위원.

# 노무현 제16대 대통령 영전에 바침

— 노무현 대통령! 결코 혼자서는 떠나보낼 수가 없습니다

김준태

슬픕니다
오늘은
봉화산 부엉이처럼
밤새도록 울고 싶습니다

님이여
지금 이 땅에
노무현 아닌 사람이 누가 있습니까
갈라진 땅 분단 64년의 한반도
지금 이 땅에
노무현 아닌 사람이 어디 있습니까

갈갈이 찢기고, 여기저기 얻어터진,
온몸에 온 넋에 상처투성이뿐인 오늘의
대한민국 사람은 모두가 노무현입니다.

민주주의를 부르짖다가
민족통일을 부르짖다가
자유와 평화와 사랑을 꿈꾸다가
겨울강 얼음짱 밑으로 사라져간
그 수많은 사람들의 푸른 넋들
그 넋들 속에서 태어난 노무현!

남북 삼천리가 갈라지고,
한강과 대동강이 뒤돌아서고,
갓 태어난 아기들의 웃음소리와
흐르는 눈물방울마저 갈라지고,
접시꽃 하얀 꽃향기마저 갈라진,
언제나 앞가슴이 아파오는 한반도
아흐, 우리들 그리운 어머니의 나라!

— 2009년 5월 23일 새벽 5시 30분
봉화산 부엉이도 울음을 그친 그 시각
대한민국 제16대 대통령 예순셋 노무현은
우리들의 내일 속으로 자신을 던졌습니다
아흐, 귀신도 두려워하는 분단시대
김밥처럼 순대처럼 옆구리가 터진
우리들의 슬픈 자화상 노무현 대통령!
수입산 쇠고기덩어리보다 더 붉은
대한민국의 파란만장한 역사 속으로
자신을 던져, 우리들의 잠을 깨웠습니다

거꾸로 돌아가는 시계바늘을 바로 잡고
민주주의와 평화통일의 둥근 그날을 위해

세상의 적막을 깨우친 노무현 대통령!
그대가 역사 속으로 몸을 던졌을 때
처음에 우리들은 한없이 울었습니다
다음에는 두 주먹을 불끈 쥐었습니다
마침내는 서로의 손들을 굳게 잡았습니다
우리들 본래 모습이기도 하는 노무현 대통령!
결코 혼자서는 떠나보낼 수가 없음을 알기에
그래, 우리들 이렇듯 일어서서 나란히 걸어갑니다

봉화산 부엉이 마을 고향으로 돌아가는 님이여
우리들의 피와 살, 노래 속으로 다시 출렁여오는
대한민국 제16대 대통령 노무현의 푸른 넋이여!
님은 이제 우리들의 몸속에서 부활하고 있습니다

아흐, 통일의 그날이 오면 참다운 세상 그날이 오며는
우리들 아름다운 자화상으로 다시 만날 노무현 대통령!
민주주의를 위하여 만세! 한반도 동서남북 통일 만만세!
오늘은 모두가 노무현 대통령을 고운 하늘로 보냅니다.

**김준태**
1948년 전남 해남 출생. 1969년 『시인』으로 등단, 1995년 『문예중앙』으로 소설 등단. 시집으로 『참깨를 털면서』 『나는 하느님을 보았다』 『국밥과 희망』 『불이냐 꽃이냐』 『칼과 흙』 『통일을 꿈꾸는 슬픈 색주가』 『지평선에 서서』 등, 산문집으로 세계문학기행집 『세계문학의 거장을 만나다』 등. 전라남도문화상(시부문), 광주문학상, 전남문학상 등 수상. 현재 한국문학평화포럼 상임고문.

# 왜 하필 당신은

— 바보 노무현

이대흠

왜 하필 당신은 가난한 자의 편에 서서
부자들의 미움을 받았습니까

왜 하필 당신은 약자들의 편에 서서
강자들의 몽둥이 세례를 받아야 했습니까

왜 하필 당신은 대통령까지 되었으면서도
더 높은 곳에 성을 쌓지 않고
우리들 곁으로 내려 오셨습니까

우리와 나란히 논두렁에 앉아
막걸리 잔을 기울였습니까

각하보다는 형님이나 삼촌으로 다가와
대통령도 사람이라는 것을
왜 보여 주셨습니까

풀썰매를 타며
자전거를 타며
왜 우리와 똑같은 모습으로 사시려 했습니까

바보같이 바보같이

작은 것에 아파하며 왜 우리를 우셨습니까

왜 하필 당신은
왜 하필 당신은

**이대흠**
1968년 전남 장흥 출생. 1994년 『창작과비평』으로 등단. 시집으로 『물 속의 불』 『상처가 나를 살린다』 『눈물 속에는 고래가 산다』 등, 산문집으로 『그리운 사람은 기차를 타고 온다』 등, 장편소설로 『청앵』. 현대시 동인상, 애지문학상 등 수상. 〈시힘〉 동인.

# 부엉이바위에 올라

성기완

부엉이바위에 올라
세상을 내려다봅니다
저 밑에 걸어가는 사람은
산책을 마치고 집으로 돌아가는
토요일의 당신
주중에 야근하고 잔업하고
모처럼 시간 내서 광화문에서 영화 보고
분향하려고 줄을 선
일요일의 처녀
자기를 버리고 남을 택하고
모든 것을 짊어진
안타까운 시간 6시 30분으로 알람을 맞춰놓은
월요일 새벽의 어깨뼈 무거운 우리
검은 만장에 새겨진 이름의 주인
뙤약볕 아래 화요일의 당신은
대학로에서 저녁 타먹는 수요일의 아빠
밤새 돈가스를 기름에 튀겨내고
맛난 소스를 부어주다가 새벽 다섯 시에 퇴근하는
어스름 속 당신의 이름은
목요일의 주방 아줌마
전철 간에서 기관사가 브레이크 잡을 때마다
부드럽게 물결치며 춤을 추는

오늘은 과감하게 보라색 스타킹을 신고 나온
금요일의 미스 김입니다
청계천 물비린내 맡으며 산책 나온 오후에
저절로 발걸음을 돌려 하늘 쪽으로 향하는
새벽 다섯 시 반의 당신을 만납니다
12시가 되면 배고파 거리로 쏟아져 나오는
부엉이바위에서 내려오는
하얀 와이셔츠 감색 스커트 푸른 옷깃
경호원과 당신 모두 함께
어깨동무하고 오늘 아침
흔들리며 출근합니다

**성기완**
1967년 서울 출생. 1994년 『세계의문학』으로 등단. 시집으로 『당신의 텍스트』 『유리 이야기』 『쇼핑 갔다 오십니까』 등. EBS 라디오 〈성기완의 세계음악기행〉 진행. 문지 문화원 '사이' 연구실장.

# 부엉이바위

서정윤

삶이 무거워 바위로 섰다.
작은 것들이 모여 이룬 생활의 흔적
개구리, 들쥐, 꽃뱀 물어 나르던 시절이
차라리 꿈결처럼 아름다웠다.
종일 지친 날개, 깃털 빠지는 걸
돌아볼 여유 없었다.

스스로 지켜오던 푸른 구름
옛애인처럼 등 돌리고 배신하는 걸
두고 보려니 심장이 터진 게지……
풀피리 소리같은 생명의 끈, 매듭
싸늘한 표정으로 돌아서 버리면 그만이다.

큰 날갯짓으로 떠난다.
아무 것도 아닌 것을 부여잡고 있었다.
이제는 작은 삶에서 벗어나
바위로 섰다.

**서정윤**
1957년 대구 출생. 1984년 『현대문학』으로 등단. 시집으로 『홀로서기』 『견딜 수 없는 사랑은 견디지 마라』 등.

# 빈 도시락

이홍섭

젊은 아내가 어린 자식의 손을 잡고
가난의 들판을 가로질러 온다
또 다른 한 손에는
꿈 많은 지아비에게 줄 점심 도시락이 들려 있다

부엉이 우는 밤이 오면
읽던 책을 덮고, 손수 지은 초당草堂의 문을 닫고
사랑하는 아내와 어여쁜 자식이 돌아간 길을 따라
바람 부는 들판을 가로질러 간다

그가 가자
살아남은 자들의 운명처럼
책은 낡아가고, 초당은 저 홀로 허물어져 가고
들판은 다시 어둠속에 가난해진다

빈 도시락 하나,
들판을 헤매며 덜그럭거린다

**이홍섭**
1965년 강릉 출생. 1990년 『현대시세계』로 등단. 시집으로 『강릉, 프라하, 함흥』 『숨결』 『가도 가도 서쪽인 당신』 등.

# 부엉이바위 속으로 날아간 새

— 고 노무현 전대통령님께

정원도

아마도 그는 새였던 것입니다
누천년 기다려온 부엉이바위 속에서 날아왔다가
지난한 아픔의 역사를 뚫고
마지막 날개가 다하여 날아간 새였던 것입니다

두 눈에 정의의 불을 켜고 날아와
온몸으로 부딪히며 민중의 파수꾼을
자청했던 사내
촌철 같은 섬김의 화살이 되어
가난한 가슴마다 그리운 과녁이 되어 꽂혔다가

큰 뜻 펼치시던 꿈 다 접고
오리 영농에, 사자바위 그늘과 이웃하여
스스로 고향이 다 된 듯하더니
무슨 시샘이 그리도 가혹하여 산벚꽃 꽃잎처럼
어둔 새벽 허공에 몸을 맡기셨습니까

바위에 부딪혀 부서진 그의 뼈는
아직도 곧추서지 못하는 우리의 정신입니다
그날을 지켜보던 봉화산 소스라치던 전율은
우리가 채 못 살려낸 간절한 소망입니다

그 정신! 그 소망! 새가 되어
다시 부엉이바위 속으로 날아가고
우리는 어디서 무엇이 되어서라도
님처럼 고운 혼 깃든 새 한 마리
오래토록 못 만나고 그리워할 것입니다

**정원도**
1959년 대구 출생. 1985년 『시인』으로 등단. 시집으로 『그리운 흙』 등.

# 나의 사랑 '노짱'

황명걸

사람에게 사랑할 만한 사람이 있다는 것은
행운이자 행복이다. 그리고
사랑하는 사람이 있다는 건
참말로 기쁨이자 은총이다.
'바보' 노무현은 나에게 그런 사람이다.
그이대로 한계가 있고 부족함이 있어
정이 가고, 더욱이
허물마저 없지 않아 감싸주고 싶은 사람.
모두가 그를 헐뜯을 적에
늙은 나는 '노사모'는 아니지만
그를 좋아함을 숨기지 않았었다.

역사적으로 난세에 위인들이 절명시를 남기며
자신을 버려 후세에 감동을 남겼는데,
그의 유언은 차라리 한 편의 절명시가 되어
남은 우리를 울린다.

"너무 슬퍼하지 마라.
삶과 죽음이 모두 자연의 한 조각 아니겠는가?
미안해 하지 마라.
누구도 원망하지 마라.
운명이다."

어떤 시인도 이만큼 절박하고 아름다운 시를
빚어내기 어려울 터이다.
평생을 거침없는 언행으로 소신을 펴
한때 핀잔을 받기도 했지만,
그 나름대로 끝까지 최선을 다한 '노짱'.
나는 그를 사랑하지 않을 수 없다.

오늘 나는 푸른 하늘로
당신이 계실 높은 저곳으로
노란 종이 비행기를 접어 띄워 보낸다.
나의 사랑의 서툰 고백을 —

**황명걸**
1935년 평양 출생. 1962년 『자유문학』으로 등단. 동아일보 기자로 일하다가 자유언론운동으로 집단해직을 당함. 시집으로 『한국의 아이』 『내 마음의 솔밭』 『흰 저고리 검정 치마』 『황명걸 시화집—그림과 함께 다시 읽는 천년의 시』 등.

# 바보 부엉이

홍희표

우리는 병술생 개띠 동갑
그대, 가시는구나
너무 슬퍼하지 마세요
눈먼 시대 부엉이 되기 위하여

사주에 불火이
세 개씩이나 있다고 하던 그대
아주 떠나보내지는 말아요
삶과 죽음이 모두 자연의 한 조각이니

바보 비석 하나 세워요
긴 밤이 깊을수록
우리는 촛불을 찾지요
정다운 너, 따뜻한 나 하나의 촛불을, 그대여!

**홍희표**
대전 출생. 1967년 『현대문학』으로 등단. 시집으로 『어군의 지름길』 외 14권, 산문집으로 『교정속의 노고지리』 외 3권, 평론집으로 『목월시의 형상과 영향』 외 3권. 현재 목원대학교 교수.

# 기다리는 숲

강상기

수군거리던 숲이 고요히 잠든 때입니다

칼바람이 거세게 몰아치니
온 숲이 파도처럼 출렁거립니다

어둠이 물러서지 않는 부엉이바위에
갑자기 숲을 지탱하던 거목이 쓰러집니다

잠자던 새떼들이 놀라 어둠 속을 파득입니다
순한 짐승들이 이리 뛰고 저리 뜁니다

온 숲 속 나무들의 나뭇잎에서
이슬 같은 눈물이 뚝뚝 떨어집니다

숲은 이제 새로 모실 태양을 기다립니다

**강상기**
1946년 전북 임실 출생. 1966년 월간 『세대』 신인문학상과 1971년 『동아일보』 신춘문예로 등단. 이광웅 시인 등과 함께 〈오송회〉 사건에 연루되어 1년 2개월간 옥고, 17년간 교직을 떠나야 했다. 시집으로 『철새들도 집을 짓는다』 『민박촌』 등.

# 부서진 경전

손태연

저 길을 보아라
벼랑이 있는 길
정의로운 깃발이 죽임을 당한 길
푸른 깃발이 검은 만장이 된 길
교활한 통치와 그 추종들이
관을 짠 길

오욕의 페이지를 리메이크한 관
짜가 법치주의 레벨을 진품처럼 붙인 관

사실과 민심을 왜곡하는 관
광장의 사전적 의미를 지운 관
민주주의 자존성을 공안통치로 깔아 뭉갠 관
까마귀 떼들을 광장에 풀어 방패 뒤로 숨긴 관

그 속에 누워 있는 대한민국 제16대 대통령 노무현!

피 흘리는 역사의 길을 어깨에 메고 와
대한민국 마당에 용감히 부려 놓은 사람
그는 우리의 흔적
빛나는 상처다

누워 있는 그의 땅은 무덤이 아니다
생명이 다시 도착한 거대한 요람
미완은 다시 자란다
다시 꿈 꾼다

사람 사는 세상으로 행진하는 때 묻지 않은 깃발을 들고

꿈을 흘리지 말자
그곳으로 온 꿈
빛 한 톨 흘리지 말자
행여 어둠에 스미지 말자

당신은 광배를 두른 씨앗

오, 민주주의!

**손태연**
1963년 서울 출생. 1993년 『문학세계』로 등단. 시집으로 『사랑을 병속에 넣을 수 있다면』 등. 현재 한국문학평화포럼 이사.

# 봉화산 민들레

리명한

한 톨의 씨앗으로 날아와
하얗게 피어오른
민들레 한 송이
쪽빛 하늘 위에
막걸리로 그렸던 텁텁한 웃음은
음모의 칼날에 상처 입은
다름 아닌 한반도의 피울음이었구나

사람 가죽을 둘러쓴 이리 떼들이
잔치판 벌여 놓고 껄껄거리는 땅
군화에 짓밟혀 쓰러진 민초들이
맨손 휘둘러 물리치고 나면
외세를 빌려 다시금 되살아나
방패춤을 추고

사나운 어금니로 물어뜯는구나
갈기갈기 찢겨
피를 흘리며 물러서다가
버틸 자리가 없어지면
가파른 낭떠러지를
귀촉도가 되어 날아올라

한라산 무등산 백두산 위에
따뜻한 둥지를 틀고
분단과 박해로 멍든
참담한 국토가
꽃밭으로 하나되는 지도 그리며
선열들의 아픔으로 노래하리

하늘을 찌르는 함성소리
지축을 울리는 발자국소리
무현아! 내 아우야
그대는 이제 노래만 하는 소쩍새가 아니야
밤마다 찾아와 어둠을 밝히는 별들처럼
불사조로 환생하여
이제는 촛불 아닌
횃불을 들고 돌아 오거라

**리명한**
1932년 전남 나주 출생. 1975년 『월간문학』으로 등단. 소설집으로 『효녀무』 『황토빛 추억』 등, 장편소설로 『달뜨면 가오리다』 등. 현재 한국문학평화포럼 상임고문.

# 버리라, 그리하면 이기리니

임종철

그날
잡다한 조각들이
우르르르
모였다
아득하게
흩어졌다

그 신새벽
부엉이바위
당신의 겟세마네
이 잔을 꼭?
아무렴 꼭!

당신의 결단
거꾸로 가는 시간을
앞으로 가라
뒤집었다

당신에게서 배운다
가장 간단한 진리
그러나 어려운 진실

버리라!
그리하면
이기리니

**임종철**
1953년 경기도 김포 출생. 1984년 『실천문학』으로 등단. 시집으로 약사시인 공동시집 『굼벵이들은 무얼 하고 있을까』 등. 건강사회를 위한 약사회 초대, 4대 회장 역임. 현재 어린이 의약품 지원본부 이사장, 한국문학평화포럼 이사.

# 바보

김윤현

세상이 당신을 바보라 했다

바보는 앞장서다가 손가락질 받는다
바보는 속이지 않다가 손해를 본다
바보는 속이 다 보이도록 투명하다
바보는 정직한 길을 걷다가 상처 입는다
바보는 양심의 편에 서다가 욕을 먹는다
바보는 비주류에 서서 세상을 걱정한다

비주류는 남이 보지 못하는 역사다
비주류는 남이 가기 싫어하는 정도다
비주류는 그늘진 곳을 걸어가는 양심이다
비주류는 어두운 곳을 찾아가는 등불이다

비주류에 서서 주류를 일깨우려던, 이미 나있는 길을 걸어 편안해지기보다 새길을 열다가 화를 자초한, 실없이 번지르르하게 앞세우는 말보다 솔직하고 투박하게 말하다 욕먹는, 소외된 자들을 위하여 끝없이 몸을 낮추었던, 새벽 눈발처럼 우리 곁으로 다가섰다가 끝내 먼저 간, 가서는 되돌아와 수많은 사람의 마음에 다시 살아난, 바보라는 소리가 제일 듣기 좋다는

# 세상은 당신을 바보라 했다

**김윤현**
1955년 경북 의성 출생. 1984년 『분단시대』 동인지로 등단. 시집으로 『들꽃을 엿듣다』 등. 『사람의 문학』 창간 및 편집위원.

# 태양같이 맑은 기운으로

임효림

정의는 죽고
우박처럼 쏟아지는 반칙과 음모 속으로
우산도 없이 길을 나선
참 바보 같은 사람이 있었다.

감히 겁도 없이
사람 사는 세상을 꿈꾸며
스스로
가시밭길 자갈길로만 간 사람

자기를 지켜 주지도 못하는 서민을
구십 도로 허리 숙여 섬기며
우리 역사의 어두운 구석에
불을 밝히고
스스로 몸을 던진 바보 같은 사람

이제 막 세상일에 눈을 뜬
젊은 청년들아
우리가 너희에게 자랑할 것은
바보를 대통령으로 만든 일이니
너희는 잘 보고, 잘 들어 두어라

그리하여 우리의 자랑인 바보 대통령에게
누가 돌을 던지고
누가 발길질을 하고
누가 그의 가슴에 못을 박았는지를……
부디 잘 기억해 두었다가
너희는 너희의 미래와
더 먼훗날 너희의 자손들까지를 위해
이 일을 잘 전하여 다오

그리하여
아침에 솟아나는 태양같이 맑은 기운으로
사람이 사람답게 사는 세상을 이루어라



**임효림**
2002년 『유심』으로 등단. 시집으로 『흔들리는 나무』 『꽃향기에 취하여』 등, 산문집으로 『그 산에 스님이 있었네』 등. 현재 한국문학평화포럼 부회장.

# 노짱과 함께

박관서

한 사내가 고발당했다
먼지털이개처럼 흔들렸다

흔드는 손과 흔들리는 손의
팽팽한 오선지 위로
많은 이들의 꼭두 세워진 그림자가 지나갔다

그래, 가벼운 것들이 먼저 흔들린다
흔들려, 가라앉거나
창문 밖으로 밀려나가
깨진 계란자국으로 남는다

하지만 아는가, 흔들리고 흔들려 스스로
먼저 흔들려 밀려나는 이들의
맨얼굴을

몸서리치는 불면의 어둠 속
부엉이바위 위의 뜨거운
눈빛을

밤꽃내음 풍기는 얼굴로
언제나 나는 아니고 나는 아니고

나는 아닌, 그대들은 모른다

한 사내가 고발당했다
호랑가시나무처럼 단단해졌다

**박관서**
1962년 전북 정읍 출생. 1996년 『삶, 사회 그리고 문학』으로 등단. 윤상원문학상 수상. 시집으로 『철도원 일기』 등. 한국작가회의, 리얼리스트 100 회원.

# 바보새

백남천

그대는 바보새라서
우리가 늘 날고 싶은 저 하늘에
맨몸으로 그리운 편지를 써놓았다

사랑으로, 평등으로
어깨를 나란히 한 세상을 그리워하며
골리앗에게 짱돌을 던지기도 하고
온몸을 날리기도 했지
때론 저 들에 푸르른 솔잎을 보라
큰 거리로 나아가
노래 부르기도 했었지

그대는 그렇게
지순한 나랫짓하며
세상 사람들 고이 잠들어 있을 때
염치를 순결로 먹물 들인
바늘뜸 뜨다가
햇새벽 저 하늘나라로
훠어이 훠어이 날아간 게다

그제야 그 새벽에 모인
우리들은 말했지

그이는 위대한 바보새였노라.

**백남천**
1952년 대전 출생. 1984년 『월간문학』으로 등단. 시집으로 『참꽃이 피면』 『새벽에 쓰는 시』 등, 여행 산문집으로 『대한민국 베스트 여행지』 『행복한 축제여행』 『행복한 테마기행』등, 공저로 『대한민국 여행사전』 『호젓한 여행지』 등.

# 어찌

김영재

바보야 상바보야
노무현 봉하 촌놈
날개 달고
새벽 산을
날았느냐 굴렀느냐
훨
　　　　훨
　　　　　　　　훨
남은 세상은
우리 어찌 해볼게

**김영재**
전남 승주 출생. 1974년 『현대시학』으로 등단. 시집으로 『오지에서 온 손님』 『겨울 별사』 『화엄동백』 『참나무는 내게 숯이 되라네』 『다시 월산리에서』 등. 중앙시조대상, 이호우시조문학상, 가람시조문학상 수상.

# 노랑나비

김윤환

봉화마을 뉴스를 볼 때마다 아내와 나는 서로 눈물을 감추었다. 왜곡과 배반이 참람僭濫한 시절 숨막히는 막장 보도가 나올 때 이미 예고된 비극이었다. 그래도 아, 그가 다시 살아만 온다면 깨어진 늑골, 파열된 내장, 터진 심장을 깨끗이 붙이는 신약이 있다면, 이 막장 드라마가 그냥 드라마였다면. 그렇게 눈물을 훔칠 무렵 자막이 흐른다. '북핵 미사일 발사!' 순간, 부엉이바위에 앉았던 노랑나비 내 눈 속으로 쑥 들어왔다.

한반도
어느 작은 집에
그 나비가 살고 있다.

**김윤환**
1963년 경북 안동 출생. 1989년 『실천문학』으로 등단. 시집으로 『그릇에 대한 기억』 등, 논문으로 「한국현대시의 종교적 상상력 연구」 현재 한국작가회의 회원, 협성대 강사.

# 밀짚모자 대통령

송진호

저기 사람이 가네
돼지 저금통을 깨뜨려 만든 사람이 가네

창문 열면 거기 부엉이바위
저를 버려 달라던 사람이
삶과 죽음이 자연의 한 조각 아니겠는가 물으며
부엉이 울음 속으로 뛰어들었다

내 오래된 생각은
민주 있냐
자유 있냐
평등 있냐고 묻고 있다

서광이 일렁이는 하늘 길에서
아무 대답 없는
이 땅에서
누가 노란 손수건 흔들고 있는가
누가 바보처럼
천진스럽게 웃고 있는가

저기 사람이 가네
우리가 버리고 놓아주어야 할 사람이 가네

사람 사는 세상을 돌아보던
저기 밀짚모자를 쓴 사람이 가네

**송진호**
1961년 전남 고흥 출생. 2000년 계간 『시와시학』으로 등단. 안산 경실련 집행위원 역임. 현재 안산시의원, 계간 『한국문학예술』 편집위원.

# 6월, 봉하마을에서 울다

김태수

봉하마을, 셀 수 없이 많은 발자국 따라 걸으며
유난히 샛노란 햇살
만장으로 나부끼는 추모 현수막마다
무수히 갈앉는 것을 보다 정말
삶과 죽음이 모두 자연의 한 조각이었구나
불현듯 참았던 울음 울다

유월, 여전히 이어지는 긴 흐느낌
긴 여운이다
당신이 있어 행복했었다고
짧은 한때나마 기쁨이었음을 아시냐고
깃털처럼 가볍게 뛰어
부엉이로 부활한 당신의
그 바위 저만치 보이는 곳에서 울다

헤아릴 수 없다던 고통 내겐 무겁다
치사하게 남아 살면 뭐하냐고?
내 여생의 짐 또한 무겁다
미안해 하지도 원망하지도 마라, 운명이다
그 말들이
부엉부엉 부엉이 울음되어 지천에 갈앉아
갈앉아, 디디는 발자국 모두 통곡이다

오오, 그래서 목 놓아 울다 부끄럼 없이
목, 놓아, 울다, 이, 유월, 경남, 김해, 꺼이꺼이
꺼이꺼이, 봉하마을에서 설움에 멘 목울대로 울다.

**김태수**
1949년 경북 성주 출생. 1978년 시집 『북소리』로 등단. 시집으로 『황토마당의 집』 『농아일기』 『베트남, 내가 두고 온 나라』 『겨울 목포행』 등. 현재 한국작가회의 자문위원.

# 부엉이바위

이지담

부엉이의 주식은 양심이거나 쥐였다
양심만이 그가 꿈꾸는 세계를 알고 있었다
부엉이가 양심을 주식으로 선택한 뒤부터
먹이사슬의 규칙이 깨지자 쥐란 놈이
공격해 오기 시작했다

어둠의 세계에서 양심은
부엉이를 더욱 밝고 큰 눈으로 만들었다
어둠을 즐기던 쥐는 부엉이가 두려워
부엉이가 잠자는 사이
날개를 갉아먹고는 어디론가 숨곤 했다

비틀릴 대로 비틀린 법의
모서리에 숨은 쥐는
끈끈이어둠을 곳곳에 뿌려두고
아무나 걸려들도록 토끼몰이를 했다
부엉이도 눈에 촛불을 켜들기에 이르러
촛불이 무서운 쥐는
틈만 나면 초의 밑동을 갉아 먹곤 했다

촛불만은 지키기 위해 부엉이는
죽어서 더 큰 날개와

더 큰 눈으로 다시 태어나기로 했다
바위 속으로 들어간 부엉이
부엉이바위가 되었다 그의 울음은
양심을 가진 이들만이 들을 수 있었다

쥐들이 무차별적으로 늘어나자
행동하는 양심으로
자신을 태워 촛불이 된 사람들
한 목소리로 외친다, 민주주의를 되찾자고.

**이지담**
1958년 전남 나주 출생. 2003년 『시와사람』으로 등단. 〈사래시〉 〈시목〉 동인.
시집으로 『후박나무의 사랑』 등. 현재 광주전남작가회의 시분과 부회장.

# 그날 부엉이바위에서 당신은 떨어져

— 고 노무현 전대통령을 추모하며

정대호

여명이 움트는 첫 새벽
당신은 부엉이바위에서
그 아득한 높이를 내려다보았습니다.

그 위에서 떨어져
그 높이의 아득함을 깨었습니다.
머리가 깨어지고
마음이 깨어졌습니다.
부엉이바위 밑에서 쳐다보던
풀들의 마음이 나무들의 마음이
무참하게 깨어졌습니다.

그날 아침
하루의 첫 시작을 알리는 여명 속에서
당신은 새로운 화두를 던졌습니다.
부엉이바위의 아득한 그 높이가
우리들의 마음의 장벽이 될 수 없다고
떨어질 수 없는 높이
오를 수 없는 높이가 될 수 없다고

부자들과 공권력이 작당해 서민을 지배하고
점령군처럼 지배하고

힘센 나라 앞에 줄을 서 가난한 이웃을 멀리하고
가난한 동족을 멀리 하고
힘으로 힘으로 억눌러
우리들 앞에 절벽으로 막아서는 금력과 권력의 높이 앞에

그날 아침
하루의 첫 시작을 알리는 여명 속에서
새롭게 시작해야 하는 것이 무엇인지
당신은 화두를 던졌습니다.
따뜻한 밥 한 그릇에 묻힌 많은 사람들을 향하여
따뜻한 이불 밑을 벗어나지 못하는 많은 사람들을 향하여
너를 위하여 나를 위하여
우리들 앞에 막아서는 무수한 부엉이바위의 높이를 향해
깨뜨려야 하는 것이 무엇이고
깨어져야 하는 것이 무엇인지
당신은 던졌습니다.

**정대호**
1959년 경북 청송 출생. 1984년 『분단시대』로 등단. 시집으로 『다시 봄을 위하여』 『겨울산을 오르며』 『지상의 아름다운 사랑』 『어둠의 축복』 등, 평론집으로 『작가의식과 현실』 『세계화 시대의 지방문학』 『현실의 눈 작가의 눈』 등.

# 모자

이기인

당신의 밀짚모자가 민주주의의 서러운 못에 걸려 있는 것은 우리의 생활이 아직도 서럽기 때문이다

오늘은 그 밀짚모자가 주인을 찾아서 두리번거린다, 애야 너도 함 써봐

너도 바보 같다, 철들지 않은 아이가 모자를 비뚤게 쓰고서 당신처럼 환하게 웃는다

바람이 불어서 오늘은 자꾸 바닥으로 떨어지는 모자를 줍는다, 그 못난 민주주의의 벽에 못을 때려 박아서 당신의 모자를 걸어놓는다

**이기인**
인천 출생. 2000년 『경향신문』으로 등단. 시집으로 『알쏭달쏭 소녀백과사전』 등.

# 하얀 감자꽃 같은 그대

서정홍

하얀 감자꽃이
산밭을 물들였습니다.

오월이 가고
유월이 왔는데도
하얀 감자꽃은
피고 또 지고
지고 또 피고…….

하얀 감자꽃이
온 산을 물들였습니다.

**서정홍**
1958년 경남 마산 출생. 1992년 『전태일 문학상』으로 등단. 시집으로 『58년 개띠』 『아내에게 미안하다』 『내가 가장 착해질 때』 등, 동시집으로 『윗몸일으키기』 『우리 집 밥상』 『닮지 않는 손』 등. 2009년 우리나라 좋은 동시 문학상 수상. 현재 경남 합천 황매산 자락에서 농사.

# 바위 같은 사람을 부르나 보다

장정임

죽은 나무에 물을 주던 바보 이반처럼
바보 노무현은 홀로 걸었다
그 걸음마다 물집 잡히는 길
죄 없는 미움에 칭칭 감기어도
불평도 없던 그 털털한 웃음

이제는 잠들지 마라 부엉이들아
그날 새벽, 어린 꿈 키우던 바위 위에서
지연과 학연 없이도 일국의 대통령이 되었던 한 남자가
윤리와 언론에 영혼을 타살당한 한 남자가
순결한 제 몸을 민주주의의 제단에 바칠 때
핏방울 흘러서 바위를 적시고
정토사의 촛불은 이미 꺼졌구나

사랑한다는 말조차 차마 못했던
어리석고 의심 많던 사람들
수십만의 풀잎 같은 사람들 달려간 봉하에선
저 풋진 들녘의 녹음이 통곡으로 일렁이었지

합포천아 멈추어라 들판의 풀들아 고개 숙여라
천년 묵은 정자나무 뚝 부러져 누운 듯 황망한 천지
마을 처녀 양숙이를 끝까지 사랑했던

모든 짐 홀로 지고 떠나간
위대하고 순결했던 농부 한 사람
하늘 위 구름이 손잡아 가네

국화 향기도 끝나지 않으리
5월이면 되살아 날 바보 한 사람
들판을 오가는 오리의 맨발
논둑길을 달리던 자전거
노란 풍선은 눈물 가득 떠오르네

당신은 망신당한 위대한 대통령
바위는 바위 같은 사람을 불렀나 보다

**장정임**
1988년 문학무크 『여성운동과 문학』으로 등단. 시집으로 『그대 조선의 십자가여』 『마녀처럼』 등. 경남성가족상담소 이사장, 여성문화동인 살류쥬 대표, WIA(일, 여성, 예술) 대표 역임. 김해신문, 신경남일보, 경남도민일보 등 논설위원 역임. 현재 경남포럼 부회장, 살류쥬 고문, 언론개혁국민행동 경남본부 공동대표, 김해복지회 회장, 김해복지회관 관장.

# 우리가 바보였습니다

고증식

당신을 그 집에 보내는 게 아니었습니다
바보 같은 당신을
사돈에 팔촌까지 불러 모은 손으로
푸른 집 골방에 가두는 게 아니었습니다
맑은 바람 같은 영혼
부엉이바위 아래 그냥 두어야 했습니다
당신이 푸른 기와집에 갇혀 파닥이는 동안
답답하고 아픈 날 많았습니다
자유로이 날던 예전 그 모습 그리워
멀리 강이며 산을 바라보기도 했습니다
비바람 앞에 온몸으로 맞서온 당신,
우리의 어제이며 내일이기도 했던 당신,
종일토록 회한의 빗줄기 내리고
눈물 패인 자리에 다시 당신을 채워봅니다
아, 그러나 당신은 어쩔 수 없는 바보
당신을 그 집에 가두는 게 아니었습니다

**고증식**
1959년 강원도 횡성 출생. 1994년 『한민족문학』 4집으로 등단. 시집으로 『환한 저녁』 『단절』 등.

# 바보 노무현, 부엉이바위 아래로 힘껏 날아오르다

김여옥

이것은 봉화산 부엉이의 잘못입니다.
이 땅에서 날개달린 새들은
아예 날아오를 꿈도 꾸지 말아야 했습니다.
죽지를 편 채 머슴들 편에도
장애우들 편에도, 헐벗고 버림받은 이들의 편에도
그 누구 편에라도
손을 들어줘서는 안 되는 일이었습니다.
남남북녀의 꽃다운 몸짓,
대보름날 초례청에 올라
맞절 하고 맞춤 춤 약속도 접어야만 했습니다.

이 또한 날개 부러진 부엉이의 죄입니다.
권위주의의 목댕기를 벗어던진 채
검찰·경찰·국정원·국세청 나리들 모가지 줄을 풀어버린 죄,
언론과 재벌들 눈엣가시가 된 채
권력의 충견들 앞에 갈비뼈를 빼던져 물어뜯게 만든 죄,
지역 이기주의 극복을 위해 바보를 자청한 죄,
청와대를 날아 나와선
고향 농사꾼이 되려 했던 그 순진함의 죄,
이것은 순전히 봉화산 부엉이의 잘못입니다.

대한민국은 지금 발가벗고 나서서

온통 토목공사중,
물길이란 물길 다 틀어막히고
목숨이란 생목숨은 명줄 붙이지 못한 채
활활활 짓이겨져 떼죽임 당합니다.
강물바닥 시멘트로 쳐바르는 것도 모자라
백성들 성난 아우성을 틀어막습니다, 몇몇 홍위병만 놔둔 채.
그들은 급기야
자신들의 두 귀에, 팔딱이는 심장에
견고한 옹벽을 치고 있습니다.
1% 부자들을 위한 그들만의 정책
낙수효과 운운하며 서민을 현혹시킵니다.
친애하는 국민 여러분은 여전히
우매한 족속이라는 말인가요 아아,
'선인은 모든 신념을 잃어버리고
악인은 강렬한 열정에 사로잡혀 있습니다.' *

죽지 잘린 당신의 잘못은 우리 탓입니다.
'절망은, 전 지도자를 압도' ** 하는 걸로만
끝나지 않습니다. 이 땅, 허리 잘린 우리의
이 절망을 어찌할 겁니까.
초록잎들 목마름에 지치던 그 오월
아, 그러나 당신은

기어이 다시 일어섰습니다.
그대 날개 품 속의 우리
우리 가슴 품 안의 그대
촛불로, 휘황한 연등불꽃으로 다시금 활활 솟구쳤습니다.
봉화산 부엉이바위 아래로
바보 노무현, 힘껏 날아올랐습니다.

---

* 시인 예이츠의 말.
** 절망이 전 지도자를 압도하다—뉴욕타임즈, 노무현 전 대통령의 서거 논평.

**김여옥**
1963년 전남 해남 출생. 1991년 등단 이후 『자유문학』 편집장과 『월간문학』 편집국장 역임. 시집으로 『제자리 되찾기』 『너에게 사로잡히다』 등. 현재 인사동에서 남도식 주점 〈시인〉 운영.

# 저기 사람이 지나간다

우대식

사람 사는 세상에 슬픔의 강이 흘러갑니다
오월의 신록이 차라리 부끄러워
몸을 낮추고 물소리를 들을 뿐입니다
그곳은 어디입니까
그곳에도 사람들이 살고 있습니까
당신이 자전거를 타고 천천히 논길을 달릴 때
바람이 무어라 말했습니까
당신이 동네 수퍼에 앉아
담배 한 개비를 피워 물던
한 장의 사진이 우리 심장에 박혀 있습니다
사람의 마을에 밤이 옵니다
촛불이 켜지기 시작할 무렵 어느 이방인처럼
이 세상에 다녀가실 당신의 뒷모습을 떠올리며
우리는 우리에게 묻겠습니다
정면으로 묻겠습니다
이 곳에도 사람이 살고 있는가 살고 있는가
당신이 마지막 남긴 말
저기 사람이 지나가네

**우대식**
1965년 강원도 원주 출생. 1999년 『현대시학』으로 등단. 시집으로 『늙은 의자에 앉아 바다를 보다』 『단검』 등, 산문집으로 『죽은 시인들의 사회』.

# 들판

유강희

우리나라 오월의 들판
그렁그렁 고인 못물 속으로

발 걷고 하나둘 들어가
박히는 어린 모의 쨍한 눈빛들!

논두렁 넘고 강 건너 마을로 마을로 내쏜다

하지만 저 어린 모의 시린 종아리를
해지도록 안고 도는 뜨거운 숨결 한 방울

그 한 방울의 사랑이 흘러가 닿는
사람의 마을이 여기서 멀지 않다

아, 그대는 저녁 없는 아침꽃이여!

**유강희**
1968년 전북 완주 출생. 1987년 『서울신문』 신춘문예로 등단. 시집으로 『불태운 시집』 『오리막』 등.

# 부엉이바위 딛고 올라 대한민국 다시 세우리

고규태

새 날으는 김해평야
오랜 봄가뭄 끝에 단비가 내렸다
깡마른 무논에 물이 차고 넘쳐나고 있었다
물가엔 물오리가 새끼를 치고 있었다

이 평화를 깬 자 누구인가

모내기 앞둔 모판에는 어린 모가 푸르렀다
문전의 옥답이 성큼 넓어지고 있었다
희끗한 머리칼로 귀향한 새내기 농부의 꿈도
더불어 자라고 있었다 파란 싹이 돋고 있었다

이 싹을 뭉개버린 자 누구인가

흙냄새 향기론 들녘, 그 소박한 어귀에
한 마을이 있었다 그 언덕에 한 사람이 돌아와
살기 시작하였다 밀짚모자를 쓰고 땅을 일구었다
나무를 심고 꽃씨를 뿌렸다 숲을 가꾸었다

흙이 살아나고 쌀이 살아나고 뒷동산이 살아나고
그를 보는 너와 나의 마음도 살아나고 있었다
자전거에 손녀를 태우고 들판을 씽씽 달렸다

너털웃음으로 논둑에서 컬컬히 막걸리잔 기울였다
손님들도 맞이하여 함께 사진 찍고 농담도 했다

이곳에 사람 사는 세상의 입구가 있었다
여기에 사람 사는 대한민국의 이정표가 있었다

그러나 누구인가
그에게서 밀짚모자를 빼앗아버린 자
그에게서 삶을 빼앗아 꿈을 빼앗아
자근자근 짓밟아버린 자! 너, 너희는 누구인가

우리가 언론 생중계를 감상할 때 즐길 때
당신 집은 감옥이었다 기나긴 불면의 밤이었다
책을 읽을 수도 글을 쓸 수도 없었다
괴로운 밤낮이었다 과녁이었다 표적이었다
최종의 목표물이었다

아, 외로웠던 사람

익을수록 고개 숙이는 벼이삭이었던 사람
높은 데서도 높은 것을 누리지 않았던 사람
돈도 힘도 빽도 없는 이들에게 더 허리 굽힌 사람

만만했던 사람, 우스웠던 사람, 참 괜찮았던 사람

사서 고생하고 낙동강 오리알로 버림받았던 사람
세련된 것들에 비해 덜 세련되었던 사람
강하고 뻣뻣한 것들에게 더 강하고 뻣뻣했던 사람
하지만, 낮은 이들 앞에선 더 더 낮았던 사람

오빠여 남편이여 아버지여 할아버지여
친구여 이웃이여 그냥 동네아저씨여 그냥 촌놈이여
내가 사랑하고 미워하고 헤어지고 다시 만난
바보 바보, 둘도 없는 나의 애인아

어디 계시는가
담배 한 대도 못 피우고 어디 가셨는가

떠오르던 태양도 멈칫, 바로 그 시각
밝아오던 김해 하늘도 멈칫, 바로 그 시각
부엉이바위 위에 당신이 있었다
혼자였다

아무도 없었다
내가 지켜주지 못했다

우리가 지켜드리지 못했다
그래서 운다 뒤늦게 '지못미 지못미' 운다

잔인하다 오월
또 하나의 피 흘리는 주검을 대지에 눕혔으니

잔혹하다 오월
또 하나의 피의 금남로를 봉하마을에 펼쳐놨으니

잔악하다 오월
또 한 곳의 광주를 이 땅에 만들고 말았으니

하여 나는 묻는다 저 푸른 기와집을 향하여
십자가는 총이었나?
그렇다, 나의 애인을 쏘았다

통곡을 접고 나는 묻는다 짝눈박이를 향하여
십자가는 칼이었나?
그렇다, 나의 애인을 베었다

슬픔의 자리에 분노를 놓고 묻는다
강부자와 고소영과 검찰과 조·중·동과 공영방송에게

너희의 믿음 소망 사랑은 탱크였나?
그렇다, 내 애인을 깔고 지나가버렸다

그렇다 그렇다, 해맑은 소녀 미선이 효선이처럼
당신을 들들들 짓뭉개고 가버렸다

피 묻은 총칼의 후예들아
낡은 계엄령의 신봉자들아 광신자들아
마음이 가난해서 불행한 자들아
원수로 보이면 오로지 무찔러버리는 자들아

그렇다, 너 너희야말로 사탄이 아닌가
그렇다, 너 너희야말로 공공의 적이 아닌가

당신은 그렇게 십자가에 못 박혔나니
당신은 그렇게 살해당하였나니
당신은 그렇게 죽어갔나니
당신은 그렇게 한 줌 재가 되었나니

그러나, 당신은 이렇게 부활하고 있나니
방방곡곡이 아직도 울먹인다 가슴을 친다
바보 바보들로 이렇게 거듭거듭 태어나고 있나니

눈을 떴다 당신을 알았다 눈물을 닦는다

일어선다 손을 잡는다 미안하다고 더는 울지
않을 것이다 사람 사는 세상을 함께 만들 것이다
우리가 부엉이바위를 딛고 올라 당신과 함께
무너지는 대한민국을 다시 세울 것이다

그렇다, 이제 우리에게 당신은 깃발이다
노무현 당신은 펄럭이는 깃발이다
오월과 더불어 동서남북으로 전진하는 깃발
당신은 희망의 과녁이다 표적이다

오, 님이여 그러하오니
님도 잠들지 마시라, 편히 쉬지 마시라
우리 가는 길의 등불로 이정표로
이 나라에 영원히 임하시라

**고규태**
1959년 전남 화순 출생. 1984년 시전문 무크 『민중시』 제1집으로 등단. 시집으로 『겨울 111호 법정』 등, 장시 「만불산」 집필, 민중가요 〈전진하는 오월〉 〈우리는 하나〉 〈도요새〉 〈갯벌사랑가〉 등 다수 작사.

# 부디부디 잘 가소서

최현희

눈물샘 퍼올려도 그칠 줄 모르는 이 계절에
님이시여 왜 그렇게 허무하게 떠나셨나이까
님이시여 당신이 걸어오신 삶의 뒤안길이 보이지 않으시더이까

그 오랜 세월 공들인 탑들을 여기에 두시고
어찌가셨나요 하고 싶은 말씀 많았을 터이신데
그 어이 침묵으로 일관하시고
떠나셨나요 님이시여

님이시여 산천초목에 당신이 왔다간 흔적은 바다처럼 깊고
하늘처럼 넓었습니다

님이시여 그립습니다
님이시여 어느 생애 당신의 영혼 만나거든
우리 모두 감싸 안아드리오리다……

인연의 실날 같은 마지막 끈을
어찌 절벽 아래 떨어져 그렇게
가셔야만 했나이까

이제는 세상의 근심걱정 다 버리시고
태어남서부터 마지막 여정을 남기신

봉하마을에
외로움도 쓸쓸함도 다 잊으시고
꽃향기 솔향기 친구 되어
부디부디 편히 잠드소서

**최현희**
1967년 충남 공주 출생. 2005년 『문학세계』로 등단. 시집으로 『세월의 버팀목』 『내 삶의 쉼표 하나』 등. 『문학세계』 세계문학상, 육필과 문학 현대시 수상. 현재 세계시낭송클럽 회원, 문학넷 작가 동인.

# 그날도 봉화산엔 부엉이가 울었더랬습니다

표성배

너도 나도 손나팔을 만들어
'나와 주세요' 라고 나팔을 불며
당신이 나와 주기만을 가슴 졸이던 때도,
오월이었습니다
그때도 봉화산엔 부엉이가 한참을 울었더랬습니다

'나와 주세요' 라고 소리치지 않아도
먼저 나와 있는 당신 앞에
먹먹한 가슴으로 기도하는 오늘도,
오월입니다
지금도 그날처럼 부엉이가 한참을 울고 있습니다

노란 리본과 하얀 국화와 펄럭이는 검은 만장과
끝없는 추모 행렬 속에 서서
지난 시간 속을 더듬어 봅니다

이 땅엔 유독 기억해야 할 이름들이
왜 오월에 많을까요
잔인한 달은 사월이라고들 말하는데
왜, 우리에겐 오월이 이렇듯 잔인하게 다가올까요
높은 하늘과 푸른 산과 들판이
짙은 핏빛으로 물들어 보이는 이 잔인한 달 오월을

잔인한 오월이 아니라 푸른 오월이라는 제 이름을
언제쯤 찾아 줄 수 있을까요

함박웃음 머금고 사진을 찍고
아이들과 뿌듯하게 돌아섰던 때가 어제만 같은데
오늘은 이렇듯 당신 앞에서 아무도 웃지 않는데
당신 혼자만 웃고 있군요
그래도, 웃는 모습이 참 편안해 보입니다
언제 찾아와도 마음이 편안해지는
부엉이 울음소리가 들릴 것만 같은
오월의 봉화산처럼 말입니다

**표성배**
1966년 경남 의령 출생. 1995년 〈마창노련문학상〉으로 등단. 시집으로 『아침 햇살이 그립다』 『저 겨울산 너머에는』 『개나리 꽃눈』 『공장은 안녕하다』 등.

# 오늘은 부엉이바위를 우회합니다

김영환

당신을 마냥 떠나 보내기 싫어
부엉이바위를 가슴에 묻습니다.

지금 우리에게는
삶과 죽음이 자연의 한 조각이 아닙니다.

아직은 일상 속에서
고통의 계곡을 걸어갑니다.

더 우리 곁에 살아계셨어야지요.

구차한 일상의 굴욕을 위해, 굴욕의 용기를 위해
부엉이바위를 오늘은 우회합니다.

당신의 그 외로움의 바위
일상의 숲에 가둡니다.

나날이 흩날리기 위해
끝내 다 못 이룬 당신의 꿈을 위해

**김영환**
1955년 충북 괴산 출생. 1986년 『문학의 시대』 『시인』으로 등단. 시집으로 『따라오라 시여』 『지난 날의 꿈이 나를 밀어간다』 『꽃과 운명』 등. 제15, 16대 국회의원, 과학기술부 장관 역임. 현재 e-믿음치과 원장.

# 봉하마을 초승달

정일관

아무도 그 길을 가라 하지 않았고
아무도 이 길로 오라 하지 않았지만
바보들은 다시 그 길을 모여 걷고
바보들은 다시 이 길로 오고 있네.
수만 명이 큰 강물처럼 줄을 이어
한 곳을 향해 묵묵히 흘렀네.

부엉이바위에서 가볍게 흩어졌으나
못난이들의 가슴에서 살아나 뭉쳐진 곳.
슬픔 이상의 슬픔,
분노 이상의 분노,
아픔 이상의 아픔을 안고,
카랑카랑한 목소리로 살아나는 그곳,
파안대소와 포옹과 겸손한 그늘과
밀짚모자와 논두렁과 자전거 소리와
막걸리 냄새가 스민 그곳으로
세상의 풀잎들이 몸을 누인다네.

봄하늘만 가득 담고서 멈추어버린 논물에
개구리들 먼저 들어와 울고
새 떼들도 너울대며 비껴가는 봉하에
만장이 속울음처럼 흩날리고

화포천도 숨죽이고 흘러가네.

사람 사는 세상이 잠시 어두웠구나.
그믐이었나,
가고자 하는 길에 달빛 하나 용납하지 않았구나.
그믐달이었나,
가장 깜깜할 때
가장 칠흑 같을 때
저 울퉁불퉁한 사내 하나
시대의 여울목 물소리 깊은 어둠을
훌쩍 건너뛰었구나.

건너뛴 그 자리,
깨어지고 무너지고 으스러졌지만
거긴 도리어 사랑하는 사람들의 품속이었고
수십만 수백만 수천만 연꽃들의 체온이었네.
비로소 그 어둠이 끝나는
그믐의 두터운 밤하늘을 찢고
어느덧 초승달 하나 봉하를 비추네.
고개 숙인 연꽃들 머리 위로 슬쩍 떠올라
빙그레 웃음 짓고 있네.

이제 다시 시작하면 되지요.
끝이 아니라 시작인 거지요.
낫날 같은 초승달 작은 빛으로
슬픔의 자락들을 베어버리자고
들썩이는 어깨들을 어루만지고 있네.

다시 사람 사는 세상,
그 오래된 생각들,
두꺼비처럼 울퉁불퉁한,
죽어서야 더 크게 살아나는,
낮아져서 가장 높아진,
저 봉하마을 초승달.

**정일관**
1961년 부산 출생. 2001년 시집 『느티나무 그늘 아래로』로 등단. 현재 한국작가회의 회원, 합천 원경고 교사.

# 날개 달린 당신

문창룡

그날, 울아버지 세상 버리신 날
빨간 고추잠자리 날아들더니만
부엉이바위 위 그분, 세상 안으실 때
작은 노랑나비 다시 날아들더이다.
당신이 날개를 달고 찾아와
애끓는 마음 더 간절하게 하시더이다.
고추잠자리 앉은 자리에
노랑나비 너울거리던 자리에
당신의 환한 얼굴, 여울져 있더이다.

**문창룡**
1962년생. 1997년 『예술세계』 신인상. 시집으로 『인연의 끈』 등. 이학박사. 전북교육청 장학사.

# 바보 연가

박상률

도를 도라 이르면 이미 도가 아니니라*
바보를 바보라 이르면 이미 바보가 아니니라
사진 속의 그가 웃는다
바보…….

바보 노무현
부엉이바위에서 부엉이처럼 날았다
부엉 부엉 부엉
세상 사람들 그 소리 듣고
바보 바보 바보

노래 부른 이 죽고서야 가요 순위 진입한
이천구년 오월 마지막 주 최상위 곡
바보 연가

따라 부르는 세상 사람들, 운다

* 道可道 非常道 : 노자 도덕경 첫 머리에 나오는 구절. 여러 뜻으로 해석할 수 있지만 같은 운으로 말을 잇기 위해 일반적인 해석에 따랐다.

**박상률**
1958년 전남 진도 출생. 1990년 『한길문학』으로 등단. 시집으로 『진도아리랑』 『배고픈 웃음』 『하늘산 땅골 이야기』 등. 현재 숭의여대 겸임교수.

# 우리는 이미 오래 전에 당신을 버렸습니다

전무용

당신을 버려달라고 하셨지만
고백하건대
우리는 이미 오래 전에 당신을 버렸습니다.
우리는 이미 오래 전에
사람 사는 세상의 꿈을 버렸습니다.

우리는 이미 오래 전에
맨가슴 맨손 맨주먹으로
애써 두려움을 이기고 백골단과 맞섰던
정치검사 정치판사들과 당당하게 맞섰던
그 젊은 날의 순결한 영혼을 버렸습니다.

아주 오래 전에 우리는 이미
그 바보들의 행진에서 빠져나와
우리의 모든 꿈을
우리 자신의 이익과
우리 자신의 안락과 바꾸었습니다.

당신이 권력의 한복판에서 권력을 허물다 나와서
모진 권력의 칼날 앞에서 스스로를 버릴 때
우리는 이미 더 이상
버릴 꿈도 버릴 사랑도 버릴 자존심도 없는

영악한 세상 사람이 되어 있었습니다.

당신이 부엉이산에서 스스로를 던지며
혼자서 마지막 바보의 행진을 하던 그 새벽에도
우리는 모두 단잠에 빠져 있었습니다.
고백하건대
우리는 이미 오래 전에 우리의 꿈을 버렸습니다.

**전무용**
1956년에 영동에서 나서 제천에서 자람. 1983년 『삶의 문학』으로 등단. 1990년 단편소설 「그믐밤」으로 대한기독교서회 100주년 기념 소설 입상. 시집으로 『희망과 다른 하루』 등. 2007년 정부의 〈민주화유공자심의위원회〉로부터 민주화유공자로 인정받음. 현재 한남대학교 대학원 박사과정중.

# 오래된 생각

이영수

아직도 새벽 부엉이는 울고 있는가
저렇게 캄캄하게 웅크린 바위는 말이 없고
마을은 고요하다

늦은 봄 꽃잎처럼 지다
우리는 지난 한 달간 노무현을 이렇게 물어뜯었습니다
오욕의 날들이 다 갔는가
그가 다시 우리에게 묻는다
조중동이 치사 빤스이거나
보수극우 골통이거나 말거나
그들은 지식의 탈을 쓴 야만이다
그 야만은 이미 세상의 주류다
아무렇지도 않게 목숨 하나 가볍게 꺾어버린다
토요일 바보 노무현은 자전거를 타고 해맑게 웃다
우리에게 마지막 슬픈 인사를 했다

너무 많은 사람들에게 신세를 졌다
나로 말미암아 여러 사람이 받은 고통이 너무 크다
앞으로 받을 고통도 헤아릴 수가 없다
여생도 남에게 짐이 될 일밖에 없다
건강이 좋지 않아서 아무것도 할 수가 없다
책을 읽을 수도 글을 쓸 수도 없다

너무 슬퍼하지 마라
삶과 죽음이 모두 자연의 한 조각 아니겠는가
미안해 하지 마라
누구도 원망하지 마라
운명이다
화장해라
그리고 집 가까운 곳에 아주 작은 비석 하나만 남겨라
오래된 생각이다

그가 마을길에 자전거를 타고 온다
또 누가 씹을 것이다
신문지를 덮고 다시 군림으로
시간을 되돌린 누군가 웃고 있다
그래 이 세월은 어차피 야만이다
누구 위에도 군림하지 않았던
그가 내 마음 속으로 자전거를 타고 온다

**이영수**
1963년 경남 함안 출생. 1998년 『문학동네』로 등단. 2002년 7월 개인전 〈새의 명상전〉. 시집으로 『나는 안경을 벗었다 썼다 한다』 『고양이 속의 아이를 부탁해』 『문학의 전당』 등. 한국작가회의 회원.

# 아비여, 바보 아비여

— 노무현 대통령 영전에

김인호

나는
아비를 지키지 못한 자식이었구나
잃어버린 10년을 되찾겠다
휘두르는 칼부림 앞에 아비만 남겨두고
세 번씩이나 바보 아비를 모른다 고개를 흔든
개망나니 자식이었구나

아비의 믿기지 않는 죽음 앞에서도
통곡을 삼키는 나는
씻을 수 없는 오욕의 죄인이 되었구나

아비여
죽음으로 개망나니 자식을 깨우는
이 땅의 아비여
못난 자식이지만
오늘 비통한 마음에 작은 비석 하나 세워
바보 아비의 말을 또박또박 새겨 두리라

사람 사는 세상 이루리라고……

**김인호**
1959년 광주 출생. 시집으로 『땅끝에서 온 편지』 『섬진강 편지』 『꽃 앞에 무릎을 꿇다』 등. 인터넷 다음카페 〈섬진강 편지〉 운영.

# 바보 민들레

김진수

부엉이바위 아래
다시 나지막
바보처럼 내려 앉아 이르신 꽃말이
미안해 하지 마라
원망도 하지 마라
삶과 죽음이 모두 자연의 한 조각이라

민들레 홀씨여!
노란 꽃잎이여!
오래된 생각 따라 나도 꽃무리
이제부터 당신은 참이며 평화입니다.

**김진수**
1959년 전남 여수 출생. 2007년 『불교문예』로 등단. 작품으로 「시클라멘」 등.
한국작가회의 회원.

# 하얀 민들레

김선자

아찔한 절벽 끝에서
온몸 비워 한 톨의 씨앗으로 날아간 후에야
한 생애 중량이 그토록 무거웠음을 깨닫네
악취 나는 거름더미 속에서도
독재의 수레바퀴에 짓밟혀도
꿋꿋하게 일어나
꿀을 모으던 한 송이 꽃
산들바람 부는 5월, 어디에 칼날 있어
억센 목숨 저리 쉽게 떨어지는지

바보처럼
이 세상 가장 높은 중심에 피었어도
가장 낮은 자세로 한껏 키를 낮추고
가장 먼저 가난한 사람들의 굽은 등
어루만져 주더니, 이제는
아무도 꺾지 않을 향기 없는 얼굴로
부엉이바위 아래 잠든 봉하마을
하얗게 비추고 있네

밤마다 대궁도 없이 피어오르며 환하게 웃는
저 둥근 달
떠나간 빈자리 메워줄 씨앗 하나로

벼랑 끝 아스라이 매달린
살아남은 꽃잎들

**김선자**
1972년 전남 고흥 출생. 2007년 『창조문학』으로 등단. 작품으로 「아이비를 위하여」 「동작대교를 지나다」 등. 현재 독서논술 강사.

# 봉화산 부엉이는 알고 있다

신용기

부엉이는 알고 있다
시대가 짐지운 운명 거절하지 않고
분노의 불덩어리 품은 채
봉화산 바위덩이 온몸으로 때려
의로운 존엄을 지켜낸 남자를

부엉이는 알고 있다
큰 눈망울로
밤하늘 별을 바라보던 밀짚모자
자전거 타던 그 순수성
이념의 강물 앞에 결연하여
가장 높은 곳으로 올랐던 사람을

부엉이는 알고 있다
온갖 의혹과 정황으로
옷을 발가벗긴 치욕 감행하고
님을 마지막 길로
내몰았던 자들의 말로
더 큰 비극 치를 것임을

부엉이는 알고 있다
흐르는 강물처럼 떠났지만

바르고 당당하게 살다 가신 뜻
우리들 소박한 발걸음 지켜주니
그 뜻 역사 위에 영원히 빛날 것을

**신용기**
1943년 전남 영암 출생. 2008년 『문예시대』로 등단. 저서로 『아직도 푸른 하늘은』 등. 현재 광주광역시 시인협회 회원.

# 한 바보 가면 또 한 바보 온다

김이하

5월 이팝나무들
흰 쌀밥 고봉으로 담아
들밥을 퍼먹고
산딸나무꽃 무명 앞치마
먼 세상사 끌어 덮고
꿀잠 한 소끔 평화를 끓일 때
논두렁으로 뒤뚱뒤뚱 오리 앞세워
느릿느릿 한 바보 간다

세상이 무엇이냐
등 따숩고 배부르면 그만
날강도 없으면 그만
도둑놈 없으면 그만
사기 치고 등 쳐먹는 놈 없으면 그만
억울한 맘 없으면 그만
원도 한도 없으면 그만
여기서 그만,

세상은 세상대로 돌고
역사는 역사대로 흐르고
사람은 사람끼리 껴안고 뒹굴면
그만인 하루

풀잎이 흩어진다
나무가 휘청 가지를 꺾는다
들밥을 푸던 주걱이 힘없이 떨어진다
무언가 수상하다
무언가 수상하다
반성할 수 없는 불순한 마음
수천 수만의 몸을 일으켜
또 한 바보 온다

수천, 수만의 몸들이
한 몸으로 웅크리며 구른다
입에서 썩은 말이 쏟아져 나온다
감은 눈에서 세발까마귀 난다
귀에서 뼈의 소리가 우두둑 떨어진다
분노의 용수철이 빗장을 연다
용수철의 나선형을 그리는
수천 수만의 몸들
한 바보 가면 또 한 바보 온다

**김이하**
1959년 전북 진안 출생. 1989년 『동양문학』으로 등단. 시집으로 『내 가슴에서 날아간 UFO』 『타박타박』 등. 현재 한국문학평화포럼 웹팀장.

# 사랑하다 그만

— 고 노무현 대통령에게 보내는 바보편지

문창길

저 민들레 한 송이 그냥 지나치기 싫어
허리를 굽힌 당신의 뒷그림자 우리의 마지막 사랑이었죠
반쯤 날아간 홀씨 어루만지며 무슨 생각에 젖어 있을까
참 많이도 궁금했습니다 남녘바람 조용히 불어오자
홀씨 하나 당신의 코끝을 스치며 저 건너 도랑 끝으로 날아가
물기 머금고는 이내 자리를 잡는군요
써레질 끝난 무논에서 물개구리 첨벙거리는 것을 보고
당신은 빙긋이 웃음바람으로 스쳐갔지요
그렇게 참 순박하게 동네 한 바퀴 휘돌아 나가신 당신
이제 걸음걸음으로 돌아올 수 없는 먼 먼 또 하나의
봉화산에 올라 미덥지 못한 조국의 민주화를 부르짖다
통일조국의 그날은 오리라 희망가를 부르다
미군 탱크에 깔린 저 효순이 미선이의 초롱한 눈망울도 생각하다
갑자기 산비둘기 한 마리 푸드득 날아오르자 그만
날자 날자 날자꾸나 그렇게 날아가 버렸지요

검찰의 날선 창끝에 온몸 상처로 남은 당신
이제 밀짚모자 바보 노무현을 볼 수 없습니다
참 아쉬운 것은 당신에게 탁배기 한 잔 더는 건넬 수 없는
참 바보스런 당신, 아니 참 바보스런 당신의 이웃, 당신의 친구
당신의 애인들이 오매불망 짝사랑으로만 남아 있습니다
새끼손가락 걸어 분단종식과 평화통일의 길을 열겠다던

서민대중들의 아픔과 가난의 서러움을 꼭 해결하겠다던
비정규직 노동자를 비롯한 장애인들의 인권회복을 이루겠다던
오리를 풀고 우렁이를 풀어 농약 없는 모를 심고
찰진 쌀을 거둬 진짜 먹거리가 무엇인지를 꼭 보여 주겠다던
그 옹골찬 꿈들을 아직 우리는 버리지 못하고 있습니다
아니 봉하초등학교 학생들이 당신의 집 앞에서
현장체험으로 숙제를 풀어나가듯 남은 우리들
기어이 그 꿈들을 기어이 나머지 숙제들을 풀어갈까 합니다

이제는 짝사랑밖에 할 수 없는 당신
여전히 봉화산 등성이를 오르는 당신의 뒷그림자가
오늘따라 유난히 길게 드리워지는 것은
살아남은 자들이 다하지 못한 슬픈 사랑 때문일까요
아니면 뒷자전거에 귀여운 손녀딸을 태우고
동네 한 바퀴 돌던 그 모습이 눈에 밟히던가요
아니면 앞집 할머니가 텃밭에서 건네준 무우 몇 뿌리
참말로 심심치 않고 그렇게 알싸하던가요
그런 아름다운 기억일랑 가슴에 꼭 쥐고서
이제 무거웠던 짐들일랑 마을회관 앞마당에 내려놓고
당신이 오래오래 생각했던 그 길 편안히 가십시오
우리도 이제 오래오래 생각하면서 당신의
바보이름 노무현을 저 무논에 모를 심듯 새기겠습니다

오월 들판 메꽃이 기어이 기어이 발을 뻗는 논두렁에
오늘 죽이 맞는 글동무 몇몇 둘러앉아
막걸리잔 휘휘 저으며 당신의 참사랑을
참 바보스러운 우리들의 짝사랑을 가슴 넘치게
마시고 또 마십니다
뜨거운 눈물 훔치고 또 훔치고 있습니다
아직은 부끄러운 민주주의를 외치며
아니 저 MB산성의 굳게 닫힌 성문을 끝끝내 열어제낄
그날은 오리라 희망가를 부르며

**문창길**
1958년 전북 김제 출생. 1984년 『두레시』 동인지로 등단. 1980년대 구로노동자 문학회와 민직청 문학분과 활동. 시집으로 『철길이 희망하는 것은』 등. 현재 『창작21』 편집인.

# 3 그런 사람 한 번 더 만날 수 있다면

# 꽃은 향기로 비우고, 나비는 춤으로 비운다

박두규

옛적 말씀에 꽃은 향기로 비우고, 나비는 춤으로 비운다고 했다. 그리고 노무현은 노무현의 온 목숨으로 스스로를 비웠다. 비주류의 대통령이건 자전거를 몰고 가는 손녀딸의 할아버지건 모내기를 하는 촌로건 벼랑 끝에 서서 절망하던 자이건 그는 그의 향기로 그의 춤으로 스스로를 잘 비워냈다. 문제는 늘 살아 있는 자들이 채우는 죽음의 빈자리다.

자동차는 휘발유로 채우고, 사람은 돈으로 채운다. 세끼 밥은 전화 한 통으로 채우고 사랑은 채팅으로 채운다. 두려움도 없이 스스로를 채워온 자들에겐 절망도 없다. MB나 검판사나 국회의 한량 같은 부류들이 채워내는 무지의 세월 야만의 세월 굴욕의 세월이 온 것은 우리가 향기도 잃고 춤도 잃었기 때문이다. 꽃이나 나비처럼 스스로를 살지 못했기 때문이다. 시작은 여기서부터다.

**박두규**
1956년 전북 임실 출생. 1985년 『남민시』 동인지로 등단. 시집으로 『사과꽃 편지』 『당몰샘』 『숲에 들다』 등, 포토포엠에세이 『고라니에게 길을 묻다』 등.

# 우리가 당신을 버렸습니다

김희수

미안합니다 죄송합니다
우리가 당신을 버렸습니다
그 새벽, 당신을 벼랑 끝에 세우고
무자비하게 등 떠밀어 버렸습니다
우리의 무관심과 탐욕이, 우리의 유구무언이
예리한 비수가 되어 당신의 심장을 찔러버렸습니다
주식과 뉴타운에 미쳐 살다가
무엇에 씌었던 게지요 허깨비에 홀렸던 게지요

그러나, 당신이 끌어당긴 길을
당신이 목숨으로 닦아놓은 길을 못 잊어
당신은 결코 떨어진 꽃잎으로만 누울 수는 없었습니다

당신은 금세 천군만마를 거느리고
이 땅에 개선장군으로 돌아오셨습니다
보십시오, 은빛 투구가 햇살에 부셔 눈을 뜰 수도 없습니다
'원망하지 마라'
당신의 호령은 등줄 서늘한 채찍이었습니다

당신의 영혼은
마침내 한 마리 부엉이가 되셨습니다
삼천리의 어둠을 쏘는 고주파의 눈빛!

부디 잠든 마을을 깨우러
솔숲 사이 오솔길 타고 성큼성큼 내려오시어요

이 땅의 부엉이란 부엉이는 모두가
당신이었음을 알겠습니다

**김희수**
1949년 전남 담양 출생. 시집으로 『뱀딸기의 노래』 『오늘은 꽃잎으로 누울지라도』 『사랑의 화학반응』 등. 광주 전남작가회의 지회장 역임.

# 당신을 가슴에 묻습니다

— 노무현 전 대통령을 떠나보내며

김선태

1

당신의 비보를 듣고
사흘 낮 사흘 밤을 울었습니다.

바보같이,

당신의 모습을 술잔에 띄워놓고
사흘 낮 사흘 밤을 훌짝거렸습니다.

서러워서가 아닙니다 결코
분해서만도 아닙니다 다만

눈 뜬 채 당신을 떠나보낼 수밖에 없었던
내가 아니 우리 모두가
너무나 부끄럽고 미웠기 때문입니다.

그토록 애타게 손짓하던 당신의 열망을
그토록 괴로워했던 당신의 신음소리를
짐짓 알아채지 못했기 때문입니다.

바보같이, 바보같이.

2

평생 약한 자의 편에 섰던 당신
약한 자의 슬픔을 누구보다 잘 아는 당신
그러나 당신은 결코 약한 자가 아니었습니다.

힘세고 잘난 자들의 세상
도저히 깨지지 않을 것 같은 불신의 바위덩일 향해
계란으로 바위 치듯 뛰어내렸습니다.
깨어져 뜨거운 눈물로 흘러내렸습니다.

나는 그 눈물이 메마른 세상을 적시고
우리의 마음을 하나로 이어줄 것을 믿습니다.
그 어떤 힘으로도 무너뜨릴 수 없는 장벽을
무너뜨릴 강력한 무기임을 믿습니다.

이제 당신을 내 가슴속에 묻습니다.
이제 당신은 온 국민의 가슴속에 묻혔습니다.
바보가 없는 세상에 진정한 바보였던 당신
부디 편히 잠드소서!

**김선태**
1960년 전남 강진 칠량 출생. 『현대문학』으로 등단. 시집으로 『간이역』 『작은 엽서』 『동백숲에 길을 묻다』 『살구꽃이 돌아왔다』 등. 제5회 애지문학상 수상. 계간 『시와사람』 편집주간 역임. 현재 계간 『내일을 여는 작가』 편집위원, 목포대 국어국문학과 교수.

# 경복궁 영결식장

김선규

덕수궁분향소 들러 조문을 하고 며칠 지난 영결식날에 임을 또 생각했어요. 금방 떠오른 건, 임을 방문한 사람들이 임과 어울릴 때 기념으로 옮겨다 퍼뜨린 사진들이었습니다. 세발자전거를 탄 어린손녀와 마당을 돌며 자전거놀이를 하는 몇 장과 꽃다발을 선사하는 여고생 방문객에게 깍듯이 고개 숙여 답례를 하는 사진들이 그거였지요. 걸음마를 다 배우지 못해 품에 안긴 한 아가의, 조그만 입에 음식물을 넣어주는 척하면서 거둬가는 익살스런 사진을 떠올릴 때는, 재미있어서 웃어지는 웃음 대신 다시금 눈물이 앞을 가렸습니다

그랬군요. 그 장난기 가득한 아이들의 성정을 아이들처럼 양쪽 주머니에 몰래 그리고 잔뜩 넣고서, 임은 너무나도 벅찬 세력들과 혼자서 대결해 왔었군요. 임을 아는 우리는 기억합니다. 임이 나랏님으로 취임하면서 맨몸으로 부딪혔던 그 모든 벽들을. 분단된 나라를 장악한 세력들이 산도 쌓고 거대한 성도 쌓은 지 오랜데, 그처럼 크고 교활해진 벽과 정면으로 맞섰던 임은 무슨 힘이 있어 저토록 격정적이었을까요. 가장자리 숲속에서 밤새 울다 지쳐 잠든 귀뚜라미들의 새벽처럼, 겨우 콩나물 한 줌 두부 한 조각 구하려 문을 나섰다가 다리 절며 돌아온 민초들의 새벽이 그나마 믿음을 주었는지요. 낮 동안 여기서도 부딪고, 저기서도 쓰러졌다가 일어서는 임을 안타까워만 했을 뿐인 우리들의 새벽을, 임은 그나마도 자신에게 조달하는 든든한 힘이라 여겼던가요

영결식날은 하루 종일 사람들이 모였습니다. 임이 고향마을에서 어울렸던 사람들과 그러지 못했던 사람들이, 경복궁은 물론 하늘 아래 구름처럼 모였습니다. 그러곤 같이 울었지요. 거짓 없는 꽃들을 산과 들에 피우려 저만큼 애썼던 임이 자꾸만 자꾸만 떠올라서요. 그러나 어찌할까요. 살아생전 맞서왔던 임의 적들은 여전합니다. 그 옛날부터 다져온 벽을 방어하려 오늘 지나면 다시금 무장을 할 거여요. 그리하여 너무 슬퍼 말라던 임의 말씀이 오히려, 우리들 가진 것 없는 민초들의 몸에 가장 힘센 힘으로 돋고 있음 또한 어찌할까요

**김선규**
황해도 연백 출생. 1988년 『창변』 동인지로 등단. 시집으로 『잃어버린 영혼을 위한 서시』 『어머니』 등, 산문집으로 『지치지 않은 날도 있었네』 등.

# 리본을 지키다

맹문재

나는 검정색 리본을
초등학교 때 받은 개근상장을 보관하듯
책상 서랍에 넣고 있다
국민장 리본을 보관하기는 처음이지만
약속한 대로 지키려고 한다

나는 2009년 5월 26일 오후 1시쯤
안양역에 설치된 빈소에서
리본을 받아
지금 거울처럼 들여다보고 있다
필요할 때는 기꺼이 펼치기 위해
품고 있는 것이다

리본을 요새처럼 지키고 있는 한
나는 책들을 경전처럼 읽을 것이다

밥을 공양미로 먹을 것이고
노란 등불이 밝히는 길을 걸어갈 것이다

**맹문재**
1963년 충북 단양 출생. 1991년 『문학정신』으로 등단. 시집으로 『먼 길을 움직인다』 『물고기에게 배우다』 『책이 무거운 이유』 등. 현재 안양대 교수.

# 그대 앞서가는 아름다운 님아

이소리

우짜것노 이를 우짜것노~
노란 민들레꽃 살그머니 지는 자리
못 다 이룬 세상 천번 만번 뒤돌아보다가
님 스스로 흐드드 져버리다니
봉화산 오솔길 바위 틈에 옆으로 누워
이 세상 아프게 바라보고 있는 마애불도 너무 놀라
똑바로 앉기 위해 무거운 몸 뒤채는 자리
갈 곳 없는 민들레 홀씨 하나
흐느끼며 절뚝이며 봉하마을로 날아가네
우짜란 말이고 인자 우짜란 말이고~
옆으로 누운 봉화산 마애불 똑바로 세우려다
곧은 마음 크게 다쳐
저기 앞서 가는 님아
이 세상 곳곳에 눈물꽃 피워놓고
제 홀로 민들레 홀씨 되어
저만치 날아가는 님아
미치것네 정말 미치것네~
님이 피운 이 눈물꽃 지고 나면
사람 사는 세상으로 가는 씨알 알알이 영글어
님이 버린 목숨 다시 싹 틀 수 있으려나
저기 부엉이바위 안고 먼저 가는 님아
님이 가시는 길에 서민꽃 하얗게 흔들리네

산이 노란 평지나물꽃 쓰다듬으며 울고
들이 시커먼 못자리 껴안고 곡을 하네
강이 이마에 굵은 주름살 하나 쓰다듬으며
님 가시는 하늘로 흐르며 흐느끼네
돌것네 정말 돌아버리것네~
그대, 정말 바보 같은 님아
이 세상은 아름다운 님이 살아갈 만한
그런 평등한 세상이 아니라네
도둑들이 가장 먼저 일어나 에헴 소리치고
마음 착한 사람들은
더럽지만 고개 숙여야 하는
옆으로 누운 세상이라네
어허 어허 어기넘차 어허어~
어느날 문득
이 세상에 불시착했다가
옆으로 누운 세상 똑바로 세우기 위해
봉화산 마애불처럼 옆으로 누워 살다가
찔레꽃 하얗게 피어나는
부엉이바위 위에서
마침내 자기 별로 되돌아간 님아
아이고 아이고~
그대 그렇게 가심으로

정녕 아름다운 세상 오시려나
사람 사는 세상 오시려나
이, 얄밉도록 아름다운 님아

**이소리**
1959년 창원 출생. 1980년 『씨알의 소리』와 1983년 『마산문화』로 등단. 시집으로 『노동의 불꽃으로』 『홀로 빛나는 눈동자』 『어머니, 누가 저 흔들리는 강물을 잠재웁니까』 『바람과 깃발』 등, 장편소설로 『미륵딸』. 현재 〈오마이뉴스〉 뉴스게릴라, 한국문학평화포럼 대외협력위원장.

# 사랑하는 만큼

김동환

바람이 사랑하는 만큼
꽃잎은 지는가

서민들이 사랑하는 만큼
애증은 깊어지는가

형이 없는 나에겐
그냥 형이라고 불러보고 싶던 사람

다른 세상을 사랑하는 만큼
속이 더러운 인간들의 반발은 심해지는가

자유를 민주주의를 사랑하는 만큼
이제는 오월이 잔인한 달이 되어가는가

**김동환**
1950년 경기 여주 출생. 1992년 시집 『사막』으로 등단. 시집으로 『거부하지 못하는 자의 슬픔』 『먼 길을』 등.

# 영혼이 선한 목수

— 고 노무현 전 대통령을 추모하며

김용락

오늘 한 시대의 양심이 추락했다
오늘 한 시대의 진실한 정의가
바위에, 땅바닥에, 나뭇가지에 부딪혀
산산조각이 났다
찢어진 살점과 피와 뼈, 눈물로 튀어 올라
다시 꽃으로 피어나고 있다
무수한 꽃망울로 벙글어 부활하고 있다.

일찍이 나의 스승 권정생은
정치는 비정한 것이라고 말한 바 있다
상대를 거꾸러뜨리지 않으면
자신이 거꾸러진다고 말했다
인류의 스승 노신 선생도 말한 바 있다
물에 빠진 개는 두들겨 패야 한다고
그러나 당신의 순수는 결코
그 개를 두들겨 패지 못했다

'노무현 가치'를 이 지상에 탄생시킨
당신은 원칙적으로 옳았다
가난하고 못난 변두리 인생들의 벗을 자처한
당신의 고뇌는 빛났다
당신의 맑은 영혼은

강물처럼 온누리에 넘쳐흘렀다
오월의 노란 민들레꽃
한 송이를 이 세상에 피워 올렸다

빈농의 아들, 고졸, 인권 변호사,
비타협, 원칙주의자인
그런 당신을 나는 사랑했다
그런 당신을 나는 믿었다
당신은 철저한 비주류였다
비주류는 언제나 옳다
비주류는 언제나 선이다

그러나 당신은 현실에서는 부분적으로 오판했고
때론 미숙하기도 했다
어찌보면 영혼이 선한 서툰 목수였는지도 모른다
그러나 결국 원론에서 언제나 당신은 옳았다

추위에 떨고 있는 장삼이사에게
제대로 된 집 한 채를 선물하기 위해
당신은 우리 곁에 온 것인지도 모른다
생계의 비바람 속에서
민초들이 몸을 숨길 온전한 집 한 채를

짓기 위해서 우리 곁에 왔다가
그렇게 홀연히 간 것인지도 모른다

그런 당신이 온몸을 던져
우리에게 주려고 했던 것은 무엇인가?
오월 찔레꽃이 만발하던 때에
논둑가 개구리가 잉태의 꿈을 꾸던 때
앞산의 뻐꾸기가 소리 높여 울던
그 오월 어느 날에
당신이 우리에게 남긴 것은 무엇인가?

오늘밤에도 부엉이바위 위로
밤하늘의 별들이 영롱하게 빛나는데
미워하지 않겠다
원망하지도 않겠다
그러나 그냥 그렇게 운명으로만 돌리기엔 너무 아쉬운 사랑
잊지는 않겠다 당신을

**김용락**
1959년 경북 의성 출생. 1984년 창비신작시집 『마침내 시인이여』로 등단. 시집으로 『푸른 별』 『기차소리를 듣고 싶다』 『시간의 흰길』 등. 현재 대구작가회의 지회장, 경북외국어대 교수.

# 노제

정민나

안전 속도를 지키며 대통령의 운구차가
고속도로를 달리고 있습니다
눈시울이 붉어지며 남편이 TV를 보고 있다
나는 내일 시험 볼 국문학사를 들여다보고 있다
쳇! 안전 속도를 이제야 지킬 것은 뭐람
천천히 흐르는 강물을 노려보던 친구가
한강을 향해 삿대질을 하는데도
나는 내일 볼 '한국문학의 이해'를
차 안에서 열심히 들여다보고 있다
솔아 솔아 푸르른 솔아
봉하마을에서 방금 돌아온 사람들이
축축하게 젖어드는 노래를 부르는
광장 속에서도 나는
한 손으로 눈물을 훔치면서
다른 한 손으로는
내일 볼 시험장이 어디인가
문자를 확인하고 있는 중이다
만장이 지나가고 침묵이 지나가고
수많은 발자국이 지나간 뒤
당신 운구차 만져 봤어
나는 세 번 만져 봤어
눈물을 닦아주면서 할아버지가 따뜻한 말로

할머니의 손을 잡아 줄 때에도
내 손에는 내일 볼 '오늘의 문학비평연구' 가
무겁게 들려져 있었다

**정민나**
1998년 『현대시학』으로 등단. 시집으로 『꿈꾸는 애벌레』 등. 현재 한국작가회의 인천지회 사무처장.

# 엎드려 절할 수밖에요

— 노무현 전대통령의 서거를 애도하며

이은봉

무슨 말을 할 수 있을까요
지켜 드리지도 못했는데요
염치가 없어 아무 말도 할 수 없네요

그토록 힘들어 하다가
그토록 아파하다가
끝내 세상 버리도록 하다니요

엎드려 절할 수밖에요
명복을 빌 수밖에요

당신의 죽음이 모여
당신의 사랑이 모여

인간의 현실은
인간의 역사는

한 걸음씩 한 걸음씩
아주 쬐끔씩
앞으로 나아가겠지요

좀더 나은 세상을 향해!

자유롭고, 평등하고,
서로 공경하는 세상을 향해!

잊지 말아야지요
기억해야지요
거듭거듭 불러내야지요

그래야 그것도 겨우 가능해지겠지요
쬐끔씩이라도 가능해지겠지요

그러니 아무 말이라도
지껄여대야지요
염치가 없어도 자꾸만 떠들어대야지요.

**이은봉**
1953년 충남 공주 출생. 1983년 『삶의 문학』과 1984년 『창작과비평』 신작시집으로 등단. 시집으로 『내 몸에는 달이 살고 있다』 『길은 당나귀를 타고』 『책바위』 등. 현재 한국작가회의 이사, 광주대학교 문예창작과 교수.

# 삶과 죽음은 자연의 한 조각

— 노무현 전 대통령의 발인식 날에

이현채

어둠이 채 가시지 않은 새벽
임의 영결식을 추모하듯
창가로 날아온
까치들의 울음소리를 듣습니다
국민의 별이자, 봉하마을의 별
임을 떠나보내는 날
경건한 마음으로 묵념을 올립니다
노란 종이비행기가 휘날리고
임을 향한 노래가 울려퍼집니다
애도하는 울음소리 들리시나요
분양소의 추모객들
발길은 끊이지 않고
가신 님께 어떠한 잘잘못을 논할 수 있겠는지요
삶과 죽음은 자연의 한 조각 아니겠는가
임의 마지막 말을 떠올리며
가신 그곳에서는
편안히 잠들 수 있기를 기원하며
두 주먹을 불끈 쥡니다

**이현채**
1966 충남 당진 출생. 2008년 『창작21』로 등단. 작품으로 「한강」 「저수지의 추억」 등. 현재 독서논술교사.

# 나, 그리고 당신에 대한 반성문

— 고 노무현 전 대통령의 영전에 바침

오인태

당신이 그렇게 가시고

충격의 나날이었습니다.
눈물의 나날이었습니다.
고통의 나날이었습니다.
분노의 나날이었습니다.

그런 날들을 보내고

나는 이제 차분히
내 충격과 눈물과 고통과 분노의
이유를 헤아려봅니다.

나는 왜 당신의 죽음에
그토록 총 맞은 듯한 충격에 휩싸여야 했던가요.
그건, 내 안에서 당신이란 존재가 일시에 사라져버린
낭패감과 상실감 때문이었던 것 같습니다.
당신을 이미 까마득히 잊은 줄 알았는데,
당신은 내 안에 고마운 당신으로 엄연히 살아있었던 것입니다.

그러면, 나는 왜 당신의 죽음에
그토록 하염없이 눈물을 흘려야 했던가요.

그건 내 안의 당신을 까닭없이 미워하고 외면했던
부끄러움 때문이었던 것 같습니다.
당신을 이미 멀리 떠나보낸 줄 알았는데
당신은 내 안에 미안한 당신으로 엄연히 살아있었던 것입니다.

그러면, 나는 또 왜 당신의 죽음에
그토록 찢어지는 고통으로 몸부림쳐야 했던가요.
그건 내 안의 당신을 내가 야속하게 버렸다는
자책감 때문이었던 것 같습니다.
당신을 이미 미련없이 버린 줄 알았는데,
당신은 내 안에 알뜰한 당신으로 엄연히 살아있었던 것입니다.

그러면, 나는 또, 또 왜 당신의 죽음에
그토록 주체할 수 없는 분노를 느껴야 했던가요.
나는 당신을 잊었지만
나는 당신을 버렸지만
나는 당신을 떠나보냈지만
내 안에 엄연히 살아있는
참 고마운 당신
참 미안한 당신
참 알뜰한 당신
그런 당신을 누군가가 죽였다는 사실을

결코 용서할 수 없기 때문이었습니다.

아, 그렇습니다.
내가 잊은 당신
내가 버린 당신
내가 떠나보낸 당신
누군가가 죽인 당신
아니, 내가 죽인 당신
당신은 바로 내 자신이었습니다.

내게서 떠나고서야
비로소 이렇게 내 안에 다시 살아나신 당신

비열하고 잔혹한 세상에 죽임을 당하고서야
마침내 우리 앞에 당당하게 살아나신 당신

살아 넘실대는 수많은 당신
아, 영원한 당신

**오인태**
1962년 경남 함양 출생. 1991년 『녹두꽃』으로 등단. 시집으로 『그곳인들 바람 불지 않겠나』 『혼자 먹는 밥』 『등 뒤의 사랑』 『아버지의 집』 등. 현재 한국작가회의 이사, 경남작가회의 회장.

# 함께 울다

김재균

김해 외딴마을 봉하에서
광주 5·18 민중항쟁 구舊 도청에서
서울 한복판 대한문 앞에서
아니 온 나라 안 구석구석에서 일렁이는
셀 수 없는 국화와 촛불의 바다

삶과 죽음은 자연의 일부라고
화두 같은 유언 남긴 채
절벽에서 몸을 날린 그대의 죽음
애석해 통곡하며
길과 광장을 메워오는 끝없는 사람들

한때 이 나라의 용이었던 그대
칠흑 속에 부엉이 되어 운다
스스로 몸을 던져 머리와 뼈를 부수고
육탈하면서 비로소 부활하였는가
온 겨레 가슴 속 젖어가는 울음

오만과 위선, 거짓으로 억압하는 권력의 심장부를 향해
투신할 수밖에 없는 현실을 아파하는 것이다
삶이 너무 힘들고 고달파서 당신처럼 죽고 싶다고
그들은 함께 우는 것이다

무려 네댓 시간 기다려 조문하면서
민주주의의 상주가 되어가는 저 뜨거운 울음들
그대의 죽음은 절망하는 이들에게 오히려
새로운 시작이 되어주었다.

**김재균**
1952년 광주 출생. 1998년 『시대문학』으로 등단. 시집으로 『달빛 아래 찔레꽃』 『장수풍뎅이를 만나다』 등. 광주시문학상 수상. 현재 제18대 국회의원, 국회 상임위 지식경제위원회 위원.

# 하늘로 돌아간 삶

신현미

해맑은 어린 아이 같은 마음씨
무간지옥을 두려워하신 어르신!
순수함이 바래질까 평생을 두려움 속에서 사신 분

개구쟁이들의 울타리 안에서
저승사자보다 험한 세파로
끝내 하늘로 돌아가신 순수한 이 시대의 여린 시인이시여!

천국의 행복만 알고 지옥의 악몽을 외면하며 사는 우리
당신의 고운 마음씨 한 줄만이라도 깨달았다면
이 세상은 더욱 밝은 광명의 세상이 되었을 것을

님이시여! 안녕히 가소서.
위에서 밝은 미소로
너와 나 우리를 비추소서.

**신현미**
1966년 충남 예산 출생. 『열린문학』 『문학세계』로 등단. 수필집 『두꺼비집』 『바보온달과 신데렐라』 등. 현재 한국문인협회, 한국문학평화포럼, 어린이책 시민연대 회원.

# 그런 사람 한 번 더 만날 수 있다면

이성룡

자수성가한 사나이가 대통령이 되자
아무나 자수성가한 꼴을 봐주기 싫은 종자들은
슬슬 불안해하기 시작했다
은근슬쩍 편승하거나 뒷걸음질치기도 하련만
마냥 천진난만한 미소로 칼을 뽑는 그에게
참을 수 없는 분노를 터뜨리기 시작했다.

대통령의 이마에 붉은 화인을 새기던 언론 권력은
서푼어치도 안되는 신문지 석장으로
당돌하기 짝 없는 그를 돌돌 말아 두들겨 패댔다.
오른쪽 사람들은 좌파라고 이를 갈고
왼쪽 사람들은 우파라고 놀려대는 사시斜視들의 소굴에서
시나브로 타살이 진행되고 있었다.

사무친 증오로 중독된 패거리들은
낙향한 그의 숨통마저 끊으려고 몸부림쳤다.
싸움판을 떠나버린 사람
남녘 비옥한 땅에 상록수로 뿌리내려버린 사람
그러나 매력적인 관광 상품이 되어버린 그에게
질투하고 시비를 거는 일이 만사였다.

봉하에서 오리나 키우고 자전거 산책을 하자

아무나 씹어대는 뒷동산 봄나물쯤으로 알고
검사와 기자가 자근자근 씹고 돌아가며 밟아대는 것이었다.
한때의 연인들마저 첫사랑을 부정하도록
담배연기 한 줄기 피워 올릴 틈도 없이
동네방네 고성방가로 죄를 닦달하던 것이었다.

동해물과 백두산도 마르고 닳는다는데
큰 산도 천 삽이면 무너지고 만다는데
스스로 권위를 허물던 사람이 어찌 무너지지 않으랴.
매판과 독재의 적자들에게 위풍당당하던 그도
멍석말이 패대기질에는 장사가 못 되었다.
이슬도 털지 못한 채 사뿐히 낙화하고 말았으니.

그는 군자나 현자가 아니었다.
성공한 대통령도 실패한 대통령도 아니었고
전술도 승리하지 못한 사람이었다.
그는 정체성의 화두였고 전사였을 뿐이다.
그러므로 그가 존경받지 않아도 서운할 일은 없다.
그저 아름답게 패배한 노무현을 사랑할 뿐이다.

그러나
전사는 그렇게 죽는 것이 아니었다.

전사는 스스로에게 칼을 겨누는 것이 아니었다.
최후의 1인으로
마지막 전사로 남아 진검승부를 해야 했다.
우리의 망막이 젖은 것은 그런 까닭에서 비롯된 것이다.

빠른 길 두고 바른 길을 고집하던 그 사람
오른쪽 말고 옳은 쪽으로 당당히 걸어가던 그 사람
조금 서툰 것쯤이야 외환 위기만큼 하랴.
고집 좀 센 것쯤이야 유신독재만큼 하랴.
아, 노무현! 버리면 버릴수록 승리하던 그 사람
그런 사람 한 번만 더 만날 수 있다면.

**이성룡**
1963년 전남 고흥 출생. 2002년 『문학 21』로 등단. 시집으로 『서풍에 밀려온 아프로디테』 『비자나무숲에서』 등. 현재 고흥동초등학교 근무.

# 영혼을 향한 노래

차정미

그가 청와대 머물던 시절
난 그를 품었다. 한 영혼으로
그 영혼 위해 흐느낄 수 있는 사랑으로
그의 아픔, 내 가슴에 파편으로 박히는 고뇌로
그의 노래, 내 노래가 되어 물결 칠 수 있는 향기로
그의 삶의 조각, 수평선에 닿아 반짝이는 햇살로

지상에서 그와 함께 날개를 펼쳐
또 다른 영혼들을 품을 줄 알았다
순례자의 길 가다가
가다가
지상의 길 끝에서
한 이름으로 만나
그와 또 다른 흰옷 입은 무리들과 함께
기나긴 포옹을 할 줄 알았다

나는 그날,
길게 울었다
그건 나의 사랑이 부도났기 때문이 아니다
더 이상 품을 수 없는 그의 영혼
훨훨 날려보내야만 했기 때문이다

그날 그후
손 안에 움켜쥔 한 줌의 바람을 품어주듯
나는 그의 영혼을 놓아 보냈다
밤 하늘 별이 되어
어두운 한반도 한 켠
가만히 비추도록!

그 별 바라보며
접히지 않는 역사의 한 페이지
적시는
우리의 눈물이 메마르지 않도록!
남과 북 영혼을 향한 노래
눈물샘이
반도 강산 강줄기에 닿을 수 있도록!

**차정미**
1958년 전남 보성 출생. 1983년 『시조문학』과 1985년 『시인』으로 등단. 시집으로 『눈물의 옷고름 깃발 삼아』 『딸에게 주는 사랑 노래』 『테트리스와 카멜레온』 『빈들에 혼자인 사람일수록』 등, 공동산문집으로 『울타리를 넘어서』 등. 한국가정법률상담소 출판부장 역임.

# 빼앗긴 사람

권혁소

찔레꽃 하얗게 피어오르는 바보 같은 오월
애증으로 남아있던 한 사람을 잃었습니다 아니 빼앗겼습니다
당신의 서울 나들이가 그랬듯이 그날은
촌놈이 서울 나들이를 가는 날이었습니다
전교조 창립 20주년 기념 교사대회에 가기 위해
막 집을 나서던 참이었습니다 급하게 울리는 전화벨,
화면에 '집' 이라고 뜹니다 아, 뭘 또 빠뜨렸구나
그런데 소식을 전하는 아내가 말을 잃습니다, 아니 빼앗깁니다

여의도, 참 많이도 당신을 성토했던 곳입니다
한여름 혹은 한겨울 아스팔트에 바보 노무현이라고
무던히도 많은 낙서를 했던 곳입니다 사학법이 개정되었을 때는
장미꽃을 던지며 환호하던 곳이기도 합니다
이전에는 없었던 일, 그날은 술을 마셨습니다
붓는 사람도 마시는 사람도 아무 말 없이
취하지 않고서는 인정할 수 없는 현실이어서
여의도 그 늦은 봄바람을 온몸으로 맞으며 그냥,
그냥 술만 마셨습니다

독재는 언제나 자기 이전의 역사를 과거로만 치부합니다
내일의 거울인 과거를 청산해야 할 오류로 폄훼합니다
그래서 언론을 잠재우고 교육을 통제합니다

경찰버스의 철망을 떼어내는 대신 광장을 폐쇄하고
선진과 번영을 앞당기는 척 철거민의 가슴에
물대포를 쏘고 불을 지르고
그것도 모자라 색소 물총의 방아쇠를 당깁니다
진실이 두렵기 때문에 언제나 위선의 차양으로 치부를 가립니다

유래를 찾아보기 힘든 끊이지 않는 조문행렬
민중이 원하는 것이 민중의 힘에 의한 혁명이라는 것을
스스로 은유하고 있는 것 아니고 무엇이겠습니까

그러니 우리가 빼앗긴 사람 당신은
게바라로 우리 앞에 다시 태어나야 합니다
차베스로 다시 우리에게 돌아와야 합니다

그나마 그때가 서민적 행복이었다는 것을
무관심과 불참으로 당신을 빼앗긴 지금에야 조금 깨닫습니다

아, 어찌도 이리 바람이 무심할까요

**권혁소**
1962년 강원 평창 진부 출생. 1984년 『시인』으로 등단. 1985년 『강원일보』 신춘문예에 시가 당선. 시집으로 『논개가 살아 온다면』 『수업시대』 『반성문』 『다리 위에서 개천을 내려다보다 』 등. 현재 인제 원통에서 미래의 노동자들에게 노래를 가르치고 있으며 전교조 인제지회장.

# 당신은, 부엉부엉 울었지요

강기희

강원도 깊은 산 속에서 부엉이가 울었습니다
모두가 잠든 밤 홀로 깨어
세상을 굽어보는 부엉이, 당신임을 알았지요
남쪽 땅 봉하에서 강원도 정선까지
당신은 참 먼 거리를 날았습니다
그래요, 이제 당신이 못 갈 곳은 없지요
벼랑에 몸 던져 죽음으로 얻어낸 자유 아니던가요
하루는 오늘처럼 작년 휴가 때 찾았던 정선 땅도 오고
또 하루는 광주 망월동에도 가고
하루는 서울광장 하늘도 날고
또 하루는 부산항 부둣가를 날기도 하겠지요
당신은 대통령 자리에서 물러나니
욕먹지 않아 참 좋다고 했습니다
천진난만하게 웃으면서 말했지요
그러면서 이젠 하고픈 일 하면서
촌놈으로 살아가겠다고 했습니다
당신은 그 약속 지키지 못했지요
자전거에 손녀 태우고 구멍가게 갈 때가
가장 행복하다고도 했습니다
당신은 그 행복 스스로 버리고 부엉부엉 날아 올랐지요
이제 당신의 자리는 자전거 안장이 아닌
늙은 소나무 등걸입니다

사진 속 당신의 모습은 여전히 형형한데,
오늘도 당신은 어둔 하늘을 부엉부엉 날고 있네요
당신이 날았던 서울 하늘은 어둡습니다
촛불을 짓밟는 전경의 군홧발 소리가
당신을 지나 하늘까지 올라갑니다
여학생의 비명소리를 들은 당신은 또 눈물을 훔칩니다
이제 당신이 할 수 있는 일은 오늘도 내일도
민주주의를 지키는 이들을 위해
부엉부엉 울어주는 것밖에 없습니다
답답한 당신은 독재타도 외치며 부엉부엉 울다가 퍼드득 날고,
부엉부엉 날다가 퍼드득 내려 앉겠지요

이곳은 백두대간 자락의 갈매봉 아래, 인적은 없고
새들도 잠든 시간입니다
당신은 잠든 나무와 새들 깨워 못 다 한 말 쏟아냈지요
당신은 부엉부엉 울면서
참담하게 망가진 민주주의를 걱정했습니다
당신은 또 부엉부엉 울면서
법치를 가장한 법치를 특유의 음성으로 비판했지요
당신은 가난한 사람이 더 가난해지는 현실을 꾸짖기도 했지요
그러면서 가끔씩 내뱉는 당신의 한숨에선
절망이란 단어가 뿜어져 나왔지요

당신은 다시 졸고 있는 나무 흔들어 살아야 하는 이유와
죽어야 하는 이유에 대해 말했지요
죽어가는 민주주의를 살려내려면 울지 말고
두 주먹 불끈 쥐어야 한다고 말했지요
혼자만 잘 살지 말고 함께 잘 사는 길로 가라고도 했지요
당신은 부엉부엉 울면서 유서를 되풀이하듯
자신의 죽음을 슬퍼하지 말라고 했지요
당신은 또 자신을 죽음으로 몰고간 이들을
원망도 하지 말라고 했지요
세상 물정 모르는 나무와 새들도 슬픔 없이 원망 없이
세상을 바꾸라는 당신의 말을 따르기 무척 힘들다고 하네요
사악한 자들이 당신의 말을 이해하지 못하기 때문이지요
사악한 자들이 이 시간에도 반성하지 않기 때문이지요
하지만 우리 모두는 반성합니다
당신을 지키지 못한 죄를 반성하고
민주주의를 파괴한 자들이 권력을 잡을 수 있도록
방관한 것에 대해 반성합니다
당신은 삶과 죽음은 하나라고 했지요
죽음으로 민주주의 일깨운 당신은
백성들의 가슴에 민주주의 불꽃,
통일의 불꽃으로 부활했지요
밤 깊어 당신은 삶과 죽음은 하나라는 말 남기고

갈매봉 떠나 백두대간 넘었지요
노란 깃털 휘날리며 군사분계선 넘었지요
삼일포 지난 당신은 원산 지나 함흥으로
함흥 지나 청진으로 청진 지나
백두산까지 '통일, 통일' 외치며 부엉부엉 울면서 날았지요

**강기희**
1964년 강원도 정선 출생. 1998년 『문학21』로 등단. 장편소설로 『동강에는 쉬리가 있다』 『도둑고양이』 『개 같은 인생들』 등. 2007년 〈2007 정선아라리 문학축전〉에 시 「정선가는 길」을 발표하며 시작활동 시작. 현재 한국문학평화포럼 이사.

# 삶을 멈추고

이다빈

고통의 사슬을 끊고
삶과 죽음의 살피를 넘어서
어머니 강물로 들어간 그대 곁에서
잠시 삶을 멈춘다
영혼을 부정하는 지식조차
욕망의 덫을 놓는 날선 시선들조차
세월을 파는 장사꾼들의 거짓말조차
노란 꽃잎알 속에
애끈히 품어버린 그대는

결코 승부사가 아니었다
마음을 여는 법을 아는 사람이었을 뿐

삶의 문이 하나씩 닫힐 때마다
편견의 복도에서 방황했던 흔적만 남긴 채
살아남은 자에겐 죄의식만 남긴 채
어리석음의 춤판을
홀연히 떠나버린 그대

이제
어머니가 내보내는 빛의 강물 따라
생에서 배운 대로 살아가리

가난한 이의 가슴 속에서
용기 없는 자의 절망 속에서
명예롭지 못한 자의 명예 속에서
너와 나를 경계 짓는 삶의 조건들 속에서
가장 풍요로운 침묵 속에서

누더기 살옷 벗고
어둠의 바다 불보라 되어
가난한 영혼들의 빈 터에
한 줌 여문 사랑으로 남으리

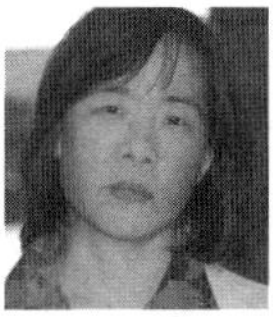

**이다빈**
경남 진주 출생. 현대경영 〈한국 현대시 30선〉으로 시작활동 시작. 동화집으로 『모자선생님』 등, 엮은 책으로 『교과서 밖의 세상 여행』 『책 위의 꽃잎』 『우리 반 왕따1 · 2』 『무지개랑 놀고 싶어요』 『니들이 환경을 알어?』 등. 현재 사단법인 한글문화연구회 부설 한글문화교육원 원장.

# 노란 무지개

윤영교

강물은 꿈속에서 바다를 본다.
바위를 부수는 순간에도
폭풍우 속 아름드리나무를 뿌리째 옮기면서도

목적지를 잊지 않는 강물
조금 더 낮게 흐르는 가벼운 물살로
수많은 사람들을 스치며 그들의 가슴속으로 방향을 튼다.

강물처럼
그 강함에 자존을 걸고

강물처럼
그 유연함에 사람을 실었던 당신

평생 꿈꾸었던 그 길을 따라
바다로 또 바다로 포기할 수 없는 길을 떠났다.

빗방울로 우리는 강에서 만났다.
이미 오랜 길을 돌아온 당신의 강에서
나의 좌절은 어느새 과거가 되었다.

내 손이 기억하는 당신의 손

내 심장이 기억하는 당신의 마음
내 눈과 머리가 기억하는 당신의 얼굴

그 온기와
그 겸손한 열정
평온함과 한없는 순수

비겁한 욕망들이 둑을 쌓고
천박한 개들이 물어뜯은 사바의 나날들

당신은 봉하의 들판을 가르는 바람처럼
노란 개나리꽃으로 피어나고
당신을 애타게 찾는
노란 종이비행기 하늘을 날 때

강으로 되돌아 갈 우리들 눈물 속에서
당신은 노란 무지개로 다시 떠올랐다.

**윤영교**
1963년 전남 보성 출생. 국민참여운동본부 전남 부단장, 두드림 전국대표. 노사모 전국 부대표(온라인위원장) 역임.

## 마음속의 대통령, 그대 떠나는 길에

정연수

늘 벼랑 위에 선 그대
권력마저 내려놓고 국민을 대통령이라 섬기던 그대
위와 아래가, 있는 자와 없는 자가 함께 걸어가는 길
그대의 길은 외로웠으나 아름다웠고
그대와 동시대를 산 나는 얼마나 다행한 사람인가
그대가 떠난 자리를 메우는 뉘우침들
우리 마음속의 영원한 대통령으로 꽃피는 자리

1980년대 독재에 항거하던
그 주먹, 그 피, 그 목숨 속에서
경찰, 검찰, 군인 한 명 만나지 못한
내 삶은 얼마나 비겁한가!
있는 자와 없는 자가 여전히 반목하는 2009년
내 일이 아니어서, 내 가족 일이 아니어서
고개를 돌리는 나는 얼마나 비겁한가!
그래서 이렇게 두 주먹 불끈 쥐고
그대를 지키지 못해 정말 미안하다고 흐느끼는 것이다

— 너무 슬퍼하지 마라
— 삶과 죽음이 모두 자연의 한 조각 아니겠는가

그대의 유서를 읽으며 세상이 두려웠다

슬픔이 아니라 무서움 때문에 울었다
전직 대통령까지 궁지로 몰아간 권력의 네트워크
우리 역시 옴짝달싹 못하게 갇혀 있었던 것을,
왜 우리는 날지 못하고 추락하는지
이제 알았으니 더는 숨지 않으리라
그대가 허공을 향해서도 뛴 것처럼
이제는 행동하련다
노무현, 그대와 함께!

**정연수**
1959년 서울 출생. 1993년 『예술세계』로 등단. 시집으로 『꿈꾸는 폐광촌』 『박물관 속의 도시』, 편저로 『한국탄광시전집』(전2권) 『시의 소통, 경계를 넘어선 만남』 등. 현재 탄전문화연구소장.

# 오월

안상학

흰 꽃 많은 오월
이팝나무, 불두화, 아카시아, 찔레꽃
인디언 아라파호족은 이런 오월을
오래 전에 죽은 자를 생각하는 달이라고 불렀습니다.
푸르기만 하던 나의 오월도
살면서
오래 전에 죽은 자를 생각하는 달로 바뀌었습니다.
임병호 시인, 박영근 시인, 권정생 선생, 아버지
달력에 치는 동그라미가 하나 둘 늘어났습니다.
5·18은 어느 달력에나 있으니 안심하지만
내년 달력이 생기면
5월 23일에 하나 더 동그라미를 쳐야겠습니다.

그 아래 쓸 이름 잘 간직해야겠습니다.

**안상학**
1962년 경북 안동 출생. 1988년 『중앙일보』 신춘문예로 등단. 시집으로 『그대 무사한가』『안동소주』『오래된 엽서』『아배 생각』 등.

# 절망의 강을 건너려면

이학영

그것은 거대한 절벽, 바위산이라고
아무리 두들겨도 부서지지 않는 성채라고
덤비지 말라고
오를 생각 하지 말라고
오늘의 질서는 태초부터 그런 것이라고
세상은 어디나 층층 계단이 있는 것이라고
돌절구를 매고 도는 당나귀처럼
그저 발등만 보고 걸어가라고
그들이 말했을 때
그들이 깔깔거리며 비웃었을 때
당신은 명패를 내던지며
이름 따위 연연하지 않고
벌떡 일어섰지요
소리치며 막아섰지요, 꾸짖었지요
너희들이 아무리 힘 있다한들
백성의 바다처럼 무섭겠냐며
국민을 하늘처럼
모실 줄 알았던 당신

거리거리에서
아니라고 이건 아니라고
권력은 힘 가진 자들의 것만이 아니고

나라는 모든 이들의 것이라고
여린 손으로 촛불 하나 켜들고 모여들어
노래로 춤으로 함성으로 호소하던
연꽃처럼 이쁜 내 어린 것들을
곤봉으로 방패로 두드리며 찍어내릴 때
먹고 살 터전을 하루 아침에 잃은 이들이
제 살 터전을 지키고자 망루를 지어 농성하다가
쏘아대는 물대포와 벌건 시너 불길 속에서
이리 몰리고 저리 몰려다니다
검은 숯덩이가 되어 뛰어내릴 때
마침내 한 나라의 대통령이라는 당신까지도
제 몸 하나 지킬 수 없어
핍박받고 멸시당할 때

그리하여 세상은 그런 것이라고
곧은 나무는 부러지고
모난 돌멩이는 정에 맞는다고
어림없는 짓 말라고
그냥 그렇게 살라고
그냥 그렇게 사는 것이라고
세상이 그 말처럼 조용히 수그러들 때
그리하여 그 높은 절벽 넘어설 수 없어

털썩 주저앉아 바라만 볼 때
바닥 모를 절망의 늪으로 빠져들 때
다시 아니라고 아니라고
세상은 그런 것 아니라고
넘을 수 없는 절벽은 없는 거라며
건널 수 없는 강은 없는 거라며
당신은 훌쩍 허공에 몸을 날려
절망의 골짜기를 건너뛰었습니다
강은 이렇게 건너가는 것이라고
절벽은 이렇게 뛰어넘는 것이라고
함께 어우러져 사는 꿈
함께 등 두드리며 밀어가는 꿈
그 꿈의 날개를 놓치지 않는 한
희망은 언제나 꿈꾸는 자들의 것이라고
초여름 푸르른 들판 가득히
모란처럼 붉은 영혼의 종소리 울리며
홀연히 한 새벽 우리 곁을 떠났습니다
우연히 전철역에서 만난 내 아내에게까지
웃으며 허리 굽혀 인사해주던 당신
인사하러 찾아간 어린 내 아들에게까지
당당하게 잘 자라라 등 두드려 주던 당신
어디 그뿐이겠어요

이 나라 이 땅 어디에서 만난들
국민이 대통령입니다라고 하면서
허리 굽혀 백성을 대통령처럼 섬길 줄 알던 당신
이제 어디에서 그런 당신을 만날 수 있을까요
어느 비오는 거리 마음 둘 곳 없는 이들의 술청에서건
간고등어를 뒤척거리는 아낙들의 저잣거리에서건
다시 당신을 만나고 싶습니다
밀짚모자를 쓰고 장화를 신고
찌릉찌릉 자전거를 타고 지나가는 당신을
다시 보고 싶습니다.
아니 그런 당신 다시 볼 수 없다면
천년 뻘밭에서도 썩어지지 않을
당신의 영혼 저 밑바닥에서 울려나오던
그 말 그 노래 다시 듣고 싶습니다.
"국민이 대통령입니다."
"비바람 불고 눈보라 쳐도
온누리 끝까지 함께 푸르르다"라던 그 목소리
다시 듣고 싶습니다.

나는 한때 그런 나라의 국민이었습니다.
나는 한때 그런 나라의 대통령이었습니다.
이루지 못할 꿈은 없다며

절망의 땅에서 희망의 날개를 달아주고 떠난 당신
이제 주저앉지 않을게요
물러서지 않을게요
당신이 있어 행복했습니다
미안해요.
내내 잊지 않을게요.
당신의 꿈, 우리의 꿈이
이 산천 골짜기란 골짜기마다
무리무리 연꽃처럼 피어날 그때까지

**이학영**
1952년 전남 승주 출생. 1984년 실천문학 신작시집 『시여 무기여』와 『민중시』 제2집으로 등단. 시집으로 『눈물도 아름다운 나이』 등. 민족문학작가회의 순천 지부장 역임. 현재 한국 YMCA전국연맹 사무총장.

# 푸른 열매의 기억

박설희

아파트 화단의 매화나무에 매실이 열려 있다 보이지 않는 손길이 멱을 쥐고 흔드는 양 매실은 간단없이 흔들리다가 툭 툭 떨어진다 속속들이 멍든 것처럼 푸르뎅뎅하다

어젯밤에도 나는 조문 중이었다 발길 닿는 어느 곳에나 문상객이 차고 넘쳤다 거리의 한 모퉁이, 골목길, 건물 입구에서 주검과 맞닥뜨렸다 수의에 가리운 주검의 시선이 나를 꿰뚫고 있었다 집요하게 죽음은, 주검들은 피어났다

세 사내가 자살했다 사인은 분명했지만 이유는 모호한 채로 남은 자들의 몫이었다 셋 다 가장이었다 그들은 선생님으로 작가로 농부로 불렸다 죽음의 기회를 놓치지 않은 그 단호함에는 범접치 못할 위엄까지 있다 그러나 사내들이 목을 매거나 투신하는 시대는 어떤 시대인가 죽어야 사는 시대는

어둠 속에서 발아하는 순간부터 그들은 태양의 길을 걸어왔다 중력을 거스르며 지상에서 공중으로 오르내렸다 태양의 스키드마크가 찍힌 채 농익은 향을 풍겼다 바람 휘몰아치던 어느 날, 꽃과 열매였던 한때 그리고 툭, 저 아래로 떨어져 내렸던 기억이 그들을 불러내었던 것 한 경계를 넘어가는 길 제 몸 허물고 다시 피어나는 길을 간 것

곡하는 것처럼 새들이 울어댄다 그 소리를 그치면 왕성한 식욕으로 열매를 쪼아댈 것이다 창문으로 성큼성큼 걸어 들어오는 매화나무의 푸른 몸뚱이 아래 까치들이 모여들고 있다 검은 정장 차림이다

나뭇가지를 끝까지 붙들고 있던 힘을 놓아버린 것 새들에게 먹히는 것 썩는 것, 열매의 의지를 완성하는 순간이다

**박설희**
1964년 강원도 속초 출생. 2003년 『실천문학』으로 등단. 시집으로 『쪽문으로 드나드는 구름』 등.

# 헌화를 하며

신동원

뜻은 하늘에 닿고
사랑은 이 땅을 다 품었으나
의로운 뜻 다 펴지 못하고
떠나는 그대 영전에 흰 국화 한 송이 바칩니다

백척간두의 위기에서
어둠속 속울음 울다
다시 온몸 던져 이 나라와 국민을 구한 당신
당신은 스스로 바위에 온몸 부딪혀 울며
잠든 이 나라와 국민들을 깨웠습니다

이제 당신은 설움 많은 땅 떠나가지만
남은 이들은 당신의 뜻을 이어
당신의 스러진 꿈 일으켜 세워
침묵과 절망과 죽음의 이 땅에서
다시 희망과 꿈을 이야기하렵니다

7년 전 당신과 함께 꿈꾸었던
민주와 자유와 평화의 세상
모두가 웃는 사람 사는 세상이 올 때까지
당신의 못다한 꿈이
백만 개의 노란풍선으로 피어나는 날까지

부디 하늘에서라도 잊지 말고 이 땅을 지켜주길

누구보다 시대를 뜨겁게 사랑했으나
그 시대로부터 버림받은 남자
슬픈 영전에 눈물로 꽃 한 송이 바치며
한평생 힘들고 외로웠던 삶
그러나 역사 속에 빛날 그대의 이름 석자
가슴 깊이 영원히 지워지지 않을 비석으로 새기겠습니다.

**신동원**
경북 문경 출생. 1986년 『민의』로 등단. 시집으로 『오늘은 슬픈 시를 쓰고 싶다』 『80년대 동인지』 등. 한국작가회의 간사 역임.

# 벼랑의 노래

박몽구

한 사람이 가장 소중한 것을 버렸다
차마 파리한 뒷모습 그대로 보낼 수 없어
돌아보면
한 군데 비집을 틈 없이
숨 막히게 좁혀드는 포위망을 피하기보다
그는 가장 값진 것을 버리기를 택했지만
그를 먼저 버린 것은 우리들이다
변변한 대학 졸업장이 없다는 핑계로
가난한 사람들에게 돌아갈 몫을 가로채
덤으로 가진 것들을 나누자고 제안했다는 이유로
그의 팔다리를 잘랐다
감옥보다 깊은 수렁으로 내몰았다

그가 구차한 말들을 죽음과 맞바꿈으로
등을 돌려 따스하게 악수를 건네온 날
우리들은 비로소 보았다
뒤처진 아이들을 밟고서 쌓아올리는 점수 아닌
가슴속 말 따스하게 나누는 교실,
덩치 큰 자들의 음모로 갈라진 경계 넘어
장막을 걷어내고 함께 합치는 일,
몇몇 힘 있는 자들을 피해 쓰는 칼 아닌
버거운 짐을 함께 나눠지고 일어서는 게

얼마나 신나고 값진 일인가를

그를 가려주던 거푸집
스스로 허물던 새벽
누가 호명하지 않아도
그를 따라나선 순례자들의 긴 행렬은
그를 다시 버리지 말아야 한다고
거짓의 책을 던진 채 넥타이를 풀어젖힌 채
기꺼이 상처를 사랑하고 있다
저 아스라한 벼랑을 넘어
꼬박 어둠의 끝 드러날 때까지
온몸 녹여 반딧불 일구고 있다
따스한 끈으로
작은 일로 등 돌렸던 사람들 한 데 엮어
화엄의 바다 열고 있다

**박몽구**
1956년 광주 출생. 1977년 『대화』로 등단. 시집으로 『개리 카를 들으며』 『마음의 귀』 『봉긋하게 부푼 빵』 등. 한국출판평론상, 한국크리스찬문학상 대상.

# 님은 죽지 않았습니다

— 노무현 전 대통령의 서울광장 노제를 보고

신보성

부활한 생명
수십만 송이 서울광장 노랑꽃으로 피어올랐다
거미줄에 걸려 시시각각 목 졸리며 신음하고 있는데도
지켜주지 못했음을 알았을 때
천박한 민주의식과 형식적 법치주의가
봉하마을 부엉이바위 아래로 밀어던졌음을 깨달았을 때
도덕과 양심, 정의의 마지막 방패마저
비열한 조롱과 모욕으로 무장해제 시켜버렸음을 알았을 때
하늘 무너지는 분노와 비통, 자괴감으로
목놓아 통곡하는 우리들 향해
'슬퍼하지 마라'
'누구도 원망하지 말라' 며 웃음 짓고 있었다
천진한 웃음과 소탈한 몸짓
자전거에 손녀 태우고 들길 달리는 촌로의 모습
저승길 떠나면서 담장 밑 풀을 뽑는 해탈의 마음에도
겁먹었던 속 좁은 자들아
서울광장 피어오른 수십만 송이송이
평화의 저 노랑꽃 좀 보아라
님은 죽지 않았습니다
죽었으나 부활했습니다
특권과 반칙 없는 사회
모든 국민이 인간으로서의 존엄과 가치를 누리며

행복하게 살아갈 평등사회
사람 사는 세상을 생활로 몸소 보여준
영원한 우리들 서민 대통령의 거룩한 소신공양이
부활의 생명으로 겨레의 갈길을 밝혀줍니다
님이여, 오십시오
님의 뜻 이어받아
살아남은 우리들이 이룩해 놓을
자유과 평등과 정의가 강물처럼 흐르는
자유민주국가의 한 사람 평범한 백성으로
오시옵소서

**신보성**
2008년 『문학세계』로 등단. 시집으로 『자유인』, 산문집으로 『태양은 날로 새롭다』 등. 동아대학교 및 수원대학교 법대 교수 역임. 현재 한국문인협회 회원.

# 다시 촛불을 든다

용환신

무엇을 말 할거나
무슨 말을 할거나
소용 없는 줄 알면서도
일어서는 말 잠 재우고
어둠 덮인 추운 이 봄날,
우리는 거친 바람의 광장에서
다시 촛불을 든다.

너무나 미안해서
너무나 그리워서
고개 숙여 눈 감고
슬픔의 한가운데 몸부림쳐 보지만
가슴은 허허벌판
아무도 없는 새벽
그의 뚜벅걸음 발자국 소리에
겨우 하루를 연다.

슬픔도 위로가 되지 못하는
분노의 밤은 이어지고
이제 분노조차 슬퍼질 때
우리는 어딘가 홀로 걷고 있을
푸른 역사의 순례자

그의 뒤따름 길 밝힐
촛불을 다시 든다.

짓밟힌 사람 사는 세상
들꽃이 되자 솟는 작은 불
점점이 이어져 길을 만들고 파도 일으켜
마침내 꽃향기 세상 향해
오늘도 우리는
다시 촛불을 든다.

**용환신**
1949년 경기 수원 출생. 1985년 『민족문학』으로 등단. 시집으로 『우리 다시 시작해 가자』 『겨울꽃』 등. 〈사람과 땅의 문학〉 동인.

# 저 사람이 누구지

김창규

그날 아침 세상천지 만물도 놀라고
내 무의식의 심장도 떨리고
내가 바라본
저 수천 길 낭떠러지 절벽 아래로 몸을 던진
저 길가는 사람이 누구지?
담배 한 대 얻어 피우지 못하고 가버린 저 사람은
무엇 때문에 부엉이바위에서 뛰어 내렸지?
대통령이 아니고 새였다면
사람이 아니고 짐승이나 나무나 꽃이었다면
저리 참혹하게
온몸이 부서지지 않았으리라

정말 슬프다 술을 마셔도 슬프고
통곡하며 소리 내어 울어도 슬프고
걸어가며 잊으려 해도 잊을 수 없는
누가 그분을 죽게 만들었을까
가만히 생각해보니 내 자신이었다
나는 여우보다 더 교활했다
그분을 좌익불순분자 용공분자로 매도하는
언론을 향해 주먹 한번 휘두르지 못했고
포괄적 뇌물죄로
검찰에 끌려갔을 때도 침묵했다

지금 생각해보니
우리 모두가 노무현 대통령을 죽게 만들었구나
용산참사로 죽은 사람들과
얼마 전 스스로 목숨을 끊은 화물노동자
그들도 우리가 죽였지만 이렇게 슬프지는 않았다
그들의 죽음이 달라서 그런 것이 아니라
하나밖에 없었던 소중한 서민의 희망이
진실을 말하려고 온몸을 깊은 바다로 던졌기 때문에
죽음으로 항거하였기 때문에

그래서 우리는 우리 자신에게 묻는다
여기 무엇을 하려고 울고 있는가?
매일 음침한 곳에서 음모를 꾸미며 비웃고 있는
부패한 권력의 추악한 모습을 보고도
그냥 분노하지 않고 어떻게 살아갈 것인가

노무현 대통령을 비웃고
손가락질하던 사람들은 다 어디로 숨어버렸나
대한문 앞의 빈소를 가로막고 잘했다고
박수를 쳐주던 사람들은 어디로 갔지
그들도 사람인가

캄캄한 밤 지구의 맨 끝 에베레스트 창공으로
찬란하게 빛나던 별 하나가 금을 긋고
떨어지는 것을 보았지
예수님도 부처님도 마호멧님도
당신을 오라고 부르지 않았는데
천수를 누리지 못하고 서둘러 하늘로 올라온 사람이
노무현 대통령이라는 것을 알고
신들도 애통하고 비통해 했다

가난한 사람들의 희망이요
버림받은 이 땅의 힘없는 국민들의 아버지였던
바보 노무현 대통령이 죽어서 슬프지만
우리 마음의 사랑과 슬픔이 무엇인지 알게 한 당신
당신을 죽음으로 내몰았던 우리들을
노무현을 죄인이라고 하며 모른 척했던
참으로 못나고 무식하고 어리석었던 이 사람을
정말로 용서해주소서

오늘 떠나면 다시 볼 수 없는 당신의 영전에 꽃 한 송이
바치는 것으로 모든 것을 다한 것이 아니요
이제 당신이 살아서 꿈꾸었던 세상을
모두가 하나 되어 만들어 가는 것

너무나 많은 사람들에게 신세를 졌다
천만의 말씀이에요
우리 국민 모두가 당신에게 엄청난 신세를 졌지요

우리의 영원한 대통령이시여
목이 메어 더 이상 시를 쓰지 못하겠습니다
당신의 이름을 부르지 못하겠습니다
하늘나라에서 평안하소서

**김창규**
1954년 충북 보은 출생. 1984년 『분단시대』 동인지와 창비 16인 신작시집 『그대가 밟고 가는 모든 길 위에』로 등단. 시집으로 『푸른 벌판』 『그대 진달래꽃 가슴 속 깊이 물들면』 『슬픔을 감추고』 등. 현재 나눔교회 목사.

# 님을 보내며

유시민

부엉이바위에서 뛰어내린 님
활짝 웃으며 내 안으로 들어왔어요.
그 자리에
아주 작은 비석 하나 돋았답니다.
나는 거기에 속삭여요.
님은 씩씩하게 살았고
그리고 멋지게 떠나셨지요.
나는 님 덕분에 아주 행복하고
님에게 무척 미안하지만
더는 님 때문에 울지 않을 거예요.
님을 왜 사랑했는지 이젠 말할 필요가 없어서
님을 오래 사랑했던 나는 행복해요.
님을 아프게 했던 정치인이 상주 자리를 지키고
님을 재앙이라 저주했던 언론인이 님의 부활을 축원하니
님을 깊이 사랑했던 나는 행복하지요.
님이 떠나고 나서야 님을 발견한 이들이 슬피 울어주니
님의 죽음까지도 사랑하는 나는 행복하답니다.
노트북 자판을 가만가만 눌러 작별의 글을 적었던
그 마지막 시간의 아픔을 함께 나누지 못해서 미안해요.
살 저미는 고통을 준 자들에게
똑같은 방법으로 복수할 수 없어 분하구요.
나란히 한 시대를 걷는 행운을 누리고도

고맙다는 말 못한 게 마음에 걸리지요.

시간을 붙잡을 수 없으니
이젠 님을 보내드려야 하네요.
노무현 대통령님
사랑합니다.
편안히 가십시오
내 마음 깊은 곳으로.
아주 작은 비석 하나 돋아난 그곳에는
봄마다 진달래 붉게 터지고
새가 울고
아이들이 웃고
청년들이 노래하고
수줍은 님의 미소도 피어나겠지요.
그 흐드러진 꽃무덤에서
다시 만날 때까지
행여 잠결에서도 절대
잊지 않으렵니다.

유시민
1959년 경북 경주 출생. 저서로 『거꾸로 읽는 세계사』 『부자의 경제학 빈민의 경제학』 『내 머리로 생각하는 역사이야기』 『유시민의 경제학 카페』 『유시민과 함께 읽는 문화 이야기』 『대한민국 개조론』 『후불제 민주주의』 등. 성공회대 겸임교수, 제16대, 17대 국회의원, 보건복지부 장관 역임.

# 아, 이럴 수가… 아, 이리 참담한 일이…

이승철

아, 이럴 수가
아, 이리 참담한 일이
오늘 우리 앞에 일어날 수 있나
대한민국 검찰의 창끝 앞에
백척간두의 심정으로
홀로 외롭게 서 계시다가
'삶과 죽음이 모두 자연의 한 조각' 이라는
당신의 그 마지막 유언을 뒤로 하고
우리 곁을 돌연 떠나셨다는
그 소식에 우리는 그저 황망할 뿐
그저 말문이 탁탁 막히는데
애끓은 가슴은 피울음 되어 소용돌이치는데
저리 서럽게 들풀 한 조각도 나부껴
너도 나도 저 산하의 땅거죽도
지금 저리 황망하게 미어지고 있는데
여기 악다구니 세상 속에 서 있는 우린
이제 누구를 믿고,
그 누구를 의지가지하며
살아, 살아가라는 말씀인가요.

1988년 5공 청문회 때
광주시민의 마음을 그토록 구구절절하게

사자후 같은 올곧은 목청으로
그날의 무등산과 영산강 한 자락마저
한없는 사랑으로 포옹해 주시던 분께서
저 악마와도 같은 지역주의 타파를 위해서
온갖 바보 소리 죄다 들어가며
연거푸 낙선의 길을 일부러 선택하신 분께서
그 활화산 같은 용기와 헌신 끝에
대한민국 제16대 대통령에 당선되던 그날
우리는 땅의 뜻이 사무쳐 하늘의 뜻으로
현현하는 그 순간을 나남 없이 만끽하고자
광화문으로 혹은 이 산하 어느 광장으로
모두들 단숨에 휘달려가
환호의 어깨춤을 덩실덩실 추어대며
그 누구라도 얼싸안던 그날이
바로 엊그제 일처럼 생생히 떠오르는데……

2009년 5월 23일 새벽까지
잠들지 못하시고
당신께서 써내려 간
그 형형한 눈빛의 말씀들!

건강이 좋지 않아서 아무것도 할 수가 없다던,

책을 읽을 수도 글을 쓸 수도 없다던,
너무 슬퍼하지 마라던,
미안해 하지도 마라던,
그 누구도 원망하지 마라던,
그리하여 '운명' 이라는 두 글자 속에
감추어진 놀라운 웅변과 포효하는 진실!

아, 이럴 수가 있나요
아, 이걸 현실로 받아들이기엔 너무나
막막하네요, 그 누구보다도 자존과 명예를
알토란처럼 소중히 여기시며
이 땅의 자유와 평화, 평등과 인권
그리고 대한민국의 민주주의를 위해
오체투지의 마음으로 헌신하신 그분께서
누구보다도 오월 광주의 아들로
원칙과 철학을 갖고 헌걸차게 사셨던 그분께서
기어이 그 오월의 모란꽃잎처럼 훨훨
눈부시도록 참혹한, 오월 꽃대궁 곁으로
영영 눈을 감으셨다니,
아, 이럴 수가
아, 이리 참담한 일이
우리는 그저 황망할 뿐

누구라도 그저 말문이 탁탁 막힐 뿐
지금 이 순간 살속 뼛속 깊이
하염없이 흐르는 눈물을
주체하지 못하고 있을 뿐,

아, 우리들의 영원한 깃발!
노무현 전 대통령 님이시여…

**이승철**
1958년 전남 함평 출생. 1983년 『민의』 제2집으로 등단. 시집으로 『당산철교 위에서』 『총알택시 안에서의 명상』 등. 현재 한국문학평화포럼 사무총장, 한국작가회의 이사, 화남출판사 편집주간.

# 노무현 예술가

박찬일

카프카대로 꿈대로 산 자
실제로 산 자
물 반 고기 반 중에서
떠오른 한 마리 물고기
물 반 고기 반을
한 마리 물고기로 만든 물고기

**박찬일**
1956년 강원 춘천 출생. 1993년 『현대시사상』으로 등단. 시집으로 『화장실에서 욕하는 자들』 『나비를 보는 고통』 『나는 푸른 트럭을 탔다』 『모자나무』 등. 박인환문학상, 편운문학상 우수상.

# 나비구름으로 부활한 이여

— 노무현 대통령 영전에

박구경

너무 많이 울었습니다 너무 많이 울어서 그 눈물들이 수많은 나비가 되어 춤을 춥니다 당신은 그렇게 거대한 나비구름에 휩싸여 있습니다

당신은 청년이었습니다 찬란한 가난이 당신을 벌거숭이로 키웠으니 식은 보리밥도 하루 지난 시장기도 볼 깊은 미소였습니다 이를 악물었으나 악의가 없는 당신이었고 사람 사는 세상을 향한 이맛살에 주름이 깊어지기 시작한 당신은 바로 청년이었습니다

당신은 남자였습니다 당신은 남자였고 오빠였습니다 힘 있는 것들의 치기와 폭력으로부터 우리가 희롱당하고 있을 때 온몸으로 나는 오빠다! 하고 나서는 남자였습니다

아스팔트 위에서 공장에서 폭압의 전제 앞에서 당당히 힘없고 가난한 우리를 위한 당신은 희생이었습니다 자신의 뿔이 부러지는 줄도 모르고 불의에 맞섰습니다 너는 뒤로 물러서 있으라는 어머니 말씀에도 기어코 땡볕 한복판에서의 남성성은 아름다웠습니다

당신은 아버지였습니다 뚝심밖에 없는 당신은 황소였습니다 저녁이면 식구들의 끼니를 마련해 오던 아버지였습니다 온갖 수괴들의 이빨 앞에서도 묵묵히 맞서던 당신은 일소였습니다 온갖 짐

승들이 당신을 에우고 물어뜯을 때도 당신은 그저 바보 같은 아버지 소였습니다

당신은 진정 대통령이었습니다 이 나라 가장 훌륭한 전사 대통령이었습니다 옳은 것을 옳다 하고 그른 것을 그르다 말 할 줄 아는 당신은 적진 한복판에 외로이 뛰어든 의인이었습니다 그러나 당신은 바보 대통령이었습니다 큰 걸음의 일소였습니다 그래서 소의 눈은 당신을 닮아 그렇게 아름다운 것입니다

그리고 당신은 돌아왔습니다 '아, 기분 좋다!' 며 돌아왔습니다 육신과 영혼을 짓밟히고 뜯긴 채 단 하나의 일소로 땅에 돌아왔습니다 자전거를 타고 논두렁을 달리던 밀짚모자 쓴 일소로 돌아왔습니다 권위 하나 없이 크게 웃으며 사람의 손을 막 잡는 돌아온 당신이었습니다 찾아온 손님들 앞에서 노래 한 자락 시원하게 뽑아주던 당신은 진정 우리의 청년! 우리의 아버지! 우리의 대통령이었습니다!

그러나 이제 당신은 눈물이 되었습니다 생의 마지막 목을 죄는 쇠사슬을 스스로 풀었습니다 그래서 우리는 하염없이 웁니다 자신의 가죽과 울음과 살코기마저 이 시대의 식량으로 내던졌습니다 당신은 우리 모두를 울리고도 가슴 깊이서 빠져나갈 수 없는 슬픔으로 떠나시려 합니다 당신은 우리들의 죄악인 커다란 쟁기

를 끌고 저기 떠나가고 있습니다

부디 부디 부디… 영면하시길 바랍니다 미리 손을 내며 성큼성큼 우리를 향해 걸어오는 것만 같습니다 우리들의 청년 대통령이여! 아버지여! 당신을 오래오래 기억하건대 당신의 한과 민주주의의 치욕을 기억하겠습니다 뼈저리게 뼈저리게 당신의 명예를 되찾아 드리겠습니다 우리의 아버지!

저 푸르른 들을 지키는 스스로 튼튼한 뼈여!

그러나 우리는 너무 많이 울었습니다 너무 많이 울어서 그 눈물들이 수많은 나비가 되어 춤을 춥니다 당신은 지금 그렇게 거대한 나비구름에 휩싸여 있습니다

**박구경**
1956년 경남 산청 출생. 시집으로 『진료소가 있는 풍경』 『기차가 들어왔으면 좋겠다』 등. 〈얼토〉 동인.

# 나는 믿습니다

김수열

어제 분향하러 갔다가
거기 자원봉사자들과 찐하게 한 잔 했습니다
오늘 검은 리본을 달고
벌겋게 충혈된 눈과 함께 교실에 들어갑니다

선생님 그게 뭐예요?
그거 왜 했어요?
뭐라고 쓴 거예요?

망연히 서 있다가
작은 지휘봉으로 교탁을 탁, 탁 칩니다

자, 자, 조요옹
어제, 선생님은, 저 시청에 있는

울컥, 말문이 막힙니다.
또랑또랑한 것들이 빤히 쳐다봅니다
뒷자리에 앉은 어랑어랑한 것들이 소곤댑니다

노무현 대통령, 죽었댄
기? 겐디, 선생님이랑 친척?

철없는 아이들 벌집처럼 웅성댑니다
자꾸만 눈시울이 뜨거워집니다
철딱서니 없음에 부아가 치밀기도 하지만
그래도 나는 믿으렵니다

저것들의 조막만한 손이 촛불이니까요
저것들의 순한 가슴이 민주주의니까요
저것들의 발랄한 걸음걸이가 우리의 내일이니까요

**김수열**
1959년 제주 출생. 1982년 『실천문학』으로 등단. 시집으로 『어디에선들 어떠랴』 『신호등 쓰러진 길 위에서』 『바람의 목례』 등, 산문집으로 『김수열의 책읽기』 『섯마파람 부는 날이면』 등.

# 광장에서
— 바보처럼

김만수

다시 멀고 먼 남녘길 나서는
침묵과 순례의 거친 길에 든
그를
더끔더끔 깊어지는 어둠 속으로
그 어둠의 뜨거운 그늘이 되어
뜨거운 정표 한 장 쥐어 주고 떠나는
그를 본다

산정
캄캄한 그 꼭지에서 물구나무서서
핏물 몰리는 눈으로 세상을 바라본 사람
때로는 후두둑 무너져내려
깍지 끼고 꿇어앉아
어둠 속의 어둠을 함께 울어준 사람

훌훌히 떨치고 가는 남녘길
그의 등 뒤에는
여전히 거친 삼남의 눈이 치고
일어서지 못하는 불구의 저녁이
자꾸 깊어지는데
어떤 불빛도 따스함도 돌아오지 못하는
차가운 아스팔트 위에서

홰꾼들 무더기로 오월의 푸른 불을 밝히는
거기 광장 구석에서
휘익 뒤돌아보는 그를
바보처럼 웃고 선
그를 본다

**김만수**
1955년 포항 출생. 1987년 『실천문학』으로 등단. 장시로 『송정리의 봄』, 시집으로 『소리내기』 『햇빛은 굴절되어도 따뜻하다』 『오래 휘어진 기억』 등. 〈푸른시〉 동인. 현재 포항 대동고등학교 재직, 한국작가회의 회원, 포항문인협회장.

# 바보 노무현

김주대

**시가, 이런 시가 있습니다 –바보 노무현 1**

돌아서면 배고픈 콧물 많던 시절. 병학이는 빵 하나를 사들고 짝꿍 무현이에게 달려가 나눠 먹자고 했다. 그런데, 무현이는 반씩먹으만둘다배고펑께니다아머그라난배고펑거잘참는다,며 희미한 일자 주름 이마로 웃어 주었다. 무현이가 죽자 병학이는 무현이가 먹지 않은 빵 반 조각을 50년 동안 간직한 가슴으로 달려가서 무현이 영정 앞에 목 놓아 울었다. 병학이를 달래는 무현이의 영정은 짙게 파인 일자 주름과 함께 50년 전 그때처럼 환하게 웃고 있었다.

**이발사 정주영의 울음 –바보 노무현 2**

사우나에서 만난 이발사 정주영을 노무현은 대통령이 되고 나서 청와대로 불렀다. 그때부터 5년간 매주 한 번씩 정주영은 노무현의 머리를 만졌다. 대통령 퇴임 후 어느 날 노무현 전 대통령이 죽었다는 뉴스를 보던 정주영의 아내가 대성통곡하였다. 온 집안을 울리는 아내의 울음소리를 듣고, 정신을 차린 정주영은 그제야 털썩 주저앉아 엉엉 울었다. 이발사 정주영의 울음이 한 발 늦었다.

**질투 –바보 노무현 3**

작년 이맘 때

벽제 화장터 화구 속으로 들어가는 사랑하는 여자를 보며 울었다.

흰 가루로 내게 안긴 여자를, 임진강 귀퉁이에 쪼그려 앉아
바람 속으로 훨훨 날려 보내며 울었다.
다시는 세상으로 돌아오지 말라고 소리치며 강물에 흘려보냈다.
그리고, 오늘 또 한 사람
씩씩하고 촌스러운 사내가 목숨을 놓았다.
절벽 같은 세상 한가운데로 천둥처럼 뛰어내려
그 사내 온 세상을 쿵 쿵 울게 한다.
울지 않는 사람 울지 않는 풀들이 없다.
나무도 새도 만장도 만장 속의 글도 소리 내어 운다.
그러나,
나는 울지 않는다.
사랑하던 여자를 잃고 천 날을 울던 내가 그 사내 죽고 울지 않는다.
저승에 사는 내 여자가 새내기 그 사내의 지지자가 될 것이고
저승에 노사모가 건설될 것이 분명한데 내가 울 수가 있겠는가
질투가 온몸을 떨게 하는데.
가는 곳마다 인기 좋은 그를 위해 내가 왜 우는가
내 여자 이제 저승에서 얼씨구나 웃고 살 텐데
그 사내 부러운 사내 노짱.
부처를 보면 눈물이 나는가, 아니다.
예수를 보면 눈물이 나는가, 아니다.
죽은 그 사내의 웃는 영정을 보면 눈물이 나는가, 아니다.

그 사내 천 사람 만 사람의 눈물과 함께
십자가를 지고 신의 반열에 올라
살았을 때 버릇처럼 아이들 사탕이나 빼앗아 먹으며
짓궂게 웃을 그 사내 멋있어서 화난다.
괜히 죽어서 내 마음의 여자를 빼앗아 갈까 그것만이 걱정이다.
울래야 울 수가 없다.
노사모 하지 말라고 저승으로 편지를 할 수 있나
문자를 할 수 있나.
답답하고 답답하여 울어도 딱 한 번만 운다.
바보 같은 사람들이 그의 영정 앞에 쓰러지며
강물처럼 운다. 나는 울지 않는다.
저승의 내 여자만이 걱정이어서
질투에 휩싸인 나는 울지 않는다.
살아서 평생 질투로 내 여자를 잊지 않을 것이고
죽을 때까지 바보 그 사내 노무현을 감시해야 한다.
이현상과 김일성과 내 여자가 나란히
김구 노무현과 막걸리를 마셔도
저승에는 사내 계집간의 이성적 감정이 없는 곳이어야 한다.
세월이 흘러 내가 저승 갈 때 비로소
저승에도 남녀 간의 사랑이 처음으로 생겨
먼저 간 내 여자가 늦게 오는 나를 안아 주길.
죽을 때까지 가장 걱정스러운 사내

저승의 노짱을 감시하며
나는 이제 매일 걱정과 질투로 밤을 새워야 한다.
저승에는 제발 이성간의 사랑이 없기를
죽도록 사랑했던 내 여자가
만인의 연인 노짱에게 빠지지 않기를
다만 신들에게 빈다.

**김주대**
1965년 경북 상주 출생. 1989년 『민중시』로 등단. 시집으로 『도화동 사십계단』 『꽃이 너를 지운다』 등.

# 한 송이 들국화 같은 사람

— 노무현 대통령 영전에 바치는 조시

박선욱

얼마나 가슴이 답답했으면
이른 아침에 홀로 길 떠나셨나요
얼마나 억장이 무너졌으면
부엉이바위 아래로 홀연히 몸 던지셨나요
얼마나 하고 싶은 말 꾹꾹 눌러 참았으면
푸른 힘줄 같은 유서 몇 줄만 남기셨나요
사람들은 당신을 바보라고 부르더군요
당신은 그 말이 제일 듣기 좋다고 했으니
진정 바보가 천성인 것만은 분명한가 봅니다
하기야 내세울 게 없는 농민의 아들로 태어나
가난을 옷처럼 뒤집어쓴 채 견뎌야 했고
평생 비주류로 그늘진 곳만 디뎌야 했으니
금숟가락 입에 물고 태어난 자들의 눈에는
분명 당신이 바보로 보였겠지요
하물며 이 나라의 대통령이 되었을 때도
수구 세력들은 당신께 대놓고 야유를 퍼부었습니다
그렇습니다 당신은 바보입니다
당신의 정치 스승이 3당 야합으로 변절하자
당신은 원칙이 아니라며 스스로 가시밭길을 선택했습니다
으리으리한 권력의 부스러기를 쥘 기회마저 싹둑
단연코 잘라냈으니 바보가 분명 맞습니다
그뿐이던가요

많은 시련을 물리치고 마침내 권좌에 올랐을 때에도
당신은 눈 부라리지도 위세를 떨치지도 않았습니다
대통령이라면 으레 갖게 마련인 권력의 유혹을
마치 썩은 오물 버리듯 의연히 버렸습니다
당신은 또한 기득권에 앉는 것을 극도로 경계했습니다
그 때문에 당신의 행동거지는 말할 수 없이 가벼웠고
한때는 당신의 언행이 못마땅한 시민들로부터
외면당하고 손가락질을 받곤 했습니다
사실 당신의 원칙과 이상론이 너무 크고 앞서 나가는 것이어서
때로는 이 나라 많은 사람들이 피곤함을
느꼈던 것도 사실입니다
하지만 우리는 기억합니다
당신이 추구했던 민주주의와 평등 세상은
우리가 피 흘려 쟁취하고자 했던 고귀한 이상과 가치였음을
당신이 만들고자 했던 사람 사는 세상은
권력자의 총칼에 맞서 싸워 이룩하고자 했던
우리 모두의 꿈이었음을
우리는 당신이 가신 마당에 새삼 아프게 기억합니다
우리에게 큰 숙제를 짐 지운 채 먼 길 떠난 당신
우리에게 큰 그리움 남긴 채 홀연히 작별을 고하신 당신
당신이 세상에 남긴 침묵과 깊디깊은 탄식의 그늘이
바로 어제인 듯 뚜렷하게 우리에게 남아 있는 한

당신은 아주 가신 것이 아님을 우리는 압니다
아직 우리는 당신을 영원히 보내지 않았습니다
아직 우리는 당신을 기억 속에서 지우지도 않았습니다
기울어가는 세상의 지평선과 사납게 일렁이는 풍랑 앞에서
우리가 형제들의 손을 잡고 어깨를 부여잡고 나아갈 때에
우리가 형편없이 부서지고 흔들릴 때엔 언제나 언제까지나
당신을 생각하겠습니다 당신의 환한 웃음을 떠올리겠습니다
가장 낮은 자리에 선 채 나그네의 길동무가 되어주는
한 송이 들국화 같은 당신
그러나 이제는 편안히 쉬십시오
새벽 별 우러르며 일터로 떠나는 우리 발걸음에
신선한 향내 훅 끼쳐오면 그러면 당신이
우리 곁에 슬며시 다가오는 줄 알 테니까요
우리는 이제 우리 몫의 일들을 추스려 보겠습니다
우리는 이제 지친 다리에 힘을 준 채 바로 서겠습니다
우리는 이제 쳐진 어깨를 곧추세워 당당히 견주겠습니다
우리에게서 광장을 빼앗은 저 견고한 차벽을 향해
우리로 하여금 굴종을 강요하는 저 음흉한 미소를 향해
우리의 간절한 추모의 마음마저 짓밟으려 하는 물대포와
가녀린 촛불조차 끄지 못해 안달이 난 곤봉과 군홧발을 향해
우리 모두의 강철 같은 푸른 꿈을 날리겠습니다
오월 어느 날 우리들의 행복한 기억을 일깨워준

그리하여 우리가 다시 한 번 한 발자국씩 전진해야 함을
그 소중한 깨달음 속에서 하나가 되게 해준
사랑하는 사랑하는 사랑하는
한 송이 들국화 당신

**박선욱**
1959년 나주 출생. 1982년 『실천문학』으로 등단. 시집으로 『그때 이후』 『다시 불러보는 벗들』 『세상의 출구』 등, 창작동화집으로 『모나리자 누나와 하모니카』, 평전으로 『채광석』 『윤이상』, 그림책으로 『행복한 이티 할아버지』 등. 자유실천문인협의회 총무간사, 민족문학작가회의 이사 역임.

# 님

이세방

아아 님께서는 홀연히 불나비가 되셨습니다
사시상철 푸른 소나무처럼 꿋꿋할 줄 알았던
님께서는 이 모진 세상에 차라리 바보가 되어
아아 님께서는 나라의 미래를 위해서라면
당신의 몸과 넋을 한꺼번에 태우셨습니다
말할 수 없는 고통 속에서도 나라를 위하여
님께서는 언제나 웃는 모습을 하시었습니다
하지만 님의 얼굴엔 유난히 깊은 주름살들이
나라의 슬픈 운명이 역력히 새겨져 있었습니다
아아 님께서는 홀연히 불나비가 되시었습니다
당신만을 위해서가 아니라 오직 나라를 위하여
홀연히 불나비가 되어 훨훨 저승을 가시는 님
환히 웃으며 가시는 님께 삼가 명복을 빕니다.

**이세방**
1941년 서울 출생. 1961년 『자유문학』으로 등단. 1962년 『신인예술상』, 1965년 『사상계』로 등단. 시집으로 『갱에서 죽은 어떤 광부의』 등. 1967년 미국 이민 후 사진작가로 활동하며 시 창작.

# 유채꽃으로 다시 태어난 당신

배재경

1

당신이 떠나고 많은 사람들이 울분과 통곡으로 밤을 지새웁니다.
당신이 불 지핀 온 국민의 심장들이 활활 뜨겁게 타오릅니다.

어찌하여 그대는 홀연히
우리에게 '화해' 라는 화두만 던져두고 가셨나요.
그대가 던져놓은 '화해' 의 화두는 지금도 유효한가요?
저 모리배의 시정잡배들에게도 '화해' 는 가능한가요?
아! 당신이 던져놓은 화두는 아직도 아득히 멀기만 한데—
그대는, 그대는 어디로 가셨나요?

그리움이 깊어지면 병이 듭니다.
그리움이 사무치면 죽고만 싶습니다.
당신 없는 이 세상을 무엇으로 대체하리까?
그립고 보고픈 당신 없는 이 세상을 이제 어떡해야 합니까?

당신이 떠나고 점점이 돌이켜보니
나는 당신을 위해 아무것도 한 일이 없습니다.
당신이 난해한 퍼즐 같은 대한민국의 정치를 풀려고 밤을 새울 때
난 한 줄 시를 쓴답시고 도회 뒷골목을 배회하였을 뿐

당신처럼, 당신처럼—
난 아무런 행동도, 저항도, 분발도 하지 않았다는 것을—
이제사 고백합니다.

당신없는 이 땅에서 비로소 흐느낍니다.

2

당신이 우리에게 통한과 회한의 소용돌이를 심어주고 떠나시던 날
당신은 가시는 게 아니라 우리에게 돌아오고 있었습니다.

'열망'과 '죄스러움'으로 무장한 수백만의 유채꽃들이
당신이 가는 길과 언덕과 광장을 메웠습니다.
노랗게 노랗게 피어나는 저 유채꽃들의 반란
질경이처럼 질긴 민주의 유채꽃들이 그대 가는 길,
아니 그대 오시는 길에 마중 나와
더욱 화사한 꽃을 피웠더랬습니다.

당신은 가셨지만,
당신이 꽃피운 노란 유채꽃들은
당신이 가고 오신 그 길가에 우뚝 선 채
더욱 노란 꽃망울들을 피워내고 있습니다.

아! 당신은
가신 게 아니라 유채꽃으로 다시 탄생하신 것입니다.
허물어지고 부수어져 대책 없는
우리들 가슴 속으로 당신이 피운 노란 유채꽃들이
오늘도 화사히 화사히 피어납니다.

그 속으로 당신의 바보 같은 웃음이 번져납니다.

당신의 뜨거운 탄생 앞에서
고개 숙입니다.

**배재경**
경북 경주 출생. 1994년 『문학지평』으로 등단. 시집으로 『절망은 빵처럼 부풀고』 등.

# 이제는 일어서야 할 때

최동현

우리는 눈 멀었었네.
내 안의 나에 갇혀
나를 보지 못하고,
이웃을 보지 못하고,
곧은 것을 보지 못하고
거짓을 보지 못했네.
어둠이 어둠인 것을 보지 못했네.

새벽이 와서
천둥 같은 새벽이 와서
비로소 깨달았네.
이웃이 죽고
곧은 것이 휘어지고
어둠이 더 짙어질 때
봉하에서 봉화 한 줄기 피어나 불 밝히니
세상의 모든 허울들이 저절로 드러났네.
나를 가둔 탐욕의 껍질 산산이 부서져
알몸이 드러났네.

이제는 일어서야 할 때
혼자라면 혼자인 대로
둘이면 손을 맞잡고

열이면 열, 백이면 백
수천 수만이 모여
일어서서 함께 가야 하네.
앞서 간 횃불 하나 있었으니
우리 모두 횃불 되어 길 밝히며
가야 하네.
본래 우리는 횃불이었으니
스스로를 태우며 가야 하네.

**최동현**
1954년 전북 순창 출생. 1984년 『남민시』 동인지로 등단. 저서와 논문으로 『판소리 이야기』 『판소리 연구』 『판소리란 무엇인가』 등. 현재 군산대학교 국문과 교수.

# 별 하나 떨어지다

윤석홍

얼마나 외롭고 힘이 들었을까
선문답 같은 유서를 남긴 채
부엉이바위에서 몸 던져
적멸의 길을 택한 당신은
하얀 꽃잎으로 피어났습니다

권좌의 자리를 홀연히 버리고
고향마을 봉하로 내려가
사람 사는 세상을 만들겠다는
불꽃 같은 꿈을 펴보지 못한 채
무거운 삶을 내려 놓았습니다

자전거 타고 들녘을 내달리며
동네 사람들과 막걸리를 마시거나
오리쌀 짓자며 밀짚모자 눌러쓰고
모판을 정리하며 담배 피우던 모습은
이젠 빛바랜 사진으로 남았습니다

당신이 뿌리고 가꾼 작은 불씨가
길 내고 물길 이루며 산을 만들었고
웃고 있는 얼굴에 당신의 음성이
오월 푸른 하늘에 메아리칠 때

당신이 정말 눈물나게 그리웠습니다

〈상록수〉 부르며 권력을 되돌려 주었던
먼 발치에서 바라만 보아도 좋았던
우리 시대 살가운 아버지 같았던 당신
끝내 목숨마저 하늘로 던져버린
바보 별 하나로 떨어지고 말았습니다

너무 일찍 와서 이해받을 수 없었고
너무 늦게 와서 환영받을 수 없었던 당신
사람 사는 세상으로 돌아오지 마십시오
다시 일어서고 다시 살아낼 것입니다
부디 남은 자들 믿고 편안히 잘 가십시오

**윤석홍**
1956년 충남 공주 출생. 1987년 『분단시대』 동인지로 등단. 시집으로 『저무는 산은 아름답다』 등.

# 어도魚道

박정수

길 아닌 곳에 길을 만들어 길이라 우기네 모천母川으로 돌아오기 위해 왜가리 입 벌리고 지키는 곳도 피하지 않았네, 물살을 거슬러 수중보水中洑에 떠밀려도 모천으로 가는 길을 포기하지 않았네 황어*의 날개를 본적이 있는가, 물살을 가르며 오르는 황어의 날개를 읽은 적이 있는가 바다는 짜기만 하였지 맑은 어성천** 푸른 숲이 그리워 풀냄새 가득한 그곳이 그리워, 짠물에 오염된 비늘을 어성천 바위 밑에서 벗고자 했지

멈추지 말라, 잊지도 말라, 물살을 거슬러 오르면 영원히 마르지 않을 물의 고향이 있으니 힘을 놓치지 말라 바다는 고향이 아니니 자유로운 햇살의 통증을 믿으라, 꿈꾸는 산란을 믿으라, 포식을 노리는 왜가리를 두려워 말라, 보이는 것만 믿게 하는 어리석은 수문水門은 모천으로의 회귀를 더는 막을 수 없을 것이니 상류로 상류로 멈추지 말라

박제된 오월, 거슬러 오르는 대장정의 물살이 황금빛이다

* 바다에서 살다가 하천으로 돌아와 산란하는 회유어.
** 강원도 양양 어성천 계곡.

**박정수**
1965년 경북 칠곡 출생. 제2회 최치원 신인문학상과 2008년 『시작』으로 등단. 대표작으로 『신고려장』『채송화』『이포나루』 등. 안성문학회 회원.

# 바보 대통령 노무현님을 보내며

이정숙

하루 종일 나는 당신 가는 길을 보고 있었습니다.
때론 눈물 지으며, 때론 분개하며 때론 당신 가는 길,
처음부터 그 시작을 한순간도 놓치지 않고 같이 합니다.
함께 하지 못한 그 미안함에 아침일찍부터
나는 언제나 제사때 마시던,
청주로 제주를 대신하며 당신 가는 길을 지켜봅니다.
공적인 당신이기에 어쩔 수 없이 가야 했던 공적인 추모행사,
다른 사람도 아닌 한승수가 공동 장례위원장이 되어 치르는
그 말도 안되는 장례식에 당신을 죽음으로 몰고 간
말도 안되는 이의
헌화까지 받아야 했던 수모 아닌 수모를 치르며 가는
마지막 장례식장에서
나는 오소소 소름 돋는 분노를 감출 수가 없었습니다.

내 나이 열 살 때 아비를 여의었습니다.
그때, 나는 슬픔이 무언지 모를
당신의 손녀딸과 비슷한 나이였지요.
할아버지 가시는 길에 꽃 놓는 것을 주저하며 고개 돌리는
둘째 손녀딸을 보면서 나는 그때
나를 보는 듯 겸연쩍어졌습니다.
그때 나는 눈물을 흘렸을까요?
어쩌면 주위 사람들의 통곡과 비탄에 편승해

눈물을 흘렸는지도 모르겠지만
내 기억엔 눈물의 기억이 없습니다.
하지만 일주일 전 우연히 당신의 가는 길,
첫 비보를 접하면서부터
나는 아비를 여읜 슬픔보다 더한 비탄으로 일주일을 보냈고
오늘 당신 가는 길을 화면으로 지켜보면서
가슴 저미는 슬픔 속에서 하루를 보내고 있습니다.

수없이 모인 서울광장의 시민들과 해바라기꽃처럼
환히 피어난 노란 모자와 풍선,
리본과 만장의 행렬들… 그리고 남녀노소를 막론한
모든 이들의 절통한 슬픔 앞에서
나는 그저 끝없이 눈물만 찍어낼 뿐입니다.
이 많은 사람들을 불러낸 당신의 힘은 무엇입니까?
아비를 잃은 절통한 슬픔을 이끌어낸
당신의 부정은 어디에서 연유된 것입니까?
울면서도 "사랑합니다, 미안합니다, 고맙습니다"를
열창하게 한 당신의 진심은 어디에서 비롯된 것입니까?

철저하게 비주류로 살다가 마지막까지
국가원수의 특권을 버리고
비주류로 화장과 평범한 묘역을 택한 정말 바보같은 사람,

당신을 사랑합니다.
평범한 일상을 보내고 있어야 할
그 수많은 인파를 당신 가는 길에
순수한 민중의 힘으로 동원한 당신의 그 저력을
나는 사랑합니다.
지금 당신은 서울광장을 떠나 서울역으로 가고 있고,
나는 지금 당신 가는 길, 빽빽하게 모여든 사람들을 헤치고
숭례문 쪽으로 행하는 당신의 마지막 길을 지켜보면서
이 글을 씁니다.
도종환 시인의 "안녕히 가십시오!" 외침을 끝으로
당신의 공식적인 장례절차는 마감되었지만 당신은
지금부터 모두의 마음에 민주의 싹으로 돋아날 것을 믿습니다.

평범한 일상 속에서 가장 높은 곳까지
올라갔다가 생의 가장 바닥으로
몸을 던진 당신을 보내는 날,
나는 하루종일 당신을 보내는 슬픔에 젖어있습니다.
사십대 중년을 넘어선 오늘,
내 슬픔은 온전한 당신 때문입니다.
일주일, 그 시간동안 내 삶을 뒤흔들고 혼란스러울 정도로
슬픔으로 몰고 간 당신의 죽음, 그리고 당신과의 이별……
지금 나는 내 안의 당신과 온전하게 이별합니다.

역주행만 하는 질서 속에
역사의 반전을 당신이 책임져 나가는,
더 비참하게 무너지는 모습, 보여주지 않고,
당당하게 비주류의 삶으로 마감한
당신의 올곧은 죽음을 절통하게 슬퍼합니다.
기억하겠습니다.
그리고 오래오래, 당신의 숭고한 그 뜻,
기억하며 살겠습니다.

잘 가세요.
편안하게, 영면의 길로 가시기를 기원합니다.
이제 몇 시간 후면 당신, 화장장에서 한 줌 흙으로,
당신이 원하던 온전한 자연으로 돌아가시겠지요.
오늘 날씨가 삼십도가 넘는 무더위라지만 당신 마지막 순간
가야 할 천도의 그 고열에 감히 비할까요.
어떻게 그 뜨거움을 견딜까 생각하면
기막혀서 눈물도 마릅니다.
하지만 당신 그 뜨거움도 기꺼이 감내하시겠지요.
뜨겁게 뜨겁게 가시는 마지막 그 순간까지
나는 당신을 지켜보겠습니다.
슬픔도 시간이 지나면 아름다운 추억으로 남는다지요.
언젠가 당신 마지막 잠든 그 자리, 찾아갈 날 있다면

나도 담배 한 대 피워 올릴 수 있겠지요.
당신 가는 길 지켜보면서 그날을 기약합니다.
먼 800킬로의 마지막 장정, 잘 치르시고 돌아가시기를
노무현님, 당신을 사랑합니다.

**이정숙**
1963년 충북 제천 출생. 1996년 『민족예술』로 등단. 시집으로 『길을 떠나면』 등.

# 그날의 백서

유명선

그분이 한 줌의 재가 되시던 날
나는 감당하기 벅찬 상황에 놓여 있었다
전세금반환청구소송 조정실
30대 중반쯤 돼 보이는 흰 얼굴의 판사
"자, 세상은 적당히 손해 보고 사는 법이여"
집주인과 웃음으로 알듯 모를 듯 미소 주고받더니
"하필 오늘 누가 자해를 해서 세상 복잡하게 만드네
받을 돈 떼이지 않는 것만도 다행 아닌지요"
그 순간부터 내 귀에는 아무 소리도 들리지 않아
침묵만 강요당하고 저들끼리 말 주고받으며 상황종료

타인의 슬픔은 그저 타인의 것일 뿐
우리와는 절대 섞이지 않고 한 세상 살 무서운 얼굴들
"그래도 살아가야 하지 않겠습니까? 억울하면 항소하십시오"
순간
부엉이바위에서 울부짖는 음성 내 가슴에서도 들려
저들에겐 세상이 저리도 쉬운 걸

희망도 절망도 생의 작은 이파리라던데
아니야, 그건 그리 단순한 게 아니야
상식과 원칙이 통하는 세상은 요원한 것이야
불현듯 침묵 속에 묻혀 있는 아득함이 만져져

— 정치하지 말 걸 그랬다 —

정치하지 않아도 그 틀에서 자유로울 수 없네요

……

아, 그거였구나 그렇게 허공으로 떠나셨구나

**유명선**

1959년 서울 출생. 2003년 『문학나무』로 등단. 시화집으로 『바람의 길』 등. 서양화가로서 개인전 5회, 여러 그룹전에 출품.

# 별이 된 당신

— 고 노무현 대통령님 영전에

박정모

당신은 별로 오셨습니다
먼 은하계의 오리온좌에서 오셨나
포효를 머금은 농투성이 아들로 태어나
가진 자가 되어 안온하게 살 수도 있었지만

역사에 눈뜬 날
갇힌 자들의 친구가, 노동자들의 입이,
독재자를 질타하는 노호가
괭이 진 손바닥을 쓰다듬는 살거운 바람이 되었습니다.

세상을 바꾸려는 바람으로
남북으로 남남으로 쩍쩍 갈라진 이 땅에
해원, 상생, 공존, 통일을 위해
부러 바보가 되고 마침내 꽃을 피웠습니다

열매 아직 익기도 전 부끄러운 우리는
뱀의 또아리에 잠든 병아리의 안식으로
무딘 귀에 시누대 서걱이는 소리도 듣지 않고
살얼음을 타고 가는 유람 뱃놀이
부교를 떠다니는 유랑의 행렬 맘껏 즐겼습니다.

가진 자들의 쏘삭거림에 춤추는 허재비로

빈둥거려도 나라가 다 해주는 당달봉사 잔치로
이것도 저것도 다 그대 탓으로 돌렸습니다.
그대의 심연 그 나락의 외로움

정녕 함께 해 드리지 못해 죄송합니다.
다 지고 가시는 고통 그것은 우리의 비겁, 오욕, 아집, 탐욕,
혼불로 태워도 사그라지지 않을 영원히 부끄러운 우리의 자화상입니다.

우리들을 향해 몸을 던진 날
마지막 집착인 삶과 죽음도 하나로 만들고

5월 햇살 은사시로 부서지는 눈물은
사금파리가 되어 가슴에 박히고 촛불이 되고
들불로 번져 천지사방 온 산하를 태운 뒤
너울너울 날아올라 별이 되었습니다.
부끄러운 우리들 가슴에 영원히 지울 수 없는 길잡이 별로 떠 있습니다.

**박정모**
1959년 전남 목포 출생. 광주교육대학 재학 중 광주민주화운동 관련으로 다니던 대학을 그만둠. 1982년 박선욱, 조진태, 이승철, 장주섭, 정삼수 시인 등과 함께 〈광주 젊은벗들 시낭송기획실〉 간사로 참여. 시인사 편집장 역임. 현재 도서출판 혜지원 대표.

# 그는 죽지 않았다

— 고 노무현 대통령 영전에

강경호

골고다 언덕을 오르는 서른세 살의 사나이처럼
모두가 잠든 새벽 산을 오르는
예순세 살 사나이의 비장함이 가슴을 찢습니다

절벽 끝에 서서 아래를 내려보는
천길 낭떠러지 아찔했습니다
그곳에 불통과 독재와 비민주주의의 견고한 바리게이트
아무도 뛰어넘을 수 없습니다
그때, 우리 모두가 비겁하게 침묵하고 있을 때
당신은 스스로 화살이 되어 몸을 쏘았습니다.
몸이 뭉개지고 뼈가 으스러지며
당신은 죽었습니다
아니, 우리나라 민주주의가 다시 살아나기 시작했습니다
바보가 바보짓을 했습니다

생각해보니 당신이 있어 행복했습니다
어느새 당신이 그립습니다
그 그리움의 깊이가 우리에게 용기를 줍니다
그 그리움의 무게가 우리의 희망이 됩니다

이제사 당신께 고백합니다
단 한 번도 비굴하지 않았던 당신의 당당함이 좋았습니다

갖지 못하고 힘이 없는 자들을 위해 일하는 당신이 좋았습니다
불의와 비민주적인 것들과 싸우는 당신이 좋았습니다
잘 생기지 못한 주름살 깊은 당신의 미소가 좋았습니다
아, 그리고 시골 우체부처럼 자전거 타고 가는
큰형님 같은 당신이 미치게 좋았습니다

그러나 다시는 당신을 보지 못합니다
아니 영원히 우리 가슴 속에 살아남았습니다
꽉 막힌 시대의 숨통에 잘못 놓인 바리게이트를 넘어
새처럼 날아갔습니다
불사조처럼 겨레의 마음속에 깃들었습니다

먼 길 평안하십시오.

**강경호**
1958년 전남 함평 출생. 1997년 『현대시학』 등단. 시집으로 『함부로 성호를 긋다』 등, 연구서로 『최석두 시연구』, 평론집으로 『휴머니즘 구현의 미학』, 문화유산답사기로 『다시, 화순에 가고 싶다』. 현재 시전문지 계간 『시와사람』 발행인 겸 주간.

# 꽃비 흠씬 맞으러

백신종

가자 잊고 가자
모두 다 잊어버리고 가자
어둠을 제치며 쓰디쓴 잔에
맹세한 우리들의 오래된 생각은
야속한 시절 덕으로 이리 넘고
부숴진 빈 둥지 기웃대는
서러움이 아니라 벼랑으로
내몰려 물거품 된 언약의 분함이라
날갯죽지 한 가닥씩 다시 틀어
수리부엉이 무섭게 밤을 울어
시대의 북 둥둥 치듯
가련한 봄날 바람결에 뚝뚝 지는
눈물 보이지 말고 그냥 가자
여명을 가장 먼저 알아차리고
되쏘는 사자바위 듬직한 걸음으로
멀리서 더디게 오는
꽃비 흠씬 맞으러

**백신종**
1952년 경남 거창 출생. 1991년 『지평』으로 등단. 시집으로 『철든 내 누이야』 등. 〈늘푸른〉 문학통신지 편집 발행인, 한국작가회의 경남지회 고문, 윤동주문학사상연구회 명예고문.

# 4

# 한 편의 영상을 두고 떠난 님

# 망자에게

— 고 노무현 형께

신진

내 남아도
아주 남지는 않을게요.
저녁 먼저 들고 계시오.
이내 뒤따를 터이니.

**신진**

1976년 『시문학』으로 등단. 시집으로 『장난감 마을의 연가』 『멀리뛰기』 『강』 『녹색엽서』 『귀가』 등, 논저로 『우리시의 상징성 연구』 『문예창작론 강의』 등. 시문학상, 봉생문화상, 부산시인협회상 수상. 〈목마문학〉 동인. 현재 동아대 문창과 교수.

# 한 편의 영상을 두고 떠난 님

박희호

2009년이라던가요
5월 23일 새털 같은 날, 새벽녘
메아리마다 핏빛 져며
날개 꺾이는 소리에 소스라쳐 깨어났습니다

우린 그렇게 깊은 잠결에 한 편의 영상을 꿈꾸고 있었습니다

영상이 채 종영되기도 전 우린 주연을 잃고 말았습니다
주연이시여! 님이시여!
손끝에 닿을 그림자 한 자락도 두지 않으시고
그 먼길 홀연히 떠나셨습니까
무슨 신세를 그리 많이 지셨다 하시나이까
어찌 님께서 우리의 짐이 되셨다 하시나이까
운명이라 하지 마소서
자연의 한 조각이라 하지 마소서
님은 우리의 길이셨습니다

민족통일의 젖줄
민주주의 촛불
광주 5월의 잔상
그리고, 그리고 말입니다
조각 조각난 지역주의를 꿰고 꿰시다가

기어코 바보가 되신 님이시여

돌아오소서

우리가 올올이 엮어낸 여직 희미한 염원의 디딤돌이
쩍쩍 갈라지는 소리가 들리지 않으시나이까
돌아오셔서
거짓패의 선명한 날을 무디게 하는 길이 되어주소서
보이십니까
님을 그리워하는 만장이 소나기에 흠뻑 젖어
국화꽃 숲을 이루고 있음을

님은 떠나셨어도 우린 떠나보내지 않았습니다
님은 우리 곁에 영원히, 아니 내가 죽고 우리가 죽어도
님은 살아 계십니다
아무렴요, 살아계시지요
바보의 무릎을 베고 그렇게 잠이 들어
한 편의 영상을 그리워합니다

**박희호**
1954년 대구 출생. 1978년 『시문』으로 등단. 시집으로 『그늘』『바람의 리허설』 등. 현재 한국문학평화포럼 부회장.

# 바람의 길

— 인간 노무현

정공량

어디로 길을 내고 있는가
청빈의 하늘 자꾸만 쓸어내리는
저 손짓이 안타깝다

처음부터
오지 않으려고
맨 처음부터
아예 가지도 않으려고
말을 하지도 않으려고
석양에 기댄 새소리마저
듣지도 않으려고

무수히 풀어놓은
서툰 말의 질긴 보따리
어디에도 풀지도 않으려고

일순간 서툰 잠의 넝쿨로 들어갔다
건널 수 없는 강을 쉽게도 건너갔다

**정공량**
1955년 전북 완주 출생. 시집으로 『우리들의 강』 『마음의 정거장』 『누군가 희망을 저 별빛에』 등. 계간 『시선』 편집주간.

# 벼랑 끝의 천사

— 노무현 대통령 영전에 바칩니다

김기홍

노무현 대통령!
당신은 벼랑 끝에 선 천사였소.
상고밖에 못 나온 처지에도
당당히 법관이 되었을 때
법대를 나와 법관이 된 사람들은 당신을 애써 무시했지요.
당신이 군부독재에 끌려간 사람들을 변호할 때도
한쪽에선 깔아뭉갰지요.
결국 당신이 민중의 힘으로 정치인이 되었을 땐
당신은 민중의 힘으로 껍데기가 벗겨지고
상상도 못할 민중의 대통령이 되었지만
그것은 벼랑이었습니다.
유신독재와 군부독재에 길들여진 세력들은 길길이 날뛰고
학력과 부정으로 치장한 사람들은
당신을 벼랑 끝으로 몰았지요.
반역의 언론도 독재의 권위에 길들여진 검찰도
독재의 세상에서 자라난 재벌도 투기꾼도
야욕에 사로잡힌 정치꾼마저 당신을
또 벼랑으로 몰더군요.
그러나 당신은 당당하게
벼랑 위에 두루마기 휘날리며 섰습니다.
하지만 그 높은 벼랑에 서서 바라보니
참 많은 것이 보이던가요?

늙은 농민도 보이고 땀에 절은 노가다꾼도 보이고
기름때에 절은 노동자도 보이던가요?
막상 그 자리에 새삼스럽게 서 보니 너무나 많은 것이 보이고
선진국이나 후진국도 보이면서 이 나라의 미래도 보이던가요?
바보같이도 솔직한 대통령 노무현
이해합니다. 이해합니다.
이젠 청와대에 대통령이 없습니다.
끊임없이 사람 탈을 쓴 자들만이 있어서
국민의 소리를 알아듣지도 못합니다.
그들은 지난 날 당신이 남기고 간 발자국 두려워합니다.
권력형 폭력을 맘껏 휘두르기엔
당신님이 너무 커다랗게 그 길을 막고 있었거든요.
하여 당신의 흔적을 지우려고 흠집을 내며
벼랑으로 몰았지요.
허나 당신은
국민의 가슴에선 영원한 대통령입니다.
부처는 죽고 없어도 깨달음의 진리는
사람들의 마음에 영원하듯이
예수는 죽고 없어도 그 길을 따르는 자 영원하듯이.
벼랑 끝에 서 있어도 두렵지 않던가요?
허나 그곳은 당신님 고향이었습니다.
아마 천국에서 오신 자리일 것입니다.

우리 민중의 자리가 다 벼랑입니다.
벼랑에서 살고 죽는 것은 천국과 지옥이지만
당신님 떠난 뒤 우린 그 벼랑에서
정신을 가다듬고 압제와 싸워야 합니다.
당신은 정말 벼랑 끝에 선 천사였습니다.
벼랑 위의 천사여!
이제 떠나야 하는 세상
남은 우리들이 진실과 진리와 자유를
용기로 밝힐 수 있도록 하시고
영원히, 벼랑이 아니어도 사는 나라를 이루게 하소서.
당신님의 지혜와 자비로 충만케 하소서!

**김기홍**
1957년 순천 출생. 1984년 『실천문학』으로 등단. 시집으로 『공친 날』 『슬픈 희망』 등. 〈일과시〉 동인, 리얼리스트 100 회원. 제1회 농민문학상 수상. 현재 공사장에서 철근쟁이로 일함.

# 순결한 영혼을 위하여

— 노무현 전 대통령 영전에 바침

권석창

사람 사는 세상을 위하여
낙선될 줄 알면서도 출마하여 네 번 낙선한 당신을
사람들은, 순결한 영혼의 다른 이름인 바보라 불렀습니다.

우리 정치사에 유례를 찾을 수 없는,
보석같이 순결한 영혼을 가진
당신을 좋아하는 사람들이 희망 돼지와 함께
당신을 대통령으로 뽑았지요.
바보가 대통령이 되었습니다.

대통령이 되었음에도 순수한 영혼을
용납하지 못하는 대한민국은
당신을 대통령으로 인정하지 않았습니다.
비방하고, 탄핵하고, 그리하여 재임 기간 당신은
하루도 편한 날이 없었습니다.

힘겨운 임기를 마치고 당신은
고향 마을에 가서 농부가 되었습니다.
최초로 대통령이 농부가 되었습니다.
그런 평화로운 날도 얼마 가지 못했습니다.

당신의 순수한 영혼을 용납하지 못하는

대한민국의 기득권 세력은 당신 그냥 두지 않았습니다.
어떤 이는 아방궁을 짓는다고 했습니다.
어떤 이는 골프장을 짓는다고 했습니다.
그리고 당신의 후원자이자 친구들은 하나씩 감옥에 갔습니다.
자녀들이 조사를 받고 영부인이 조사를 받고 드디어
그들만의 전직 국가원수에 대한 예우로
당신도 검찰에 불려갔습니다.
참으로 소홀함이 없는 예우였습니다.

당신을 후원하는 친구들로부터 600만 불을 받았다고,
대한민국 언론은 당신에게
600만 불의 사나이라는 화려한 이름을 붙여주었습니다.
바보가 600만 불의 사나이가 되었습니다.
방송에서 신문에서, 사방에서, 말의 칼날들이 날아왔습니다.
당신은 면목 없는 일이라 했습니다.

우리는 당신이 죄 없음을 압니다.
그 사람을 알기 위해 그가 어떻게 살아왔는가를 보라 했습니다.
당신이 걸어온 길은 자신의 영달을 위한 길이 아니라
사람 사는 세상을 위한 길, 자유와 정의 길이었습니다.
당신이 걸어온 길은 하루도 편한 날이 없었습니다.

정말 600만 불을 벌기 위해 그렇게 힘든 길을 걸어오셨나요.
정말 그러합니까? 말씀 좀 해주세요.

그리고 마침내 당신은 부엉이바위 절벽보다 높은
대한민국의 가증스럽고 졸렬한 벽에 부딪혀
서거하고 말았습니다.
대한민국 정치 풍토는 순결한 영혼을 용납하지 않았습니다.

당신이 만약 그들이 말하는 것만큼 부도덕했다면
감옥에 가서 얼마간 꿋꿋하게 견디면 되었겠지요.
그러나 당신은 스스로 서거의 길을 택했습니다.
옛사람이 말하는 사가살불능욕士可殺不能辱,
선비를 죽일 수는 있지만 욕보일 수는 없는 법입니다.

당신은 말했지요.
너무 슬퍼하지 마라, 미안해 하지 마라,
누구도 원망하지 마라, 하셨지요.
예, 누구도 원망하지 않겠습니다.
그런데 당신, 지켜주지 못해 미안합니다.
또 자꾸 흐르는 눈물은 무엇인가요?

우리는 눈물 속에 비치는,

영정이 되어버린 당신 얼굴을 봅니다.
여기 모인 우리는 당신이 택하신 길의 뜻을 압니다.
그리고 당신이 택하신 길의 의미를 생각하고, 생각합니다.
누구나 사람답게 사는 세상을,
옳은 것은 옳다고 하고,
그른 것은 그르다 해도 살 수 있는 세상을
잘난 사람만의 세상이 아니라 바보도 살 수 있는 세상을
자유와 정의가 살아 있는 세상을
순결한 영혼이 부서지지 않는 세상을 만들어 달라는
당신의 꿈을 생각하며, 생각하며 우리는 웁니다.
당신 미워하는 사람들 없는 나라에서 편히 쉬소서.

**권석창**
1951년 경북 순흥 출생. 1977년 『조선일보』 신춘문예로 등단. 시집으로 『눈물 반응』 『쥐뿔의 노래』 등. 현재 경북작가회의 지회장, 영주고등학교 교사.

# 작은 비석

— 고 노무현 전 대통령 추모시

최기종

당신이 가고 나서
내 가슴에
작은 비석 하나 세웠습니다.
미처 깨닫지 못해서
지켜주지 못한 회한의 눈물로
금석문 하나 깊이 새겼습니다.

당신이 가고 나서
우리들 가슴마다
작은 비석 하나 생겨났습니다.
당신의 국민이어서 행복했다고
당신의 주인이어서 위대했다고
광장의 촛불 하나 들었습니다.

그리운 당신이야
바보 대통령이라서
손아귀에 쥔 것 놓았습니다.
무지렁이 농투성이 알아주던
비석 하나 죽어서 살아난다고
한 조각 자연인이 되었습니다.

그리운 당신이야

작은 비석 하나 세워 달라고
그냥 훌훌 털고 떠났습니다.
구름 같은 일곱날 동안
산 자의 복받치는 슬픔으로
온나라 작은 비석 불어납니다.

당신의 흉거는
잠든 비석들 두드리는 죽비였습니다.
하늘도 땅도 인민도 깨어나게 했습니다.
당신, 단기필마로 순백의 고지 오르니
밀알 깨우는 하늬바람 불어옵니다.
거리마다 지신밟기 쓰나미 몰려옵니다.

최기종
1956년 전북 부안 출생. 〈만경강〉 동인, 교육문예창작회 활동. 시집으로 『나무 위의 여자』 등. 현재 전국국어교사모임 전남회장, 목포 민예총, 목포작가회의 회원.

# 길을 내다

— 고 노무현 대통령의 서거를 애도하며

조용숙

두 갈래 길이었습니다
당신은 두 길을 퍽 안타깝게 생각했습니다
갈 수 없는 다른 한 길을 오랫동안
조용히 바라보았습니다.
그러고는 편한 길을 두고 가시밭길을 택했습니다.

가시가 우거진 그 길에는 앞사람의 자취가 거의 없어서
당신이 걸어가야 될 길이라 생각했던 게지요.
당신이 그 길을 걸었으므로
나중에 가는 우리들도 그 길을 걸을 것이지만.
청기와집 담장에서 뻗어 나온 엉겅퀴 가시가
당신이 걸어온 길을 뒤덮었습니다.

그날 새벽, 당신은 뒤따라오는 사람들을 걱정하며
가시 덤불위에 당신을 내던졌습니다
그렇게 길을 내놓고는 처음 오셨던 길로
다시 돌아가셨습니다.

해찰하느라 당신의 뒷모습을 잃어버렸던 우리들은
촛불을 켜들고 한 발 늦게 당신의 뒤를 따릅니다
그리고 이야기합니다.
그곳에 두 갈래 길이 있었다고,

당신은 아무도 가지 않은 길을 택하였다고,
그것 때문에 우리의 역사가 달라졌다고.

**조용숙**
1971년 부여 출생. 2006년 『시로 여는 세상』으로 등단. 현재 한신대 문예창작학과 석사과정.

# 내 가슴에 눈물로, 희망으로 살아

— 노무현 형님 영전에

지요하

내 컴퓨터 '내 그림' 아이콘 안에
'노무현' 이라는 폴더를 새로 만들었습니다
세상 곳곳에 당신 모습이 있지만
하여 당신이 보고프면 아무 때 어디를 가든 뵐 수 있지만
내 거처에 별도로 당신 방을 마련해 놓고
수시로 뵙고자 했습니다

오늘도 따뜻한 미소를 지어 보이며
얼굴을 약간 옆으로 기울인 채
내게 손을 흔들고 계시는 당신 모습을 봅니다
노무현 형님!
입 속으로 작은 소리를 뇌며
또 한번 목젖을 삼킵니다

어디로 가십니까? 묻고 싶지 않습니다
왜 가십니까? 묻고 싶지 않습니다
당신은 그렇게 표연히 가셨지만
내 가슴에 마르지 않을 눈물샘을 주었고
이 땅에 억만 송이의 꽃송이로 피어나 계시기에
오늘도 또 내일도 같은 걸음
같은 손짓으로 존재하십니다

당신은 오늘도 미소를 머금은 얼굴로
내게 손을 흔들고 계시지만
아직 당신은 다만
이정표 위에 서 계실 뿐입니다
당신의 그 손짓은 내게
이별의 표현이기보다는
사랑과 격려와 희망의 노란 깃발일 뿐입니다

하여 오늘 내가 당신의 손짓에 화답하는 것은
이별의 표현이 아니라
동행의 몸짓일 뿐입니다

그리움은 나를 살게 하며
인간 회복을
우리의 저 본향을 갈망케 하는 것이므로…!

**지요하**
1948년 충남 태안 출생. 1982년 『동아일보』 신춘문예로 등단. 작품집으로 장편 『신화 잠들다』 『인간의 늪』 『회색정글』 등, 신앙시집으로 『때로는 내가 하느님 같다』 등. 충남문학대상, 충청남도문화상, 황희문화예술상 등 수상. 공주영상정보대학 문창과 겸임교수 역임. 현재 예총 태안지부장, 충남소설가협회장.

# 당신은 울지 않았어요

함순례

운다는 건
울음 밖으로 이끌어 줄 어떤 손길을 기다리는 것
발버둥치며 악착같이 울어젖히는 떼쟁이 같은 울음은
일찌거니 물리친 어른이었어요
돈과 빽 없이도 불의와 타협하지 않고도
성공할 수 있다는 신념으로 우거진 큰 산이었어요
스스로 비주류 경계인의 짐을 짊어지고
서민들과 함께 열고자 했던 민주화
거기엔 권위의 그림자도 놓아버린
아- 노무현, 소탈한 웃음이 환했습니다
그래서 당신을 사랑했어요
원칙과 의리를 목숨처럼 지켰던 당신
숱한 고초에 온몸이 베이면서도 울지 않았어요
언제나 최선을 다해 웃었어요
그래서 당신을 사랑했습니다
모질게 건너온 직립의 세월
그 캄캄한 무게가 이마에 굵게 패인 주름만큼이나 깊게 다가와
눈물 쏟아져요
울고 싶어도 울지 못했을
당신이 끝내 삼키고 간 눈물이
온 겨레의 가슴을 후려칩니다
부디, 그곳은 소통과 배려가 풍요로운 나라이기를

당신이 맘껏 터놓고 울 수 있는 그날까지는,
그곳에서도 내내 웃으세요

**함순례**
1966년 충북 보은 출생. 1993년 『시와사회』로 등단. 시집으로 『뜨거운 발』. 현재 애지출판사 대표.

# 그 길 우리가 마저 걸으리

안이희옥

말도 글도 떠오르지 않네
화창한 오월
검붉은 동백꽃처럼
툭, 떨어진 결백한 항거

지켜드리지 못해 죄송합니다
영생과 극락을 누리시기를 기도합니다
조용히 절 올리고 돌아서는 길
솟구치는 눈물을 억눌러 참네

비틀거리며,
비틀거리지 않으리,
눈물 흘리며,
눈물 흘리지 않으리,
이를 악무네

님이 못다 간 그 길
우리가 마저 걸으리,
우리가 마저 못가면
또다른 우리가 마저 걸으리,
또다른 우리가 마저 못가면
또또또 다른 우리가

끝끝내 마저 가리니,
한발한발 꾹꾹 힘주어 건네.

**안이희옥**
1954년 경남 의령 출생. 1995년 장편소설 『여자의 첫생일』로 등단. 장편으로 『버지니아울프가 결혼하지 않았다면』 등. 민음사, 평민사, 행림출판, 동광출판사, 도서출판 또하나의문화 편집장 역임. 리얼리스트100 회원.

# 풀

김규성

풀은 풀끼리 어울린다.
아무리 험한 땅에도 맨 먼저 터를 잡고는
서로의 줄달음길이 되어 푸른 수풀을 이룬다.
모질고 쉽게 자라며 그럴수록
목숨의 끈끈한 날을 가는 잡초는 풀 중의 풀이다.

그 작고 여린 것들이 손에 손잡고 겹을 이루면
전쟁터의 적장도 넘어뜨리듯이 결초보은은
풀과 풀이 가난한 몸을
기대고 세우고 나누어 서로의 은혜를 쌓으면서도
그런 줄조차 까맣게 잊는 것이다.

세상에서 그보다 아름다운 풍경이 있으랴.
오늘도 무심코 풀을 뿌리까지 먹는 입들이여,
배은망덕은 그 흉한 말을 애써 만든
인간들이 가장 많이 저지르는 부끄러운 죄악이니
감히 풀과 사람을 비교하지 말 일이다. 헌데
사람들 중에도 풀이 있다 풀들이 있다.

잘 보이지 않는 벼랑에서
제 몸을 기꺼이 던져 세상을 지키고 키우는 그들은
들꽃처럼 수줍고 향기롭다.

그런 풀들을 함부로 짓밟는 발자국이 있다면,
바로 당신의 이웃 아니 당신이 그렇다면 도대체
당신은 용서가 되는가.

**김규성**
전남 영광 출생. 2000년 『현대시학』으로 등단. 시집으로 『고맙다는 말을 못했다』 등. 현재 광주전남작가회의 이사.

# 낭패로다

임수생

낭패로다
전직 대통령이
스스로 목숨을 던져야만 하는
남쪽 나라의 정치풍토는
낭패에 낭패로다
권력 폭력배들은
민중의 숨통을 단숨에 끊어버리는
신종바이러스를
오만하고 시건방진 두목의
명령과 지시로 종횡무진 퍼뜨리고
권력을 앞장세운 정치보복이
밤낮을 가리지 않고
이 지구상에서 비극적으로 전개되는
남쪽 나라의 정치수준은
법치가 실종된 개판에 난장판
전직 대통령을
체제권력의 핵심들이
무자비하게 죽이기야 했겠냐마는
어쩐지 우리 민중들의 마음은
정치보복이라는 인상이 짙어
씁쓸하고 착잡하기 짝이 없다
보수우익집단체제 아래에서

남북의 하나됨은 갈수록 멀어져만 가고
물가는 연일 폭등에 폭등을 거듭해도
자신감 있는 정치를 펼치는 사람이 없고
경제정책의 실패를
세계 경제의 불황 탓으로만 돌리는
정치 지도자들이 판을 치는
오, 남쪽 나라여
낭패로다 낭패

**임수생**
1959년 『자유문학』으로 등단. 시집으로 『형벌』 『깨꽃, 그 진한 빛깔의 철학』 『절실함은 무엇인가』 등. 5 · 7문학협의회 회장, 부마민주항쟁기념사업회 공동회장, 부산문인협회 부회장, 부산시인협회 회장, 한국작가회의 이사자문위원, 국제신문 문화부장 · 논설위원 역임. 〈시와자유〉 동인.

# 부엉이 날다

김창균

5월도 거의 기우는 어느 토요일 아침
혼자 밥 끓여 드시는 홀아비 아버지가
사랑했지만 잠시 헤어진 애인의 부고를 전한다.

"아무도 원망하지 마라"라고 말했다는
그 말씀까지 전하신다.
아버지는 칠순을 훨씬 넘긴 노구를 끌고
비탈밭 무 심으러 가는 길이었단다.

너무 정신 없어 씨뿌리기도 잊고
앞산 뻐꾸기 울음에 넋을 빼 놓고 서 있는 사이
속보처럼 먼 곳에서 바람이 들이닥치고
할 말이 없어 그저 울기만 했더란다.
거친 손등으로 눈물을 닦는데
어떤 선하디선한 사람 하나
눈물에 되비치더란다.

뒤란 쥐들이 기둥을 썰어 지붕 한 쪽으로 기운 광에
튼튼한 기둥 같은 쥐약 몇 봉지 놓고
아버지는 다시 무씨 뿌리러 가고

비겁하다, 비겁하다고, 통곡하며 부엉이 떠난 자리

뻐꾸기들 하루 종일 온 산을 울며 나는
그런 날이 있었더란다.

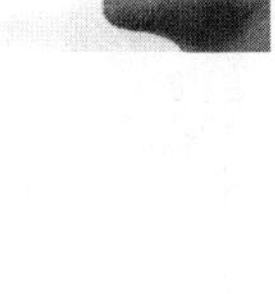

**김창균**
1966년 강원 평창 출생. 1996년 『심상』으로 등단. 시집으로 『녹슨 지붕에 앉아 빗소리 듣는다』 등. 현재 동광농공고등학교 교사.

# 바보 노무현을 기억하며

최종천

인간은 어느 정도는 바보여야 한다는 것을
가르치고 있는 사람은 이명박 대통령이다.
치밀하고 정교하게 잔머리를 굴리는 사람을
우리는 쥐에 비유하여, 그를 욕하지만
아니다! 그를 욕하다간,
국민 성공의 시대를 열겠다던 그의 선동에 혹했던
쥐새끼 같은 우리의 근성을 반성할 기회를 놓치게 된다.

그러므로 우리는 바보 노무현을 기억하여 바보가 아닌
우리 자신을 반성하자.

바보 노무현을 기억하여 역사적인 성취를 이룩하자.
아직도 이 세상이 얼마간 평화롭고 행복하다면 그것은
우리 보통사람들이 만들어 내는 것일 것이다.

어린아이처럼 겁먹은 민주주의와
우리 후손의 재산을 강탈해 먹는 4대강 개발에서부터
멀찍이 후퇴해 버린 남과 북의 만남까지
무슨 쥐새끼 같은 계산을 하고 있는 것이냐?
민주주의와 무관한 것이냐?

그는 이 나라 민주주의 제단에 자신을 바쳤다.

그의 죽음은 차라리 장렬한 전사인 것이다.
전우의 시체를 넘고 넘어
앞으로 앞으로 딴나라당아 물러가라 역사는 진보한다.

**최종천**
1954년 전남 장성 출생. 1986년 『세계의 문학』과 1988년 『현대시학』으로 등단.
시집으로 『눈물은 푸르다』 『나의 밥그릇이 빛난다』 등. 신동엽창작상 수상.

# 바보가 말하기를

방남수

2500년 전
자공이 공자님께 한 마디 여쭈었다
평생 신봉할 만한 것이 있습니까?
그러자 공자께서 답하기를
서恕일 것이다
배려라는 것이다
자신이 하고 싶지 않은 일은
그 누구에게도 시키지 말라는
배려!

2500년이 지난 오늘
초草가 어느 바보에게 여쭈었다
어떻게 하면 잘살 수 있습니까?
바보께서 답하기를
"삶과 죽음이 모두 자연의 한 조각 아니겠는가
미안해 하지 마라
누구도 원망하지 마라
운명이다"

그날 새벽 미명 속으로
세상 사람들이 바보라고 일컫던
그 사람이

홀연 이승의 닻을 끊어버리자
초草들이
그가 남긴 말씀을 새기며
거리와 광장에서 혹은 골방 속에서
세상에서 가장 옹골찬 울음을
몇 날 며칠
쏟아내고 있었다

**방남수**
1958년 경북 울진 출생. 1993년 『문예한국』으로 등단. 작품으로 「대추리 들녘이 탄다」 등, 산문집으로 『58개띠 이야기』(공저) 등. 『여성불교』 편집주간 역임. 현재 도서출판 화남 대표, 한국문학평화포럼 이사.

# 우리들의 노짱 대통령

정행균

이리 첩첩산중 골짜기 한 모퉁이서 태어나
가난의 탯줄을 묻고 사신 우리들의 대통령
그곳 논두렁길 농로 길 하나하나에는
내 마음속 대통령 한 분이 지금도 살아 계신다.
그 깡촌마을에 오리를 풀어 논에 노닐게 하고
물을 대어 생명의 벼 한 포기 모시던 대통령
그분은 밀짚모자 가득 쏟아지는 햇살을 끌어안고
팍팍한 시골길을 유년의 꿈에 젖어 하냥 거닐었다.
그러던 어느 날 밀려오는 칠흑 어둠의 칼날 속에
남 몰래 허허로운 미소만을 홀로 머금고 계시다가
낮밤 없이 그토록 터질 듯한 심장만 부여잡은 채
아, 때론 그가 맞이했던 별들만 얼마나 외로웠으랴.
대한민국 제16대 대통령으로 사시다가
청와대 시절을 정리할 그 즈음 어느 날부터
그분은 오직 낙향만을 가슴에 품고 있었다.
지난 발걸음은 고통의 순례였다 그러기에
고향 땅 정든 언덕으로 낙향하여 그 역사를
다시 한번 써보자고 다짐했던 노짱이셨다.
첩첩산중 봉하마을 외진 뜨락에서 그는 이제
다름아닌 농사꾼 노무현으로만 불리워지고 싶었다.
흙먼지 불던 아스라한 새벽길 뚫고 이슬자락 자욱한
사월녘 오월녘 뒷동산 푸르름에 눈길 한번 건네주고

그 이름도 그 이름에 박힌 한스런 세월마저도
민족은 하나다, 라는 당찬 신념도 그 슬픈 백성도
죄다 가슴에 끌어안고 문득 홀연히 우리 곁을 떠나가신
대통령 노무현님아, 아 노무현이라는 사람아
한도 눈물도 잔인한 5월의 핏빛 함성도
길모퉁이 풀 한 포기에 고스란히 묻어버리고
낙향에 즐거워 함초롬히 미소 짓던 그 푸른 시절도 접고
못다 이룬 꿈을 부엉이바위에 새겨버린 대통령이시여.
피도 눈물도 인간에 대한 예의도 없던 하이에나들의 포악함
권력의 길을 이미 떠나 천리길 고향 초야에 묻혔건만
조중동 포식자들의 악다구니 아수라 다툼에
숨 한 번 제대로 쉬지 못하시던 그분
차마 거룩했던 낙향의 꿈은 어디로 갔는가.
아 파산돼버린 우리들 노짱의 오랜 꿈이여
논가에 노니는 저 오리 떼들은 그분의 숨결을
그 농부의 설운 눈빛을 여전히 기억하고 있을까.

**정행균**
1963년 전남 강진 출생. 도서출판 황토, 월간 『말』, 도서출판 사회평론 영업팀장 역임. 고양시민회 및 한국문학평화포럼 회원.

# 무령왕릉에서

— 노무현 대통령님께

안명옥

공주로 가는 버스 안에서였습니다
가벼운 농담이었으면
큰 망치로 뒤통수를 얻어맞은 듯 얼얼했습니다
20년 동안 왕위에 있었다는 무령왕릉에서
당신을 생각하다가 권력을 생각하다가
예수를 생각했습니다
예수를 죽인 것은
예수가 진짜 유다의 왕인 것을 두려워했던
헤롯 왕이었습니다
학벌도 없고 돈도 없고 빽도 없는 당신
집안 좋은 여자를 아내로 맞이하지도 않은 당신
돈 없고 빽 없고 학벌도 없는 우리에게
당신은 희망이었습니다
노력하는 사람이 잘사는 세상을 꿈꾼 당신은
솔직하고 소탈한 우리의 대통령
가난했지만 예술을 아는 대통령
우리 문학 예술인들에게
가장 많은 지원을 해준 대통령이었습니다
당신의 신념을 위해선 누구와도 타협하지 않고
늘 국민과 대화하는 대통령이었습니다
그런 당신을 알면서도 우리는 오래
당신을 잊었습니다 당신을 보내고 당신을 압니다

이제는 진실을 압니다 이제 꿈을 꾸는 사람은
몹시 위험하다는 것을 압니다
가슴에 메워지지 않는 커다란 구멍
술을 마셔도 술맛이 나지 않고
아름다운 풍경을 보아도
풍경이 들어오지 않았습니다
당신의 명복을 빌다가
왕릉이 당신의 무덤가인 듯
무덤에 난 억센 풀 뽑아내려다
손을 베이고 말았습니다
무덤을 걸어 나오며
내가 알아들을 수 있는 말은
애통하게 울고 있는 산비둘기 울음소리뿐
내가 볼 수 있는 것은
무덤가에 핀 제비꽃 한 송이
세상이 왜 이렇게 힘든가 푸념하는 대신
정신 바짝 차려야겠다고 다짐합니다

**안명옥**
2002년 『시와시학』으로 등단. 시집으로 『소서노』 『칼』 등. 성균문학상 수상. 현재 고양예술고등학교 전문교사.

# 불멸의 푸른빛이여

— 노무현 전 대통령의 서거를 애도하며

김윤호

진달래꽃 따 먹고
칡 캐 먹고
흙을 사랑하며 자란 어린 시절

지독한 가난과 열등감이
가로막는 수많은 벽들을 뚫고
꿈을 이루는 힘이 되었네

수천년 이 겨레의 족쇄였던
권위주의와 지역주의를 무너뜨리고
국민통합과 남북화해를 위하여
온몸을 던진
서민의 진정한 친구

어릴 적 꿈을 키우고
어머니가 기도 드렸던
고향 집 뒷산 봉화산 부엉이바위에서
삶과 죽음이 둘이 아님을 보여준

새벽빛보다 더 찬란한 불꽃

옳음과 명예를 위하여

투박한 승부사로 살다간
영원히 꺼지지 않는 빛이여

**김윤호**
전북 고창 출생. 1991년 『현대문학』으로 등단. 시집으로 『화산』 『어머니』 등.
현재 백두산문인협회 회장.

# 당신은 우리의 영원한 대통령이십니다

— 고 노무현 전 대통령 영전에

박정애

당신의 국민으로 행복했습니다 그러나
우리 사는 세상 아직도 오랜 모순의 고리를 끊지 못하여
이제까지 처음이자 다시 없는 희망이자 자부심이었던
국민의 권리를 대변하였던
우리의 아름다운 님을 잃었습니다

촛불을 짓밟고 민주주의를 압살하려는 저들이
당신의 명예와 자존심에 한없이 큰 상처를 냈고
막다른 벼랑 끝에 몰아세우고
책을 읽을 수도 글을 쓸 수도 없는
치욕과 좌절의 슬픔에도 우리의 님은
너무 많은 사람들에게 신세를 졌다시며
고마움으로 말하십니다

갈기갈기 찢긴 자존심과 모멸의 고통
얼마나 외롭고 힘들었으면
얼마나 지치고 고단했으면
그토록 참담하고 절박한 고통에도
모든 것을 당신의 운명이라 하십니다

망연자실 통절한 심정은 눈물밖에 없는데
상처가 진주를 만들듯 슬픔과 안타까움이

사리가 될 순 없겠지만 정말이지
눈물밖엔 없는데 너무 슬퍼하지 마라
삶과 죽음이 모두 자연의 한 조각이라
그리 말하십니다

소탈하고 친근한 당신의 순정이
저들에게 가벼움으로 치부되고
신자유주의 도전과 희생이
현실과 타협을 거부한 아집으로 오해되고
격의 없이 다정한 미소와 낮은 곳을 향한
당신의 눈높이를 냉대하고 조롱하며
대통령 권위훼손이라 하였습니다
껍데기뿐인 권위주의자들은

지지자를 불온세력이라 이름하고
비수를 들어 수족을 자르고 일가친척과
한 가대를 멸문지하로 몰아붙인
저들이 말하는 잃어버린 10년 저급한 증오가
아니 우리의 비겁이 당신을 멍들이고
아프게 한 우리가 죄인입니다

밀짚모자에 삽자루 들고 고향 들판에 선

이 나라 초유의 전직 대통령
소박한 나물에 막걸리 잔을 든
아름다운 촌부의 삶까지 용납하지 않고
정의롭고 자존심밖에 없는 당신을
벼랑 끝에 세워 등 떠밀었는데
미안해 하지도 누구를 원망하지도 마라
그리 말하십니다 대범한 당신은

밟히면 밟힐수록 더 깊게 뿌리내리는
이 나라 풀뿌리 민주주의를 위해 거리로 나섰고
서민이었기에 서민을 사랑하고
인권과 노동자를 위해
편안한 길 두고 에둘러 고난의 길을 택한
청렴하고 순결한 당신은 죽어 다시 사는
선량하고 우직한 바보
우리의 영원한 대통령이십니다

님을 버려달라 하셨으나
살아서도 죽어서도 당신을 사랑하는 사람들이
참으로 많고 많다는 것을 기억하시고
살아서 수고 많았던
당신은 올 수 없지만 우리는 갈 수 있는

고통과 슬픔이 없는 나라, 그곳
이제는 다 내려놓으시고 편안히 가소서

영생영락을 누리시되
피었다 진 꽃이 열매를 이루듯
떨어진 나뭇잎이 썩어 거름이 되듯
당신이 소망하던 분열과 갈등이 없는 그런 나라,
보다 성숙한 민주사회 되게 음우 하소서
미안합니다 아주 많이 미안합니다

**박정애**
『국제신문』 신춘문예(시), 『경향신문』 신춘문예(시조)로 등단. 시집으로 『가장 짧은 말』 등. 부산작가회의, 부산민예총 부회장 역임. 부산환경운동 공동의장 역임.

# 다시 오시라, 아름다운 이여

— 고 노무현 전 대통령을 기리며

문대남

그렇게 가시는가, 아름다운 이여.
그대가 사랑했던 이 땅 위에
그대 발자국마다 찍힌 철쭉꽃 붉은 핏방울
그렇게 가시는가, 한의 눈물로
그대 흘린 피
그대의 사랑했던 이 땅
깊은 어둠 속에
씨앗으로 남았구나

어진 님이여.
큰 세상 품은 씨앗으로 남았구나.
바침내 다시 돌아올 동학년 함성이
이 나라 이 겨레의 애타는 가뭄 위에
비가 되어 적실 때
소나기 우레 되어 온갖 잡것 휩쓸어 갈 때
아아, 그 씨앗 싹 터 나무 한 그루 설지라.

사랑하는 이여
그대 떠난 빈 자리 가득 채울
그대 어진 꿈 같은 나무 하나 설지라.
이 나라 온 강산 서늘한 그늘로 품을
큰 나무 하나 설지라.

그렇게 오시라, 다시, 아름다운 이여
만백성 가슴 쉴 크낙한 나무 그늘로.

**문대남**
1982년 『광주일보』 신춘문예로 등단. 시집으로 『심목』 『스쳐간 모든 것은 별이 되어 남는다』 등, 장편소설 『파도가 네게 와서 묻거든』 등. 새교육신문 기자, 한국작가회의 사무차장 역임. 현재 광주시립 무등도서관 '문학과 삶의 향기' 강사.

# 부엉이는 울지 않는다

박경희

두 눈 부릅뜨고 밤마다 울었다
소나무 그늘 밑에서
기둥 틀어진 산 아래 마을을 보며
어쩌지 못했다
그랬다, 어쩌지 못하는 것이 있었다
울컥거리는 안타까움으로
먼 산 아래 얼굴들을 쓰다듬었다
그러나 이제는 울지 않는다
부엉, 피 토하고 날개가 찢어져도
부엉, 날아오는 방패에 쓰러져도
두 눈 부릅뜨고 불빛이 되어
발길을 따라 비출 것을 알기에
부엉, 이제는 울지 않는다

**박경희**
1974년 충남 보령 출생. 2001년 『시안』으로 등단. 한신대학교 문예창작학과 졸업. 현재 원광대학교 동양대학원 선예술조형학과 재학중.

# 내가 지금 그분을 위해

— 노무현 전 대통령 영전에

강희근

내가 지금 그분을 위해
아무 일도 할 수 없다는 것이 아프다
그분을 위해 한 줄 기도를
바치는 일밖에는……

그분은 처음으로 고향에 돌아온 사람이다
돌아와서 고향의 바람 소리
호미질 소리 써레질 소리
노인들의 기침 소리 바튼 소리 귀에 넣었다

그 소리들 위에 곶감분처럼 내리던
아침 햇살에게
내가 지금 들려 줄 말이 없다는 것이 아프다

햇살이여
눈 닦고 오는 햇살이여
아침이 미안하고, 시리고 아파서
발끝이 손끝이 시리고 아파서

**강희근**
1943년 경남 산청 출생. 1965년 『서울신문』 신춘문예로 등단. 시집으로 『연기 및 일기』 등, 저서로 『우리 시문학 연구』 등, 신춘시 『흙과 바람』 동인. 경남문인협회 회장 역임. 경상남도문화상 등 수상. 현재 경남시인협회 회장, 국제 펜클럽 한국본부 부이사장, 경상대 명예교수.

# 사람 사는 세상에서

— 바보 노무현을 추모함

김시천

그이가 가네
뚜벅 뚜벅 걸어서 가네
바보 노무현이가 논둑길을 가네
삽 한 자루 짊어지고
텃논에 막힌 물꼬 트러 가네
걸어서 가네

남들이 못 간다는 그 길을
길이 아니라는 그 길을
가지 말라는 그 길을
언제나 그이가 앞장서 갔네
그래서 바보라 하지만
그래서 손가락질 했지만
그이가 가면 길이 되었네

그날도 그는 그렇게 갔네
아무렇지도 않은 듯
신발 끈을 가벼이 묶고
궁둥이도 한두 번 툭 툭 치며
미안해 하지 말라며 아무도
원망하지 말라며
슬퍼하지 말라며

그 길을 갔네

죽고 사는 길이 둘이 아니라며
그이가 가고 난 뒤에야 비로소
우리는 겨우 정신이 들어 그를 보네
아, 바보 공화국 대통령 노무현이를 보네
사람 사는 세상에서
따뜻한 밥 한 그릇 같이 나누자고
삽 한 자루 짊어지고
혼자서 뚜벅 뚜벅 큰길 걸어가는
바보 관세음을 보네
어서 오라고 어서 오라고 우리더러 손짓하는
바보 미륵을 보네

**김시천**
1956년 청주 출생. 1987년 『분단시대』 동인지와 1989년 해직교사 신작시집 『몸은 비록 떠나지만』으로 등단. 시집으로 『떠나는 것이 어찌 아름답기만 하랴』 『마침내 그리운 하늘에 별이 될 때까지』 『늙은 어머니를 위하여』 등.

# 그대 잘 가세요

이상익

아, 이걸 어떡해야 하나요
저 시푸른 오월 창공 아래
우리들 마음속 순결한 님의 혼불이
저리 찬연하게 하늘을 날고 있네요
우리 곁을 영영 떠나가고 있네요

이젠 정녕 이별인가요
다시는 님의 얼굴을 볼 수 없는가요
정말 그대는 영영 떠나가는가요

이젠 제발 웃지 마세요
농사꾼의 밀짚모자 쓰며
하얀 손 흔들지 말아요
그리 널널한 미소를 보내며
이별인사 건네지 말아요

그대께로 사무친 우리의 눈물
그댄 이젠 어디로 가는가요

그대 떠난 거리마다
치욕스런 도회의 밤
우리 몸 속 모든 게 빠져나가

희미해져 가는
그대와의 아픈 추억

봉하마을 너른 벌판 지나
저 악다구니 정치판 떠나
훠어이 훠어이
떠나가시는 님이여

부디 잘 가세요
사랑하는 나의 님이여
부디 잘 가세요

**이상익**
1953년 함안 출생. 2006년 시집 『우리가 물이라도 되어 흐른다면』으로 등단. 저서로 『다시 빈 들에 서서』 『잃은 자유, 얻은 진실』 등, 역서로 『혁명의 노래』. 성균관대학교 사회복지대학원 겸임교수, 한국도로공사 상임감사. 마산YMAC 사무총장 역임. 현재 한양대 사회교육원 노인복지학과 교수.

# 사랑하는 당신, 노무현님!

최창균

사랑하는 당신이 갑자기 떠났을 때
다시는 만나지 못한다는 사실을 알았을 때
그런 이별을 어떻게 받아들여야 하나요
당신은 살아있는 자들에게
당신이 떠난 것을 운명이라 했지요
그렇게는 받아들이지 못하겠어요
너무나 분해서 단호히 당신의 유언을 거부하겠어요
참 민주주의가 바로 서는 날까지요
당신 말이에요
이 땅에 당신 같은 친구가 있어 참 좋다 했어요
당신 같은 농부를 한 하늘 머리 두고 산다는 것이 그저 좋았어요
초록을 녹색을 연두를 어여삐 건사하시던
당신이 자랑스러웠어요
농사짓는 일도 민주주의가 오겠거니 했어요
우리가 사는 이 땅에
민주주의가 있기는 있고 민주주의로 살기는 사는 건가요
아니지요 절대로 아니지요
당신이 부엉이바위에서 몸 던졌을 때
당신은 분명 민주주의 씨앗으로 뿌려진 거지요
당신의 뜻을 진작에 알았더라면 하고 아쉬워는 않겠어요
어차피 당신을 두려워하는 자들이
이 지경으로 몰고 갔을테니까요

그래요 이제는 분명해졌어요
당신은 참 맑은 사람이었다는 것을요
참 민주주의를 앓겠다는 자들과 멀리 했다는 것을요
이제 당신을 가꾸겠어요
초록이 번지는 힘으로 당신의 민주주의를 가꾸겠어요
끝끝내 지켜내겠어요
사랑하는 당신, 노무현님!

**최창균**
1960년 경기 일산 출생. 1988년 『현대시학』으로 등단. 시집으로 『백년 자작나무숲에 살자』.

# 그리운 대통령

채지원

삶과 죽음은 자연의 한 조각이라는
대통령의 유언에 지나가던 달팽이도 멈췄다
무덤가에 둘러 앉아 식사를 하고
화투치는 사람들
그 속에 누운 이들과의 잔치가
봄볕에 눈부신데
장자도 노자도 떠난 지 오래
윤동주도 고흐도 이미 갔지만
새끼 꼬는 농부의 손에 들린 지푸라기도 한때 들이었고
유골함도 오동나무였으며
시청 앞 광장에 떠오른 백만 개의 노란 풍선도
고무나무로부터 온 걸
우리도 먼지가 되어
미풍에 날리는 것
부엉이 웃음이 그리워 불러보는 대통령
물 오른 논바닥에
올챙이 수백만 마리 떠오른다

**채지원**
1967년 서울 출생. 2008년 『문학과의식』으로 등단. 현재 서울 강남중학교 국어 교사.

# 담쟁이

— 노무현을 그리며

김윤곤

당신의 키 높이 돌탑을 오르는데
이십 몇 년,
한 철에 겨우 한 마디씩 자란 사랑은
사랑이라는 이름으로 당신의 밑동부터 잔뿌리 박아내리는
고문이었습니다.
몰랐습니다.
천 리 밖처럼 까맣게 몰랐습니다.
알았다 하더라도 어쩔 수 없었을 테지요.
사랑의 방식치고는 서글픈 일입니다
서로 빤히 바라다보이는 몇 걸음의 상거를 두고
같은 쪽으로 끝없이 걸어왔다니요.
당신의 돌탑 석축 아래에는
처음 환호하며 모여들었던 한 무리 사람들의
펑퍼짐한 엉덩이 자국이
그냥 남아 있습니다.
당신은 그런 사람이었습니다.
설사 당신을 욕하고 비웃는 사람에게조차
편안한 자리를 내어주는 그런 사람이었습니다.
몰랐습니다.
천 리 밖처럼 몰랐습니다.
높이 올라서도 아래쪽 그런 것 내내 바라보며
가슴 상했으리라고는……

당신은
근본적으로 불가능해 보이는 것을
사랑하는 사람이었습니다.
시간이 걸리기는 했지만
놀랍게도 당신이 사랑하기만 하면
그것은 가능한 사랑이 되었습니다.
사람들은 그것을 기적이라고 말하기도 했지만
기울인 시간의 절대적인 총량과
순정한 눈물과 피땀 없는 기적은 없다는 것을
단지 그 기적에 환호했던 사람들은 몰랐습니다.
저 역시 그랬습니다.
저에게 당신처럼 불가능한 것을 사랑할,
어기차도록 사랑할 열망도 열정도 없다는 것을 깨닫고 나자
눈물 쏟아졌습니다.
터진 수도관처럼 울음 쏟아졌습니다.
당신이 툭, 송이째 지며
꽃잎처럼 산산이 흩날리며 바스러져야 온전히 지킬 수 있는
물러설 수 없는 높고 굳센 뜻이었을 때,
그제야 비로소 당신의 이름 앞에 통곡했습니다.
흩날린 당신의 몸 앞에서
제 뼈가 어스러지는 고통의 감응,
그 기막힘, 일순 넋이 빠져나가던 진공의 적막만이 아니라

이 모든 통곡조차 때늦음에 뜨겁게 통곡했습니다.
이제 어디에서 당신을 볼 수 있을까요.
당신의 반이라도 볼 수 있을까요.
그 당당하던 분노, 피 솟는 열변,
지칠 줄 모르던 열정과 다함없는 따스함을
이제 어디에서 볼 수 있을까요.
지나치거나, 결국 넘어서야 할 돌부리쯤으로
알았던 당신이었기에
당신의 반조차도 다시 볼 수 없는 오늘
상실감과 낭패감과 스스로 부끄러움으로 눈물범벅 됩니다.
당신이 사랑했던 방식으로 당신을 사랑하지 않았던 저는
당신이 했던 것처럼 불가능한 사랑을 할 수 없었던 저는 오늘
그러나 도저히 불가능한 증오를 품습니다.
모든 것을 돈으로 환산하고 돈으로 평가하고
돈으로 길들이고 돈으로 타락케 하는
그래서 한 국가를 경영하는 일조차도 자신의 치부를 위한
거대한 판돈쯤으로 치부하는
이 천박한 자본주의적 삶의 방식이야말로
당신의 사랑, 당신과의 사랑을
근원적으로 불가능하게 한 것이라 단언합니다.
이 강고해질 대로 강고해진 천한 자본주의의 한복판에서
그 멸망을 기원하는 불가능한 증오를 품는 것은

이 천박한 세상이 멸망한 세상에서야
당신과의 사랑조차 움틀 수 있을 것이라고,
이 세상 모든 사람과 사람 사이
순정한 사랑이 비로소 싹틀 수 있을 것이라고
굳게 믿기 때문입니다.
저의 증오가
당신의 사랑만큼 끈질기기를,
이 때늦은 그리움을 불 질러 시퍼런 증오가 되기를….
느린 담쟁이인 사람들이 겨우 당신의 키 높이 돌탑에 이르자
당신은 쿵 소리 내며 무너졌습니다.
아니 당신이 무너지고 나서야 비로소 사람들은
당신의 돌탑의 높이에 닿았습니다.
담쟁이는 담에 막히지만 결국 담을 넘습니다.
담쟁이는 당신을 막았던 담을 이깁니다.
담쟁이는 당신을 막았던 담보다 더 오래 푸릅니다.
당신의 온몸 져 바스러질 때
아주 짧은, 그러나 참으로 안타까운 시차에도 불구하고
당신의 온몸을 꽃잎처럼 다 받아낸
저 수많은 손길들을 이제야 보셨는지요.
당신의 빛남을 비로소 보는 어리석으나 밝은
저 수많은 양심들을 이제야 보셨는지요.
당신의 마지막 뒤집기 한판승이로군요.

편히 한숨 주무셨다가
오,· 편히 한숨 주무셨다가
그 내릴 수 없는 뜻, 천상이듯 지상에 두루 다 펴시기를
그 내릴 수 없는 뜻, 천상이듯 지상에 두루 다 펴시기를…….

**김윤곤**
1960년 경남 경산 출생. 1998년 『현대시학』으로 등단. 작품으로 「네 칼을 받다」 「오랜 학교」 등. 현재 계간 『사람의 문학』 편집위원.

# 그를 더 이상 바보로 만들지 마라

— 고 노무현 전 대통령을 보내며

이종수

그를 더 이상 바보라 부르지 말자
그가 걸어온 길을 보고도
바보라 부르는 것은 또 다른 우화를 만들 뿐이다
옛 고구려 바보 온달을 만들어낸 먹물근성처럼
우리가 꿈꾸다 포기한 것을
바보의 이름으로 파묻어서는 안 된다

그는 바보가 아니라 우리가 밀고한 우뚜리다
5년에서 딱 하루가 빠지는 날에 눈 녹듯이 사라진
민주주의의 꽃 우리는 그를 우뚜리 삼아
그가 만들어놓은 민주의 광장에서 결집하고
저 끄떡도 하지 않는 자본과 권력에 맞서 싸웠어야 했다

가위, 낫, 작두보다 억새풀로 잘랐다는 우뚜리의 탯줄이
우리의 꿈과 이어진 날개라는 것을 알았어야 했다

모든 권력은 국민으로부터 나온다는 시대에
더 이상 슬픈 우화가 아닌 정치가 되고
경제가 되고 문화가 되도록 매조지 했어야 했다

그는 바보가 아니라 인간 노무현이었고
우리가 만들어낸 대통령이었고

비바람, 눈 속에서도 아름다운 사람이었다
그를 더 이상 바보라 부르지 말자
그가 이른 새벽 올랐던 벼랑이 우리 앞에 있다

**이종수**
1966년 전남 벌교 출생. 시집으로 『자작나무 눈처럼』 등. 현재 충북작가회의 회원, 〈엽서시〉 동인.

# 찔레꽃 당신은

— 노무현 대통령의 서거를 애도하며

김경훈

화려한 주류의 장미가 아니었네
소박한 꽃 당신은 찔레꽃

비바람 천둥번개 고스란히 견디며
풀뿌리 이웃과 더불어 한 무더기
사람 사는 세상 꽃 피웠네

고상한 상류의 백합이 아니었네
소탈한 꽃 당신은 찔레꽃

돋은 가시는 결코 남 해하는 무기가 아니었네
자신을 향한 각성이었네
그 가시에 스스로 찔려 온몸 연붉게 물들었네

우아한 권위의 목련이 아니었네
소중한 꽃 당신은 찔레꽃

가만히 몸 내려놓은 건 바람에 흔들려서가 아니었네
더 낮은 곳으로 가는 것이었네
못다 한 아픈 이야기 다 들으려는 것이었네

순결한 꽃 당신은 찔레꽃

찔레꽃 당신은

해마다 5월 이맘때쯤
하얀 미소 머금고 고운 눈물 화안히 밝히며
돌아오실 당신은 찔레꽃
사람 사는 세상에 축복처럼 향기로운
당신은 찔레꽃

**김경훈**
1962년 제주 출생. 『통일문학통일예술』로 등단. 시집으로 『운동부족』 『고운 아이 다 죽고』 『한라산의 겨울』 『삼돌이네집』 『눈물 밥 한숨 일결』, 마당극 대본집으로 『살짜기 옵서예』, 제주 4·3관련서인 『잃어버린 마을을 찾아서』 『그늘 속의 4·3』 공동집필. 제주작가회의 회원. 현재 제주도 '북촌리 너븐숭이 4·3 기념관' 근무.

# 잊고 싶은 얼굴이지만

— 고 노무현 대통령을 그리며

서정원

어찌해야 합니까
'맞습니다 맞고요'
당신 목소리 듣고 싶어도 들을 수 없어

어찌해야 합니까
'대통령님 나와 주세요'
목젖이 보이도록 부를 수 없어

어찌해야 합니까
'사람 사는 세상'
당신이 꿈꾸던 세상 함께 꿈꿀 수 없어

수많은 세월 동안 단 한번 몸 추스르지 못하고
허허 벌판에서 서릿발 같은 비바람에도
펄럭이는 깃발을 힘겹게 흔들며 홀로 서 있어야 했던 당신
어찌 저 혼자만 기억하겠습니까

고향에서 생태마을을 꿈꾸며 밀짚모자 눌러 쓴
시골농부의 모습으로 '무척 행복하다' 고 하셨는데
그 소박한 행복을 누가 앗아갔습니까
어린 손주를 태우고 마을 논두렁을 달리던 자전거를
누가 멈추게 하였습니까

저는 알고 있습니다
아니 우리 모두가 기억하고 있습니다

이제 울고 싶어도 눈물이 나지 않습니다
이제 원망하고 싶어도 할 수가 없습니다
이제 잊고 싶어도 더욱 못할 것 같습니다
당신이 버린 세상에 남겨진 우리는 어찌해야 합니까
황망하고 또 황망합니다
서운하고 또 서운합니다

아아, 당신 없이
정녕 당신 없이
어찌 살아가야 합니까

**서정원**
1962년 경남 고성 출생. 1992년 『심상』으로 등단. 시집으로 『거미줄의 힘』 『관찰법』 등. 현재 도서출판 전망 대표.

# 상록수 푸른 큰 잎이 지다

김영곤

푸른 님께서
대통령 하실 적에
푸른사랑 느끼지 못해 죄송합니다

고향마을에서
상록수 되어 푸르게 살고 싶음을
지켜드리지 못해 대단히 죄송합니다

평범한 식물들이
푸르게 늘 푸르게
골고루 잘 자라는 기름진 땅 가꾸셨던 푸르던 님

항상 푸른 공기 같은 생각이 들어
언제까지나 옆에 계실 것 같아
깨닫지도 못하고 협조하지 못해 대단히 죄송합니다

푸르른 님께선
아무도 원망하지 마라
죽음과 삶은 자연의 일부라고 하셨지만
어린 풀들을 사랑하셨던 당신을 지키지 못함에
눈물이 앞을 가려 풀들은 쓰러집니다

아! 푸른 님께서
가슴속에 지피셨던
푸른 자유의 불쏘시개는 어디에다 불 지펴야 합니까

푸른 님이 없는
지금은 소낙비만 주룩주룩 내리고 있습니다
어린 풀들은 쓰러져 울고만 있습니다

**김영곤**
1952년 충남 태안 출생. 2000년 『한맥문학』으로 등단. 시집으로 『하늘에서 수영을』 『새들만 새노래』 등. 한국시인협회, 태안문학회 회원, 뻘빛시낭송회 회장, 그린패밀리 단장.

# 작은 비석 하나를 위한 묘비명
— 바보 노무현 서거에 부쳐

권화빈

여기
내 앞에 와
고개숙인 당신이여
행여
나를 위해서는
단 한 방울의 눈물도
흘리지 말아다오

**권화빈**
1960년 경북 안동 출생. 2001년 『작가정신』으로 등단. 작품으로 「보름달」 「최후의 詩」 등. 현재 영주시 평생학습센터 초빙강사, '책을 사랑하는 사람들'(책사모) 대표.

# 오월의 슬픔
— 고 노무현 전 대통령 영전에

이민숙

님의 웃음으로 휘날리는 영정에
우리의 가슴이 머물렀습니다.
오월의 산천엔 초록이 피어 출렁입니다.
그 신록의 꽃도 새도 하염없이 흐느낍니다.

삶도 죽음도 자연의 한 조각이라 했거늘
어찌하여 우리는 한 죽음 앞에서
이토록 가슴이 먹먹합니까

권좌에 올랐으나 그곳은 서민들의 앞마당이었고
최고의 통치자였으나 소외된 사람들의 아픔을
감싸는 아저씨였습니다.
한 농부처럼 살고자 했고
그러나 불꽃처럼 뜨거웠으며
유유히 흘러 저 평화의 바다에 이르고자 했습니다.
엄혹한 냉전의 시대를 종횡으로 걸어
민족의 불행을 걷어내고자 했습니다.
삼팔선도 휴전선도
님의 발 아래에서 웃었습니다.
우리도 따라 웃었습니다.

부산으로 부산으로 부산으로

가서 바보 된 님
그러나 그 정신은 동에서 서로
한라에서 백두로
개성으로 평양으로 금강산으로
오가며 우릴 하나로 만들고자 했습니다.
전설의 주인공, 님이시여
따스한 평화의 밥 한 술로 맘껏 나눠 먹던 그 시간들
마음껏 민주주의여, 민족이여 외칠 수 있었습니다.
그러나 이제 그 강물의 역사는
미친 듯 회오리 되어 흐릅니다.
꽃 피던 자리에 서슬 푸른 창이 내걸렸습니다.

어두워지니 알겠습니다.
빛을 부정했던 우리의 어리석음.
님의 정직을 욕했고
님의 사랑을 외면하고
님의 맑고 투명한 진정을 매로 후려쳤습니다.
그 매가 이제는 우리의 몸과 맘을 후려칩니다.
그 고통이 흘리는 눈물이 세상을 흥건히 적십니다.
고통은 고통을 씻고,
절망은 희망의 샘물 퍼 올린다고 했습니까

삶과 죽음이 하나인 오늘,
역사의 중심을 관통하는 신화여 영원하소서.
원형으로 깊이 새겨질 님이여 사랑이여!

**이민숙**
전남 순천 출생. 1998년 「사람의 깊이」로 작품활동 시작. 시집으로 『나비 그리는 여자』.

# 영언靈言

— 고 노무현 전 대통령 추모시

안학수

생면부지인 그대가 나를 추모하니
나는 고마울밖에 달리 무슨 말을 하겠소만
모두 놓아버리고 가야기에 한 마디 하리다.

그 자리에 나를 앉혀놓고 그대는 무엇을 했던가요?
그대 뜻대로 해주지 않는다고 나를 원망했나요?
기대에 못 미친다고 등 돌리고 욕하진 않았나요?

설마
나를 원수로 삼던 저들처럼 나를 능멸하진 않았겠죠?
무능한 바보라고 빈정거리진 않았겠죠?
학벌 없고 품위 없다고 업신여기진 않았겠죠?

행여 지금도
저들의 모함은 믿고 나를 믿지 못하는 건 아닌가요?

모든 건 역사와 진실에게 맡기겠지만
내가 살아있을 때 저들이 내게 그랬듯
또 나를 억울하게 하지는 말았으면 해요.

특권층의 특권의식을 완전히 없애지 못하고
민주주의를 제대로 이루지 못해 마음에 걸립니다만

힘없고 가난한 이들도 살 만한 세상을 만들자고
열심히 노력했던 것만은 내 진심이었소.

그대가 마지막까지 나를 지켜주지 못했다 해도
나는 그대를 경솔하거나 비겁한 자로 여기지 않아요.
그저 나를 믿고 따른 모든 이들께 미안할 뿐이오.
마지막으로 부탁하오.
어디 누구라도
내가 들었던 깃발을 들고 그 길 다시 가는 이가 있거든
그가 자기 깃발을 세우고 자신의 길을 가도록 돕고
승리 이룰 때까지 꼭 그 곁을 지켜주기 바라오.

이제 나는 모두 잊고 편히 쉬려 하오.
눈물 맺힌 그대의 진심만 받아 가리다.

— 잘하셨습니다. 치사하고도 역겨운 이 나라 이젠 다 잊으시고
— 따뜻하고 행복하고 차별 없고 다툼 없는 그 나라에서 영면하소서.

**안학수**
1954년 충남 공주 출생. 1993년 『대전일보』 신춘문예로 등단. 동시집으로 『박하사탕 한 봉지』 『낙지네 개흙잔치』 등.

# 노무현 전 대통령 영전에

— 사람 사는 세상

김희정

당신이 떠난 지금
비가 추적추적 내립니다
비라도 실컷 맞고 싶은데
마음과 달리
비는 조금씩 땅을 적시고 있습니다
비겁하게 빗속에 숨어
마음껏 눈물 흘리고 싶은데
하늘만 보며 혼자 울고 있습니다

당신은 늘
사람 사는 세상 꿈꾸며 살아왔습니다
누리그물 세상에
처음 둥지 틀었을 때
인간의 온기 다 모여
누리그물 바깥 세상까지
사람 냄새 나는 꽃으로 활짝 피어나길
간절히 바랐습니다

당신께 늦은 감이 있지만 묻습니다
사람 사는 세상은 어떤 곳일까요
당신이 떠난 지금
너무나 허기집니다

당신 지금 가시면 안 됩니다
지금 가시면
당신이 고향 땅에 심고 싶었던 그 나무
이 땅에 심고 싶었던 그 풀들
이제 누가 심어야 합니까

세상에 없는 당신 모습 생각하니
뼛속 깊숙이 사무칩니다
당신, 사랑했습니다 사랑합니다
당신
대한민국을 진정 사랑한 대통령입니다

**김희정**
1967년 전남 무안 출생. 2002년 『충청일보』 신춘문예, 2003년 『시와정신』으로 등단. 시집으로 『백년이 지나도 소리는 여전하다』. 아고라 큰시 동인.

# 노무현 대통령님 하늘나라에서 행복하세요

박예분

일요일 아침 일찌감치 외할머니가 오셨는데요,
밤새 체한 것처럼 속이 답답했다며 엄마한테
아야, 어제 노대통령님 돌아가셨다는데 어찌 된 일이여?
쯧쯧, 참말로 안타깝고, 아쉽고, 안 됐지 뭐냐,
야, 분향소를 어디에 차렸는지 얼른 좀 알아봐라,
할머니 모시고 우리식구 오거리 문화광장으로 갔는데요,
하얀 국화꽃밭에서 노대통령님이 웃고 있지 뭐예요.
글쎄, 그 앞에 사람들이 동아줄처럼 긴 줄을 잇고 서서
좌르르 흐르는 눈물을 훔치며
말없이 먼 하늘만 멍하니 바라보고 있지 뭐예요.
노대통령님 영정 앞에 향 피우는 할머니를 따라
나도 절하며 하늘나라에서 행복하시라고 기도했는데요,
할머니는 못내 아쉬운지 광장의 이곳저곳을 살피다가
노란종이에 검정사인펜으로 추도 글을 쓰는 거예요.
깜짝 놀랐어요, 나는 태어나서 지금까지
우리 할머니가 글씨 쓰는 것을 한 번도 본 적이 없었으니까요.
땃뜻하고 포근한 전노대통령님
다음 생에 태어나셔서
더 조은 대통령임이 되어서
큰소리 치신 분이
되시기를 바랍니다
이재심.

돋보기도 없어서 글씨는 삐뚤빼뚤 맞춤법까지 틀렸는데
할머니는 부끄러움도 잊고 그 글을
사람들 많은 광장에 집게로 걸어놓고 조용히 나오는 거예요.
나는 막상 뭔 말을 써야 할지 몰라 한 줄도 못썼는데
그런 할머니의 뒷모습에 속으로 박수를 보내며 걷고 있는데
아차, 꼭 하고 싶은 말을 못 썼네,
영원히 사랑합니다. 할머니는 기어이 한 마디를 덧붙였습니다.
나는 어른들처럼 눈물은 나오지 않았지만,
노대통령님이 자전거 타고 논두렁을 쌩쌩 달릴 때 썼던
시원한 밀짚모자는 지금 얼마나 심심할까,
노대통령님이 찬 얼음과자를 휴지로 돌돌 말아 주던
그 아이는 지금 얼마나 할아버지가 보고 싶을까,
어르신, 안녕하세요? 인사하던 노대통령님 목소리를
봉하마을 사람들은 얼마나 듣고 싶을까,
이런저런 생각들이 시골길을 떽대구루루 구르며 묻습니다.
그런데요, 노대통령님은 왜 돌아가신 거예요?

**박예분**
1964년 전북 임실 출생. 『동아일보』 신춘문예로 등단. 저서로 아동청소년 역사 논픽션 『뿔난 바다』, 동시집 『햇덩이 달덩이 빵한덩이』, 글쓰기교재 『글 잘 쓰는 반딧불이』 『박예분 선생님의 글쓰기 교실』 등. 아동문예문학상, 전북아동문학상 수상.

# 발자국 피어나다

— 고 노무현 대통령을 추모하며

임윤

푸른 새벽에 근처 초등학교로 산책을 나섰다
어둠을 껴입은 인부들이
운동장 담장을 허물고 있었다

풀잎은
밤새 습기를 뭉쳐 만든 물방울을
푸석한 바닥으로 말없이 굴려 보낸다
침묵의 발치 아래
몸 낮춰 고요하다
바짓가랑이 촉촉할 풀섶에선
발자국 소리도 조심스레 떨려온다
어둠이 투명 빛으로 몸 바꾸는 찰나 간
누군가 다진 길을 따라
뚜벅뚜벅 신새벽은 피어난다
여명에 뒤척이는 나뭇잎들
바람의 길을 내느라 분주하다
손가락 사이로 빠져나간 바람은
더 이상 휘파람을 불지 않았다
푸릇푸릇 별이 지워지고
햇살이 가득 하던 날
나는 분단의 선을 넘어가는 발자국을 보았다

마침내 담장은 허물어졌다
바깥을 서성대던 햇살이 운동장에 뛰어들었다
아이들은
담장이 있던 자리에 길을 만들고
반짝반짝 발자국을 찍어댈 것이다

**임윤**
1960년 경북 의성 출생. 2007년 『시평』으로 등단. 작품으로 「샤우트 창법」 「아파트에 돌을 놓다」 등. 계간 『실천문학』에 〈피리 속으로 사라지다〉 등 시 발표. 〈시에문학회〉 회원.

# 오늘 우리가 슬퍼하는 것은

— 노무현 전 대통령의 영전에 바침

나문석

하루 세 끼 잘 처먹고
부와 권력을 거머쥐었다고
어디 다 인간의 삶인가요?
짐승만도 못한 무뇌충들이
거룩하고 아름다운 사람들의 영혼을 유린하고
슬픔에 젖어 살게 한 이 땅에서
사람 사는 세상 만들려고
피 말리는 시간들을 견디어온 님이여!
우리가 잘못했어요
우리가 당신을 너무 외롭게 하였어요
용서해주세요

이제는 우리가 함께 할게요
당신의 고운 뜻 가슴에 담아
이 세상 다하는 그날까지
기어이 사람 사는 세상 만들어 놓고
님을 만나러 가겠습니다
당신은 아시잖아요
우리 민초들의 진정한 사랑과 용기를
그 오랜 독재의 잔혹함에도 굴하지 않고
끝내 이 땅에 민주화를 이룩해낸
거룩한 죽음들을

당신은 아시잖아요

이제 거짓 없는 자연의 품으로 돌아가신 님이여!
오늘 우리가 슬퍼하는 것은
당신과의 이별이 서러워서가 아닙니다
시간이 강물처럼 흐르다
어디쯤에서 한없이 고여 있을
지울 수 없는 님을 향한 그리움 때문입니다

내일이면 당신을 많이 보고 싶어하였을
먼저 가신 민주화 동지들을 만나겠지요
이곳의 일들일랑 다 잊으시고
반갑게 얼싸안고 술 한 잔 하십시오
우리들은 우리들끼리
…….

**나문석**
대구 출생. 계간 문예지 『시에』로 등단.

# 산

— 고 노무현 전 대통령님의 서거에 부쳐

손상렬

산은 산이어서 산이다.
산은 산이어서 바보 같은 산이다.

못난 놈도 받아주고
잘난 놈도 받아주는
그래서 때로
앉은뱅이가 되기도 하고
때로는 잘난 놈들에게 짓밟히고도
보란 듯이 넘볼 수 없는 키로 우뚝 섰다.

–어느 해 오월,
나는 딱 한 번
허름한 점퍼를 입고 구로동에 나타나
긴 여름밤 두런두런 이야기 들어주던
키 작은 산을 본 일이 있다.

아마 그때가 바로 이맘때쯤인가 보다.–

산은 산이어서 산이다.
산은 가만히 누워서도
고요한 바람을 일으켜 내 심장에,
우리의 영혼에

살아있음을 기억하게 하는
제 몸 들불에 맡기는 그런 바보 같은 산이다.

그리하여 또 한 번 오월 푸른 날
등 굽은 나무로 끝끝내 살아남아
메아리로 가슴 깊이 영혼을 깨운다.

산은 산이어서 산이다.
잘난 놈도,
못난 놈도 다 받아주는 바보 같은 산
그래서 우리는 긴 밤을
산으로 간 사람들을 얘기하는
바로 그 산이다.

**손상렬**
1964년 강원 원주 출생. 1989년 『노동시선집』으로 등단. 작품집(동화)으로 『문래동 비둘기』 등. 구로동자문학회 회원, 〈일과시〉 동인, 한국작가회의 회원.

# 부엉이바위처럼

— 고 노무현 대통령께

임경자

2009년 4월 30일
당신이 검찰에 출두하기 위해
오랜만에 집을 나서던 날
고요하던 민심이 술렁거렸습니다
'끝내 벼랑 끝으로 내모는구먼'
은행나무 밑 어르신들이 그리 말했습니다
TV도 아침부터 연신 떠들어댔습니다
당신은, '잘 다녀오겠습니다' 라는 말을 남기신 채
서울로 향했습니다

2009년 5월 23일
민심은 또다시 술렁이기 시작했습니다
'삶과 죽음이 모두 자연의 한 조각' 이라는
유언을 남기시고
당신은 부엉이바위에서 몸도 마음도
산산이 보내셨습니다
민초의 눈물을 알고 계시기에
미안해 하지 마라
누구도 원망하지 마라
가슴에 품으셨던 그 깊은 사랑
지상 위 한 떨기 모란꽃처럼
뚝뚝 떨구시고 가셨습니다

2009년 5월 29일
당신은 싸늘한 시신 되어 다시 서울로 왔습니다
한 달만의 일입니다
그날 다시 태어나면 대통령 하지 말라는
한 아낙의 울부짖음이 광장 하늘을 날았습니다
당신이 대통령으로 계시는 동안
수없이 쓸쓸하시고 고독하심을
진즉 알지 못했던 것이
마냥 죄스럽기만 했지요
울어도 울어도
먹먹한 이 가슴에 채워지지 않는
당신에 대한 미안함 안쓰러움
그리고 못다 한 사랑 같은 저 그리움

당신은 저 부엉이바위처럼
내 가슴에 우뚝 솟아
영원토록 펄럭일 겁니다

**임경자**
1961년 강화 출생. 2002년 「시인정신」으로 등단. 작품으로 「그 사람」 등. 현재 강화문학회 부회장, 강화문화협회 이사.

# 노란 꽃잎 흩날리는

— 고 노무현 전 대통령 추모시

성군경

뫼 밑 마을에 개구리, 뱀, 황새가 모여 산다.
황새와 뱀은 서로 으르렁거리고
응석받이 개구리는 노래하며 뛰어논다.
여의주 하나 얻어
세상을 쥐락펴락 하고픈 용보다
내 집 지키는 집뱀이 좋다.
젊은 날 부엉이바위에 올라
바보 눈으로 어둔 세상을 본 노란 파발이
흔들리는 팔도 봉수대에 불을 붙였다.
금반지에 현혹된 심순애를 호통 친 그는
엿장수에게 새저울 만들어 주고
떡 치는 멍든 맷돌에 갓 지은 오리쌀밥 펼쳤다
가물어 마늘이 자라지 않는 늦은 봄날
자연의 한 조각 바위 위에서 노란 꽃잎 흩날리니
여린 천사 아침 이슬 머금는다.

**성군경**
1958년 대구 출생. 시집으로 『영천댐 옆 삼귀리 정류장』. 현재 한국시민문학협회 총회장, 낙동강문학 대표.

# 다시 쓰는 님의 침묵

— 고 노무현 전 대통령님을 그리며

정형택

학창 시절
그토록 밑줄을 긋고 긋어도
마음 깊이 쏘옥 와 닿지 않던
'님은 갔습니다'
……
'아아 님은 갔지마는
나는 님을 보내지 아니하였습니다.'

왜, 가신 님을
보내지 아니하였다고 하는지
알지도 못하면서
고개만 끄덕끄덕 했던 그 시절
님의 죽음 앞에서
나도 모르게 그 싯구절의 의문이
확 풀렸으니
아, 그 시절
선생님의 가르침이
밑줄 쫙쫙 긋던 멋 모르던 시절이
이제야 확 터졌습니다.

이 울분과 아쉬움을 섞어
힘 주어 가르치시던

'아, 아 님은 갔습니다.'
그러나 마지막에는 목 놓아
님을 보내지 아니하였습니다.

누렇게 바랜 그 시절의 문학책을 펼쳐 보며
몇 번이고 되뇌이어 봅니다.
한샘 교과서 발행 문학 교과서 28쪽 '님의 침묵'
겹겹으로 그어진 밑줄을 쳐다보니
님께서 살아 생전 모습으로
걸어 나오고 계셨습니다.
봉화산 부엉이바위만큼이나
단단한 민주의 모습을 하고
걸어 나오고 계셨습니다.

떠나지 못하는 님의 마음과
보내지 아니하는
우리들의 마음이 한 덩어리 되어
봉화산 부엉이바위를 내리칩니다.
민주화가 무엇인지
진정한 자유가 무엇인지를
온 몸으로 보여 주신 님이시여
마지막 가시는 길까지도

이 땅의 무지한 권력배들에게
누구도 말하지 못한 철학의 한 구절
'원망하지 마라, 운명이다.'
지상에서 벌떡벌떡 일어나
새롭게 새롭게 '님의 침묵' 을 다시 씁니다.

권위와 차별을 무너뜨려
모두가 함께 하는 세상을 만들고자
시장길 돌면서도 물고 다니시던 아이스크림
논두렁에 덥석 막걸리 함께 나누던 님의 모습이
새롭게 태어나는 '님의 침묵' 이었습니다.
님의 그런 모습을 그 누가 잊겠습니까
그런 님을 그 누가 보내겠습니까
보낼래야 보낼 수 없는
우리들 민주화의 하느님
님은 갔지만
우리는 님을 보내지 아니하였습니다.

**정형택**
1947년 전남 영광 출생. 『월간 문학』으로 등단. 시집으로 『나의 어머님』 등. 전라남도 문화상, 대한민국 향토문학상 수상 . 전라남도문인협회장 역임.

# 아! 노무현 대통령

양곡

대통령께서는 이 땅에 싹튼 참민주주의를 몸소 실천하고
민족분단의 오랜 장막을 걷어내고자 처음으로 애쓴
진짜 대통령이었습니다

한반도의 비극과 노동현장의 질곡 속을 손발로 헤치며
무너지는 농업의 희망을 일으켜 세우려고
지역의 균형발전을 광야에서 외치며
밤잠을 설친 대통령으로서는 처음이었습니다

어쩌다가 어디서 무엇이 어떻게 잘못되었는지?
돈이 오고 가고
사람들이 들락날락 하고
전직대통령으로만 살려고 했던 소박한 고향의 꿈
마저 꽃 피우기도 전에
해탈의 새가 되어 허공을 날으시다니

아, 한국의 정치는
아직도 사람을 살리는 정치가 아닙니다

이승 떠나는 숨가쁜 노란 풍선 꽃길에
거친 숨 한 번 거들어 주지 못하는 사람들만 끼리끼리 분향소에 모여

흐느끼고 있다니
이렇게 흐느끼며 보내야 하다니
정녕 이대로 흐느끼고 있어야만 하는 건가요?

**양곡**
1959년 경남 산청 출생. 1984년 『개천문학』으로 등단. 시집으로 『어떤 인연』 등. 현재 경남작가회의 이사, 산청문화원 사무국장.

# 현수교懸垂橋

— 노무현 대통령님 영전에 올립니다

서태수

노오란 꽃구름이 동산에 번진 새벽
무너진 임의 꿈이 절벽에 다시 살아
현수막懸垂幕 무명 한 폭이 온 나라를 덮었네요

노랫가락 흥얼대며 자전거로 돌던 고향
무한량 행복으로 '사람 세상' 보여주던
현미밥 구수한 맛을 이제사 깨닫네요

노을 밟고 가시는 길, 짐은 다 놓으소서
무명실 한 올 한 올 저희들이 다 거두어
현수교懸垂橋 다리를 엮어 길이 밟고 가오리다

**서태수**
1948년 김해 출생. 1991년 『시조문학』으로 등단. 시집으로 『물길 흘러 아리랑』 『강, 물이 되다』. 부산 부산시조문학회 회장, 부산시조시인협회 부회장, 혜광고 국어교사 역임. 현재 한국시민문학협회 고문.

# 직선

— 노무현 전 대통령 영전에

정푸른

그대 직선이었습니다
흔들림 없이 걸어온 길
소금눈물로 박혔어도
거침없는 한 획, 직선이었습니다
서까래 같은 굵은 선 위로
떨어지는 통곡
그대 누운 벼랑 아래 강물로 흐릅니다
꼬리 휘감는 바람 일러
곡소리 낸들
그대 못다 한 일 획 그을 수 있을까요
허공에 매어 둔 큰 길 끌고
설운 걸음 내디디신 이여!
흔들림 없는 한 획, 그대 직선이었습니다
곧은 길 위에
만장처럼 흔들리는
촛불 지그시 눌러두고
그대를
그대를 보냅니다

**정푸른**
진주 출생. 2008년 『미네르바』 등단. 남가람문학회 회원.

# 사람 좋은 웃음으로 영원히 남은 사람

— 고 노무현 대통령님을 추모하며

조영옥

마음 한 덩어리
휑하니 바람에 날아갔습니다.
어느 순간 텅 빈 마음
머리 속마저 하얗게 비었습니다.
5공 청문회스타 노무현
돼지 저금통 대통령 노무현
바보 노무현
그래서 사랑했던 노무현
그 노무현 대통령이
우리를 떠나신 겁니까
화면 속 당신은
여전히 힘찬 목소리로 부패와 부정을 질타하고
〈상록수〉를 부르고
손녀딸과 자전거를 타고 가시는데…
이제 당신의 손 잡을 수 없다는 것입니까
흰 국화더미 속에서 웃고 있는 당신을 보며
아직도 믿을 수가 없습니다.

60년 굴욕과 패배의 역사에서
우리가 온 몸과 마음으로 웃던 시절이 있었습니다.
당신이 있었기 때문입니다.
당신이 희망이었기에

우리는 뭉칠 수 있었고
도도한 물결로
집채만한 파도로
오욕의 역사를 휩쓸었습니다.
당신은 우리 스스로 희망일 수 있도록
한길로
외길로
그렇게 걸었습니다.

그러나 한때
강직한 당신이 불편해서
대통령 당신이 덜 진보적이어서
보통사람 당신이 너무 특별해서
우리는 당신을 외면하였습니다
아니 우리 자신을 외면하며
할 일을 잊었습니다
그래서 편했습니다.
당신은 우리들의 나태와 무기력의
술타령에 안주가 되고
잔인한 위로가 되었습니다.
세상은 미친 바람 속에 곤두박질 치는데
뿔뿔이 흩어진 우리

힘없이 흔들리는 동안
억울함 비통함 외로움이
당신을 벼랑 끝으로 몰고 갔습니다.
그러나 당신은 아무 원망 없이
그 절망의 끝이 희망이라고
가르치고 가셨습니다.

뒤늦게야 가슴 치는 우리들
부끄러워 고개 들 수 없는데
그래도 당신은 사람 좋은 웃음으로
우리의 어깨를 두드리십니다.

당신이 가신 나라, 그곳에서
당신은 푸른 수의가 아닌 법복을 입고
높이 앉아 계실 것입니다.
벌주기 위해서가 아니라
사랑하기 위해서 앉아 계실 것입니다
그런 당신 앞에 자랑스럽게 서기 위해
이 땅에서 당신이 외치던
사람 사는 세상
아름다운 사람들이 사는 세상
상식이 통하는 세상을

우리들이 힘 모아 만들어가겠습니다.
바보 노무현
노무현 대통령님
우리들의 마음에 실려 편히 가십시오.

**조영옥**
1953년 부산 출생. 1990년 시집 『해직일기』로 등단. 시집으로 『멀어지지 않으면 닿지도 않는다』 『꽃의 황홀』 등. 현재 상주 내서중학교 근무.

# 사라지지 않는 빛

김지희

당신이 떠나던 날
내 마음 안쪽까지 빗줄기 구죽죽 내렸다

당신이 밀짚모자 눌러쓰고
풀 한 포기 자라지 못할
기득권의 척박한 땅을 개간해
소통의 숲길 만들고자 할 때
나는 화장을 고쳐가며 침묵하고 불편해 했었다
당신이 사람 사는 세상,
연등처럼 이마에 걸고 외로워할 때
나는 몇 방울의 졸음을 떨어뜨리며
내 욕망의 땅에 엉겅퀴를 키우고 있었다
이런 나에게도
부엉이바위 아래 피투성이 되어
진실한 절망으로 손을 내민 당신

당신이 떠나고
경찰버스보다 더 높은 벽이
삶의 그림자로 드리워진 밤
모난 돌에 찢겨진 당신의 향기 한 올
아파트 높기 만한 창 꼭꼭 닫아걸고
봄날의 허기진 마음으로 잠들어 있던

내 삶의 무심함을 흔들어 깨운다

바위처럼 부서지지 않는 당신의 한 줌 푸른 빛
차가운 아파트 높은 벽에,
젖어 있는 이 땅에 울려 퍼진다

**김지희**
경북 성주 출생. 2006년 『사람의 문학』으로 등단. 계간 『시와 문화』 편집장.

# 임이여 어디로 가시는가요?

김성대

너무 슬퍼 이제 왔습니다
손발이 떨려 글이 쓰이지 않습니다
마음을 추스릅니다
자꾸 뜨거운 눈물이 앞을 가려 쏟아지는 장맛비 같습니다
오늘 내 사랑 바보는 이 세상에서 가장 행복한 꿈을
가슴에 묻어두고 내 곁을 떠나갔습니다
낮은 곳에서
높은 곳에서
어둔 곳에서, 희망의 끈을 심어준 임이시여 어디로 가시는가요?

채움과 비움을 반복하며 몸소 실천해
모든 이에게 자화상을 보여주었던 내 사랑 바보님이시여!
굴곡 많은 삶을 이겨내기에는 너무 힘이 들었던 일들이
귓전에 울리고 있습니다
이 세상 어떤 사람들이 비웃겠습니까?
의로운 싸움에 얼마나 외로웠으면
결국 이루지 못함을 간직한 채로
노란 국화송이 휘날리며 그렇게 우리 곁을 홀연히 떠나갔습니까?

결코, 가슴에 지워지지 않는 회한을 어떻게 해야 합니까?
바람이 불면 또 도망갈까 두려워 더욱더 마음이 아파져 옵니다
이제는 어떻게 볼 수가 있을까요

우리의 염원을 담아서일까요?
끝없는 눈물 눈물 눈물이
끝없는 조문 행렬이
끝없는 노란 물결 물결 물결이,
야생마 같이 폭풍처럼 살다가
때론 저항도 했고 때론 절망을 했을 때도
들꽃처럼 쓰러지지 않았던 날들,

아~~~
그 누가 미래 한국의 새로운 지평선을 만들어 나갈까요?
이제 응어리진 구석구석을 뒤집어 꺼내 모두 털고 가소서
잠들어 계시는 그곳에서 모든 게 내 탓이라던 당신,
편히 눈을 감으소서!
우리의 대통령이셨던 당신을
제대로 섬기지 못한 게 다 내 탓이란 걸 이제야 알았습니다
내 사랑 바보 대통령님은 가셨어도
남아 있는 정들은 그대로입니다

국화꽃 향기 진하건만 내 사랑 바보를 위한 진혼곡도 구슬퍼라
임이 남기신 흔적이 더욱더 그립습니다
짧은 한 편의 영화같이 살다간 그 열정을 어디다 토해낼까요?

우리의 오열이 김해 봉하에서 서울 대한문까지 울려 퍼집니다

아직도 못다 한 일 남겨두고 사람이 사람답게 살 수 있는 저 세상으로

비통하지만, 발걸음 가볍게 하고 고이고이 가시옵소서!

남기신 그 깊은 뜻의 고귀한 마음은

우리의 역사 속에서 길이길이 불멸할 것입니다.

**김성대**

전남 나주 출생. 『전남도민일보』 신춘문예로 등단. 시집으로 『사랑이 머물다 간 자리』. 대한민국 문화예술교류진흥회 문학대상 수상. (사)한국 한울문학 문인협회 호남 지회장, 국제펜클럽한국본부, 한국문인협회, 광주문인협회 회원.

# 5 바보 노무현꽃이여

# 나비

호인수

나비는 새와는 달라서
무게가 없네
울지 않네

노무현이 산 위에서 몸을 던졌대

나비 한 마리
제주도 알뜨르비행장 길을 걷고 있는
내 밀짚모자 위에 살며시 날아와 앉아
나와 함께 걷네

**호인수**
1984년 『실천문학』으로 등단. 시집으로 『차라리 문둥이일 것을』 『백령도』 등.
현재 부천시 고강동성당 주임사제.

# 그는 갔지만

양정자

불꽃 같은 치열한 한 생애를 산 노무현 전 대통령이
한줌 재가 되어 오늘
그의 고향 봉하마을로 돌아갔습니다
그는 갔지만
그를 살붙이처럼 서럽게  추모했던
수많은 사람들의 가슴속에 그는
영원한 충격으로 생생히 살아있을 것입니다
진정한 삶과 죽음의 가치, 용기 있는 삶과 죽음이 과연 무엇인지
죽음으로서 우리 자신을 벼락 치듯 다시 한 번 일깨웠던 당신

우리나라는 지금 혼란 속에 빠져 있습니다
갈피를 잡지 못하는 극심한 경제난국 속에
아직 장례도 치르지 못한 용산참사, 강행처리하려는 미디어 악법
빈부격차, 지역격차, 의사소통 부재의 일방적인 국정운영
강압적 공안정국, 살벌한 경쟁교육체제
부자들만을 위한 온갖 정책, 강경 일변도의 남북관계 등등
가진 것 없는 서민들 너무나 살기 팍팍한 이 나라에서
그럴수록 당신의 죽음이 더욱 더 서러워지는 지금
죽어서야 당신이 추구했던 가치가 이제야 더욱 더 빛나 보여
우리들 몇날 며칠 땅을 치고 통곡하고 있습니다

당신은 우리에게 그저 단순한 전 대통령이 아니었습니다

지지리 가난했던 어린 시절을 꿋꿋이 이겨내고
배경 없고 학벌 없는 한 민초 변호사로, 국회의원으로 분연히 일어서서
우리사회의 소외된 자, 가난한 자들을 위해
시대의 온갖 모순과 갈등에 당당히 맞서 싸웠던
우리 서민들의 꿈, 서민들의 희망이었던 당신
옳은 길이라면 자기이익을 가리지 않고
바보의 길을 걸었던
대통령이 되어서도 그 권위를 내던지고
정의로운 사회를 만들려고 애썼던 당신

퇴임 후에는 고향에 돌아와 한 촌로로
농사지으며 독서하며 소박한 노후를 보내려 했지만
집권세력의 마구잡이 수사와 언론의 물어뜯기 앞에서
자신보다는, 자신 때문에 자신 주위의 모든 사람이 겪는 고통을
너무나 가슴 아파했던 당신
혐의를 입증할 증거를 충분히 확보하지도 못한 채
미리 소환하여 온갖 망신주기로 명예로운 한 사람을
고통과 치욕으로 갈갈이 파멸시킨 저 의도적인 폭력의 수사
이제 아무 힘없던 당신이 선택할 수 있었던 것은
온몸을 내던져 투신함으로써
당신이 일생동안 추구했던 가치를 온전히 지켜내는 것이었을 뿐

당신은 우리에게 한낱 전 대통령이 아니었습니다
너무 슬퍼하지도, 미안해하지도, 원망하지도 말라며
"삶과 죽음이 모두 자연의 한 조각이 아니겠는가"라고 말한 당신
죽음으로서 당신은 우리들 가슴 가슴 속에마다
용기 있는 투사, 열사, 선각자, 양심가, 도덕자, 철학자, 해탈자로
눈부시게 새로이 태어난 것입니다

당신의 죽음으로 우리는 당신에게 많은 빚을 지게 되었습니다
이제 눈물을 거두고, 상식이 통하지 않는 이 야만의 시대
당신이 꿈꾸었던 정의와  민주주의 세상을 위해, 살아남은 우리
또 다시  뜨거운 각오로 피터지게 싸워야 할 것입니다

부디 부디 영면하십시오

**양정자**
1944년 서울 출생. 서울사대 영어과 졸업. 1990년 시집 『아내일기』로 문단에 나옴. 시집으로 『아내일기』 『아이들의 풀잎노래』 『가장 쓸쓸한 일』 『내가 읽은 삶』.

# 바보 노무현

박제영

"꺽지는 수컷이 알을 지키는디, 알 근처로 얼씬거리믄 쏘가리든 메기든 죽기살기로 덤벼드는 겨, 즈그 새끼 건들까봐 공갈인 줄 알면서도 미끼를 무는 거재, 뭇 하요! 낚싯대 휘어지잖여" 공갈 미끼를 물고 늘어지다 마침내 낚여 올라오는,

꺽지 그러니까 당신,

적들의 칼과 펜으로 온몸이 만신창이가 되어서도 "오늘 한 잔 꺾지" 술 한 잔으로 삭이고 넘겼던 당신, 오래된 동지들을 미끼로 마침내 당신을 낚았지만, 그래 당신을 꺾지 못해 안달 난 족속들이 기어이 당신을 낚았지만, 그 족속들마저 원망하지 말라는, 나는 알지! 당신은 낚을 수는 있어도 꺾지는 못하는 어느 심해의 어족,

바보 그러니까 당신

＊ 2009년 5월 23일 바보 노무현은 심해의 고향으로 돌아갔다.

**박제영**
강원도 춘천 출생. 1992년 『시문학』으로 등단. 시집으로『푸르른 소멸』『뜻밖에』 등. 1990년 고대문화상 시 부문 수상. 〈빈터〉 동인. 현재 강원도개발공사 홍보팀장.

# 밤바다 이야기

박용수

태풍경보 속 거제섬 앞 바다는 몸부림치고 있었다

물안개 허옇게 안고 달려오는 바다를 따라
어하, 어하, 꽃상여 나간다
종이꽃 너울너울 꽃상여 간다
최루탄에 찢긴 이석규 타고 간다

꽃상여 따라가던 고성벌 들길에서
길목 막고 달려드는 들개한테
질질 끌려간 경상남도 대공분실
얼키설키 쇠창살 둘러싼 지옥에서
반갑다고 웃으며 찾아온 부처님

1987년 8월 28일 밤도 이슥한
떨어진 지옥 속 한 구석까지
시인 친구 찾아온 어진 변호사들
이상수, 노무현은 부처님이지만
지옥에는 부처님이 가지 않는다
지옥을 찾아가는 부처님 없다

한때의 반가움은 어둠 속으로 스러진다
시신탈취, 장례방해, 불온 배후세력이라고

무엇, 무엇 어겼다는 죄목 둘러쓰고
빈 웃음 가득 담은 얼굴 마주 볼 때
등을 타고 흐르던 식은땀 줄기

우리는 지옥에서 많은 것을 앗겼다
이상수는 변호사 자격을 앗겼고
노무현 또한 변호사 자격을 앗겼고
시인은 오늘을 사는 뜻을 앗겼다

천안에 사는 김삼웅 독립기념관장은
우리 셋을 한 줄에 세워놓고 말하지만
변호사와 시인은 가는 길이 다르다
노동현제 감싸주는 변호사 어진 뜻은
이웃 위해 한 몸 바친 보람이 남지만
민중사 흐름 따라 현장을 찾는
시인 눈 가려지니 남는 것 없었다.

**박용수**
1934년 경남 진양 출생. 시집으로 『바람소리』 등, 산문집으로 『거듭나기 바라는 꿈 머리말에 두고』 등, 편찬사전으로 『겨레말 갈래 큰사전』 등. 현재 한글문화연구회 이사장.

# 담배 있나?

조정인

혁명은 여전히 피의 값을 요구했던가, 피에 젖은 새처럼
임은 갔습니다.

참 순정했던 사람 하나 저만치 앞서 갑니다.

이 무지막지 밀려드는 그리움, 이 해일처럼 덮쳐오는 그리움에
흰 꽃숭어리 만개한 웃음 물고 잠시 돌아봐주셨던가요?

— 담배 있나?
세상을 향한 마지막 청이 돼버린, 임의 말 쟁쟁한데.

2009년 5월 23일 토요일 오전 9시 30분,
대한민국 16대 대통령, 큰 바보께서는
우국의 벼랑 끝에서 언제나 그랬듯이 담배 한 대 피워 물고
오래된 고독과 마주하던,
그 많던 날들의 한 순간처럼 몸을 던졌습니다.

(던질)投는 '던져지다' 가 선행합니다.
누가 그랬습니까. 무엇이 그랬습니까?

오늘 향나무 유골함에 든 한 줌 침묵은 홀연히 몸을 빼어 산기슭을 걷습니다.

이제 임께서 일용하는 양식은 무심의, 자락자락 윤나는 5월 햇살 한 줌.

저기 밀짚모자 쓴 누가 갑니다.
마늘농사는 잘 됐냐? 물으며 풀 한 줌 뽑으며.

**조정인**
1953년 서울 출생. 1998년 『창작과비평』으로 등단. 시집으로 『그리움이라는 짐승이 사는 움막』 등, 동시집으로 『새가 되고 싶은 양파』 등.

# 슬픔도 호사다

정낙추

정직한 사람이 미움받는 세상에서
반칙을 해서는 안 된다고
정직하게 살아야 된다고
당신이 고독하게 소리쳤을 때
우리 모두 입을 닫았었다

우리가 피눈물을 흘리며 쟁취한 민주주의가
가녀린 풀잎인 것을 그땐 아무도 몰랐다

정직하기 때문에 부끄러움이 많았던 당신
스스로 권력을 내려놓고 낮은 곳으로 온 당신
마지막까지도 우리에게 부끄러움을 가르친 당신

정의 앞에 불의가 고개를 숙이는 그날을 위해
숱한 빈정거림을 이겨냈던
당신이 떠난 지금
그 빈자리를 회한으로 채우는
우리들 모두
슬픔도 호사다

**정낙추**
1952년 충남 태안 출생. 〈내일을 여는 작가〉로 등단. 시집으로 『그 남자의 손』 등.

# 꼴

정윤천

브래지어 사이즈 Z컵을 가진, 궁뎅이 펑퍼짐한 어머니 한 분 오늘도 거기 나와 앉아 계신다. 허영만 글/그림. 〈꼴〉 맹키로 살펴보자면, 사시장철 먼데 것들 거두어 먹이고도 남는 남쪽 섬 하나여. 만상엔 모두 제 〈꼴〉이 있어서, 〈꼴〉 값을 떨기 마련이라고, 해도곤 달도곤 높고만 싶은 마음일 때, 쥐눈이처럼 뱀눈이처럼 야멸찬 생각일 적에, 너도 어디 한번 다녀가 보라고. 요새 들어 서울의 네 아버지 집에 말도 많고 탈도 많은 꼴값 한눈에도 보이는데, 먼데 에미의 마음 이렇게도 편치 않는데.

**정윤천**
1960년 전남 화순 출생. 1991년 『실천문학』으로 등단. 시집으로 『흰 길이 떠올랐다』 『구석』 등, 산문집으로 『탱자꽃에 비기어 대답하라』 등. 한국작가회의 회원.

# 바람아 불어라

정세훈

바람아 불어라 다시 오월 숨통 막혔다
비껴가는 바람으로 에돌아 불지 말고
틀어 막힌 오월 숨통 시원하게 뚫고 가라

다시 오월이구나
신자유주의 장막이 하늘과 땅을 뒤덮은
다시 오월이구나

오일육의 오월, 오일팔의 오월, 망월동의 오월,
민초들이 흘린 피가 울부짖는 이 오월의 신 새벽.
봉화산 자락에서 초연히 일어난 한줄기 바람아
쉬지 말아라 불어가는 것을 쉬지 말아라
너 일어난 바람의 씨는 수풀에서 지펴진 것이 아니다
너 일어난 바람의 씨는 초목에서 지펴진 것이 아니다
반만년 만고풍상을 받아낸
단단하고 우직한 바위에서 지펴진 바람아

불어,
가며가며 들녘을 만나거든 산들바람 되어 감싸주고
가며가며 고을을 만나거든 봄바람 되어 안아주고
가며가며 산하를 만나거든 훈풍 되어 따뜻해 지거라
가다가 설령

오월의 숨통 틀어쥐는 우매함을 만나더라도
결코 삭풍으로나 광풍으로 불지 말거라
엎어지고 넘어지고 꺾이고 무너지는 한이 있더라도
다시 일어서는
온화한
바람으로 불어라

불어가는 세월 반만년이 아니라
만년이 된다 해도 수만년이 된다 해도 그리 불어가다오
가는 것을 멈추지 말고 그리 불어가다오
봉화산 자락 부엉이바위에서 초연히 일어난
바람아 불어라 다시 오월 숨통 막혔다

**정세훈**
1955년 충남 홍성 출생. 1990년 『창작과비평』으로 등단. 시집으로 『맑은 하늘을 보면』 『저별을 버리지 말아야지』 『그 옛날 별들이 생각났다』 『나는 죽어 저 하늘에 뿌려지지 말아라』 등.

# 저기, 사람이 지나가네. 누구지?

이윤하

온 밤을 산화시켜 민주주의로 물들인 당신,
누구십니까.
동트는 새벽에 이슬을 밟으며 고독을 오르는 당신,
누구십니까.
광화문 뒷골목에서 생맥주잔으로 마주앉았던 당신,
누구십니까.
이마에 움푹 작대기 주름 하나 훈장처럼 단 당신,
누구십니까.
야, 기분 좋다! 한마디 남기고 농촌으로 스며들던 당신,
누구십니까.
무동력 자전거로 유년을 휘젓고 다니던 당신,
누구십니까.
진정으로 몰랐던 몰개 같은 당신,
누구십니까.
막무가내 사무치게 한 당신,
누구십니까.
슬픔도 원망도 모르는 당신,
누구십니까.

저기, 한 사람이 지나가십니다.
무심히 풀 한 포기를 뽑아주고는
나를 즈려 밟고 가십니다.

이제 당신을 시작합니다.
부엉이바위 박힌 돌심장이 박동을 시작합니다.
풀 뽑힌 그 자리, 마음 한자락 심으며
이제 당신으로 시작합니다.

**이윤하**
강원 동해 출생. 1992년 『한길문학』으로 등단. 건축가이며 건축사사무소 〈노듯돌〉 대표. 우송대학교 겸임교수.

# 풍경소리 나르다

서애숙

들리는가
낮은 풍경소리 날아간
저기 저 뒷산 바위에서 흐르던
청청한 울음소리

들판은 푸르게 출렁이는데
푸른광휘 저리도 진저리치는데
들녘끝에 서 있던 아름드리 고목
이제야 늦은 눈을 뜨네
삶의 주위를 오염시킨 하루살이같이
존재할 수 없는 그  숨결들
떠돌다
머물다
동에 번쩍
서에 번쩍
천지를 휘돌다가
이제야 돌아와 깊은 한숨을 몰아쉬네

짱짱한 희망을 품고
다시 또 가야 할 우리 모두의 가파른 계단이지만
온 산야를 울렸던 그 아우성은
드디어 한 줄기 푸르름으로 빛나기를

깨고 싶지 않은 어느 봄날
바람 같은 자유를 향하여 나는 기도했네

**서애숙**
1958년 전남 목포 출생. 2002년 『문학과경계』로 등단. 시집으로 『세상 뜨는 일이 저렇게 기쁠 수 있구나』 등.

# 부활, 종소리

차옥혜

민주주의! 자유! 인권!
어둠에 짓밟히고 찢기고 내몰려
더는 물러설 곳 없어
바위산 부엉이바위 끝에서
허공에 몸을 날려
종을 치네
비통하고 처절한 종소리가
대한민국의 가슴을 울리네
한겨레의 영혼을 울리네
화들짝 놀라 깬 방방곡곡 사람들
지켜드리지 못해 미안해요
통탄하며 소낙비도 뙤약볕도 아랑곳없이
눈물로 눈물로
민주주의! 자유! 인권!
조각조각 부서진 뼈를 맞추어 살려
다시 부엉이바위에
천지사방에 사람들 마음에 세워놓았네
펄펄 끓는 피로 다시 돌아온
다시는 짓밟히지 말아야 할
끝끝내 지키고 가꾸고 키워야 할
사람을 사람이게 하는
사람의 숨결이고 가치고 꿈이고 행복인

민주주의! 자유! 인권!
종소리 울리네 울리네 울리네
민주주의! 자유! 인권!

**차옥혜**
1945년 전주 출생. 1984년 『한국문학』으로 등단. 시집으로 『깊고 먼 그 이름』 『비로 오는 그 사람』 『발 아래 있는 하늘』 『흙바람 속으로』 『아름다운 독』 『위험한 향나무를 버릴 수 없다』 『허공에서 싹 트다』 등. 경희문학상 수상.

# 새벽을 우리는 다시 만날 수 없습니다

함진원

새벽을 우리는 다시 만날 수 없습니다
가슴 먹먹한 채 환하게 웃고 계신 사진만 보고 있습니다
아름다운 바보 노무현 대통령님
갑자기 홀연히 가시다니요
희망으로 노래한 굵은 땀방울을 저희는 잊을 수 없습니다
슬퍼하지 마라 하셨지만 왜 이리도 슬픔이 복받치는 것일까요
유월은 푸르기만 한데 돌아올 수 없는 강을 건너가시다니요
가장 인간적이고 서민적이던 모습 이제 어디서 뵐 수 있을까요
평범한 삶을 사시고자 고향으로 가신 그때 환한 모습은 꼭
보랏빛 수국꽃이였습니다
보고 싶은 노무현 대통령님, 봉하 마을 이장님
이렇게 보내드리는 것이 우리의 도리인가요
살아있는 풀뿌리민주주의인가요
새벽을 열고 새벽빛 선택 하시어 곧은 절개 우리에게 보여주셨습니다
당신은 바위처럼 변함없는 영원을 우리에게 남겨주셨습니다
권위주의를 타파하려 고뇌하시고 균형발전과 화해와 포용을
실천하고자 애쓰던 모습 이제 마음속에 묻어야만 할 시간이 되었습니다
노무현 대통령님 지금 어디만큼 가고 계신지요
풀썰매 타시며 그리도 맑게 웃으시더니 당신은 참되고 든든한 동역자였습니다

이제 마음을 가다듬으려 애쓰고 있습니다
낙타 무릎으로 맑음을 실천해 가겠습니다
노무현 대통령님 진심으로 고마웠습니다
이제 울지만 않겠습니다
부디 편안하게 영면하소서

**함진원**
1959년 전남 함평 출생. 1995년 『무등일보』 신춘문예로 등단. 시집으로 『인적 드문 숲길은 시작 되었네』 등. 한국작가회의, 광주문인협회 회원. 〈원탁시〉 〈기픈시〉 〈소금꽃〉 동인.

# 마을에서 살고 싶었다

김영춘

이 집 걱정 저 집 걱정
환히 알아채며
울타리 너머로 늙어가고 싶었지만
그걸 내내 못해내며 살았다

싯줄이라도 쓴다는 자가
나 혼자 먹고 살다가 죽고 말
도회지의 살림살이 하날 못 떨구고
여기까지 흘러왔는데

대통령이나 지낸 사람은
짐 보따리를 싸자마자 마을로 돌아와버렸다
옛날 이야기처럼 집을 짓고 살았다

오리농사 지을 때
오리네 집 문은 아침에 누가 열어줄 거냐고
동네사람들과 옥신각신하며 살았다

좀 오래 살 것이지 우리 곁을 금방 떠나버렸다

마을에서 사는 일을 우습게 아는
세상과 사람들이 그를 일찌감치 죽게 했다

원망하지 말라며 죽였다
원망하지 말라며 죽었다

가신 양반의 말씀처럼
삶과 죽음은 같은 조각이라서
사람은 떠나고 사람들은 남아
길을 걸을 때마다 제 설움으로 물결되어 운다

그를 죽인 세상과 함께 숨쉬며 살며
철렁
모르던 일들을 깨닫게 한다

돌아가야 할 마을은 아직도 저만치에 있는데

**김영춘**
1957년 전북 고창 출생. 1988년 『실천문학』으로 등단. 시집으로 『바람이 소리를 만나면』 등. 현재 전주솔내고등학교 교사.

# 부엉이 울음소리

임상모

그대는 반역자였다
왜, 사대의 천하를 자주로 바꾸려 했던가
왜, 남과 북을 '하나'로 잇고자 했던가
왜, 서울 편자를 두고 맨발로 봉하에 갔던가
그대는 단죄되었다
왜 용상에서 '용' 자를 떼내고자 하였는가
왜 황톳빛 강줄기에 정수장을 설치하려 하였는가
왜 조중동의 검은 언어에 백색을 칠하려 하였는가
그대의 몸부림은 철통 속에 갇혀있었다
적들은 거짓 행군가로
여전히 백성을 몰아세우는데
어리석은 백성은 아파트값 사탕발림에 눈이 멀었다
혼자 남은 그대는 바위에 몸 던져 울었다
철통속의 그대는 피칠갑으로 울었다
부엉 부엉 소리 내어 울었다
그리고, 마침내 민중들이 그 소리를 들었다

**임상모**
1942 충북 진천 출생. 1990년 소설 「구슬들의 유희에 관한 논증」으로 등단. 시집으로 『어떤 극장』 『도적맞은 하루』 등. 2007년 한국현대시 100년 기념 500인 시화전 출품.

# 우리

이응인

부모 덕에 수백 수천억 물려받고
부장, 전무, 초고속 승진하는
그런 잘난 이 말고요

두 발 뻗고 잘
방 한칸 마련 못해
구두 뒷굽만 애가 닳는
그런 세일즈맨과 말 트고 지내는
그냥 못난 이로 살아요.

귓구멍에 목이 박혀
남의 말 들을 줄 모르고
제 생각만 최고로 아는
그런 똑똑이들 말고요

아이들과 눈 맞추어 고개 끄덕이고
졸업 앞둔 젊은이들 고민에
소주 한 잔 나누는
그냥 이웃 아저씨로 살아요.

권력 앞에선 알아서 기고
약한 이들 목 비틀어 재갈 물리는

그런 우쭐이들 말고요

넘어진 자전거 일으켜 주고
장바구니 들고 시장 가는,
노점상 할머니와 인사 나누는,
그런 아줌마로 살아요.

골프채 들고
노익장 과시하며 산으로 가는
그런 퇴직 고관들 말고요

밥솥에 돌덩이로 굳은 밥
상추 한 잎 뜯어 목으로 넘기는
허리 굽은 할머니로 살아요.
경로당 아니면 갈 곳 없는
관절염 앓는 할아버지로 살아요.

정말 그렇게만 살아요.

그러다가
그러다가
골목 미니수퍼 평상에서 만나

한 번씩은
마을잔치 해요, 우리.

**이응인**
1962년 경남 거창 출생. 1987년 무크지 〈전망〉 5집으로 등단. 시집으로 『투명한 얼음장』 『따뜻한 곳』 『천천히 오는 기다림』 『어린 꽃다지를 위하여』 등.

# 못 질

이인범

몹쓸 바람 몇 줄기가 회오리치며 땅에 못질을 하고 있어요. 지상의 먼지와 쓰레기들이 덩달아 춤을 추며 하늘로 솟아올라요. 저 강의 물살 몇이 밤에 어둠 속에서 소용돌이치며 흐르는 물줄기에 구멍을 내려 하고 있어요.

무관심의 마른 지푸라기 푸석이는 길에, 배반과 질투의 화살을 맞은 한 사나이가 미소는 아닌, 슬픔도 원망도 두려움도 아닌 얼굴을 하고 저 회오리바람 소용돌이 속으로 걸어가고 있어요. 회오리 소용돌이가 만든 상처, 틈을 그가 몸을 던져 메우려 하네요.

향기가, 국화꽃 향기가 거리를 가득 채우고 향기의 촛불이 타올라 길을 밝히니, 회오리바람은 흩어지고, 바람들이 몰리지 않고 꽃잎에 앉은 햇볕처럼 자유롭습니다. 눈물이, 빗줄기 같은 눈물이 강을 이루어, 강물이 넘칠 듯 불어나 소용돌이를 덮으니, 강물이 쏠리지 않고 평등으로 흐릅니다.

**이인범**
2002년 계간 『시와사람』으로 등단. 시집으로 『달빛자국』 등. 한국작가회의 회원.

# 나는 그냥 당신이

윤미나

나는 그냥 당신이 힘들게 힘들게
낙타가 바늘구멍을 지나가듯 아주아주 좁은 틈새 사이로
자신의 몸을 빼내며 그렇게 자신의 기름을 다 짜내며
올라선 그곳에서 단 한 번이라도 스스로
이제는 나도 기득권에 속한다는 생각을 해본 적이 있는지
그것이 궁금했었다.

한 인간으로서 대한민국이라는 나라에 태어나
당신이 주장했듯이 오랫동안 당신은 지시명령형 인생,
지배형 인생이 아닌
권력의 억압에 저항하는 인생을 살아왔다고...
그래서 많은 억측과 난무하는 소리들을 다 치워두고
당신은 진실로 이 세상을 떠나며
당신의 죽음까지도 그런 의도로 매듭을 지은 것인지
그것이 궁금했었다.

나는 광장에서 외치는 형이기보다 외치는 사람들과
그것을 제지하려는 사람들을 그저 바라보는 그런,
아무 기대나 희망을 갖지 않았던
회색형 인생을 사는 사람이었다고,
하지만 당신이 소외된 계층과 약자들의 대변인이 되고
희망이 되는 것을 지켜보면서 정말 얼마만에 행사해본

투표권이었는지 모른다고 외치고 싶었었다.
그래서 그것이 모함인지, 어떤지는 역사가 밝히겠지만
지금도 당신이 깨끗했었기를 진심으로 희망한다고.
그러면서도 당신이 대선 직전 어느 잡지사의 인터뷰에서
"라이언의 처녀"라는 영화를 보고 받았던 충격을,
그 영화를 '도덕적 규범과 충돌하는 한 인간의 감성'으로 표현하면서
도덕률에서 벗어날 수밖에 없는 그 여성의 처지에 대해서 깊이
공감하는 자신에 대해 놀라워했다던 묘사가
왠지 왠지 자꾸 기억나며 눈물이 나서
그래서 더 이상은 아무것도 궁금해 하지 않기로 했었다.

사람들은 진실로 당신을 조용히 보내기를 원치 않는지
당신이 원했든 아니었든 간에,
사람들은 거기에 계속 무엇인가를 갖다 붙이려 하는지
죽은 자를 위하는 체하면서 산자들에 의한 산자들을 위한
잔치들이 계속 벌어지고 있다.
그런 현상을 이해하려 하면서 또 하나의
빈곤을 보는 것 같아 울컥 치솟는 서러움.
단지 나는 그냥
그것이 정말로 당신이 원했던 길이라면
그대로 조용히 보내드리고 싶어서...

나는 그냥 당신이
전직 변호사, 전직 장관, 전직 총재, 전직 대통령, 이런 명칭들과
명예스럽던 것과 불명예스럽던 그 모든 것을 다 떠나서
대한민국 땅에 태어나 그렇게 열심히 살았던 만큼
또한 그만큼
행복했었기를....
그리고 이제 당신의 혼이 진정으로
자유롭기를...

**윤미나**
1952년 부산 출생. 기획 및 연출 감독. 아트필름 〈살코기전〉—국제여성영화제 개막식 초대 작. 비디오아트개인전 전국 순회전시. 〈한국의 전통혼례〉 〈한국의 전통춤〉 등 2002 월드컵 3D HDTV 국책사업 입체영화 콘텐츠로 제작. 2008년 한국문학평화포럼 주관 〈해남 문학축전〉 행사 연출.

# 평화로운 곳으로

공정배

오늘은 하늘이 참 맑더이다.
그 많던 구름 땅에 내려와
검게 바뀐 것일까
슬픔도 미안함도 원망도
다 검게 바뀐 것일까
검은 옷 곱게 단장한 사람들 머리 위엔
노랑나비 참 많이도 앉아있더이다.
그 중 용감한 나비 한 마리 날아가더니
영정에 붙어 안간힘 쓰며
바보 바보라고 외치고 있더이다.
실핏줄 같은 더듬이로 마지막 키스하며
바보여서 당신을 사랑했노라고
바보여서 당신을 보낼 수 없노라고
무너지는 가슴 꼭 붙들고 얼마나 울었는지
눈물 말라버리더이다.
가만 눈을 감고 생각해보니
평화로운 곳으로 떠나시는 당신의 발걸음
슬픔도 잊고 원망도 잊었겠지만
영혼의 발자국 가지런히 내시며
먼 길 떠나는 당신
당신을 따르는 함께하는 벗 많으니 외롭지 않겠지만
슬퍼하지도 원망하지도 미워하지도 말라던 말만은

따를 수 없더이다.
아무래도
당신의 따뜻한 마음만은 보낼 수 없더이다.

**공정배**
1963년 전북 김제 출생. 1989년 『노동해방문학』 1990년 『한길문학』으로 등단. 시집으로『모여살기』등. 현재 청소년문예지 『문학아』 편집주간, 덕소고등학교 교사.

# 그 꿈 때문에

김영곤

대통령 대통령님 바람되어 홀로 훌쩍 가셨지만
그 흔적 얼룩져 눈물로도 지워지지 않습니다
슬퍼하지 마라 원망하지 마라 운명이다 하셨지만
구멍 난 운명이라 슬퍼하지 않을 수 없습니다
아무리 삶과 죽음 자연의 한 조각이라 하셨어도
어찌 이승과 저승의 편린 같다 할 수 있겠습니까
님은 천만근 무겔 지고 가시밭길 걷고 있었더라도
님 계셔 마냥 행복해하던 풀잎 더 보듬어주시고
내일 맞이할 새 아침 오라 어서오라 하셨어야죠
하오나 이미 짓밟힌 님의 해 서산 너머 잠들었기
깨어날 아침 그리 영롱하지 않을지 모릅니다
하오나 우리 덤불에 작은 비석 동그마니 세운 채
그림자 슬퍼 울며 허송에 끌리진 않을 겁니다
들풀 흔들어 수천 수만 개 마파람 일으키며
언덕길 환한 야생화 질긴 뿌리 다듬고 가꾸어서
님 그토록 살갑게 이루고팠던 사람 사는 세상
더는 모난 돌부리에 채여 쓰러지지 않게 억세게
싹들 모질게 깍지 끼고 버텨야 하기 때문입니다

**김영곤**
1957년 경남 의령 출생. 2000년 『문예한국』으로 등단. 시집으로 『골목길』등. 한국작가회의 회원, 경남작가회의 이사.

# 노무현! 당신 덕분에

이행자

1987년 일월, 유월
그 착한 종철이 한열이
그렇게 빼앗기고……
1991년 사월, 오월, 유월
죽음의 굿판에서 울부짖으며
일제시대 독방살이 십 년이 자랑인
내 애비에게 물었지요
이 나라에는 왜?
목숨 걸고 정치하는 놈들이 없냐고
살가운 이들 암으로 잃고
곡비 찾아 헤매이던 나
당신 덕분에
참, 많이도 울었습니다.

**이행자**
1945년 서울 출생. 1990년 전태일문학상 당선으로 등단. 시집으로 『들꽃 향기 같은 사람들』 『은빛 인연』 등. 산문집으로 『아! 사람아』 등.

# 다시 서울의 봄

최영록

산맥은 이제 광야로 내몰리고
들판은 끝 모를 돌무지를 헤매네
그늘을 내주고 비바람 막아주던
우리의 너덜겅 느티나무 어디로 갔느냐

사랑합니다 안녕히 가옵소서
이 밤 지나면 저 산의 푸르름
한껏 짙어질텐데 한사코
떠난다 떠난다 하시네 그대는

가시는 길 어둡지 어둡지 말라며
찢어진 만장들이 칼바람에 휘둘려도
가시는 길 그대 외롭지 말라고
바보 바보 편안히 가라고
노오란 호롱불로 너도나도 길목을 여네

"너무 슬퍼하지 마라. 누구도 원망하지 마라"
저렇게 무너지는 억장 가슴팍에 묻고
기인 긴 삼동을 어이 견뎌냈는지
혼자서 혼자서만 세상의 짐 다 지고 가네

울며불며 따르는 민초들 돌아보지 말고

높낮음이 없는 세상 힘 없이도 사는 세상
당신이 그리도 원했던 나남이 하나되는 세상
그보다 더 낮은 해수면의 바닥에서
황무지 들꽃들을 떨기떨기 살피소서

갈기갈기 찢겨진 산천어의 지느러미
훨훨 태워 날고 싶었던 자유의 하늘
그대 떠나가면 우리 모두 외롭다는 것을
타는 그리움 바람으로 다 적시고 있네

물이 산줄기로 오르고
산이 물맥으로 흐르며
꿈속에서도 서리서리 부엉이 울음소리
산이 산이 아닌 채 물이 물이 아닌 채
님 따라 소소리바람 여릿여릿 에돌아가네

**최영록**
1954년 전남 신안 출생. 2008년 『시와시학』으로 등단. (주)한국법률일보 편집인, 한국시인문화연구소 소장. 현재 동국대 대학원 문예창작학과 재학중. 작품으로 「소금꽃」 「쇠양치 코뚜레」 등.

# 그가 '길' 을 가르쳐 주었다

성희직

많은 사람들이 그를 바보라 불렀다
그는 정말 바보인줄 알았다

'지역주의' 정면 돌파하겠다며 가시밭길 마다 않고
계란으로 바위치기 맨땅에 헤딩하기…
이 땅에선 공룡보다 몸집이 큰 거대언론과 '맞짱' 도 불사했다
한번쯤 그에게 '이젠 편한 길로 가시라' 조언하고도 싶었다
노란물결에 등 떠밀려 오르게 된 지존의 자리마저
'못 해먹겠다' 는 고백처럼 훌훌 벗어던지고 싶었던 그를
고래심줄 같은 권력과 '가방끈' 들은 정말 바보로 여겼다

태를 버린 고향 뼈를 묻을 고향으로 돌아간 그에게
올가미를 든 사람들 옥의 티 찾으려 바삐 뛰었다
한 시절 지존의 명예와 예우는 고사하고
한 집안의 가장으로서 체면마저 무참히 짓밟혔을 때
부끄러웠다! 참담했다! 세상에 혼자가 된 듯 고독했다!
'명예를 잃어버린 남자는 더 이상 사람이 아니다'
지존의 자리보다 소중한, 세상 그 무엇과도 바꿀 수 없는
'그것' 마저 바위 아래로 던져버렸다. "그래, 다 가져가라!"

좌와 우가 충돌하고 부와 빈이 서로 눈 흘겨온
대한민국 현대사의 한가운데로 몸을 내던진 한 남자가

수백만송이 하얀 국화꽃으로,
눈물과 감동으로 부활하였다
한동안 길을 잃고 헤맨
'대한민국의 길'을 가르쳐 주었다

**성희직**
1957년 경북 영천 출생. 1991년 시집 『광부의 하늘』로 등단. 시집으로 『그대 가슴에 장미꽃 한송이를』 등. 강원도의원 3선. 노무현 대통령 후보 강원도 유세위원장 역임. 현재 태백진폐상담소장.

# 노짱

유진아

미안합니다
당신을 벼랑 끝에 세워
몸 던지게 내버려두어서 정말 미안합니다
당신이 미워서가 아니었습니다
기대했던 만큼 실망도 컸던 때가 있었기 때문입니다
나의 실망이 당신에게는 견딜 수 없는 절망으로 다가갔음을
당신이 떠난 후에 알았습니다
그렇게 쉽게 실망했던 당신에 대한 얄팍한 신뢰가 부끄럽습니다

당신이여!
조금만, 아주 조금만 더 참고 견디시면 얼마나 좋았겠느냐
말씀드리지도 못하겠습니다
당신은, 내가 아는 당신은 다른 건 다 견딜 수 있어도
당신이 추구해 온 가치가 추락하는 걸 견딜 수는 없었을테니까요

조금만 더, 정말이지 조금만 더
덜 양심적이면 어떻겠냐고도 말씀드리지 못하겠습니다
'선한 양심' 이야말로 당신 그 자체니까요

길 끝을 보고도 뒤돌아서지 않고
가던 길 그대로 걸어간 당신

당신이 벼랑 끝으로 몸을 던진 이 순간도,
이 세상은
거짓말을 하고도 뻔뻔하게 고개를 들고
도둑질을 하고도 시치미를 떼며 살아가고
사람을 죽여 놓고도 웃으며 폭탄주를 마십니다

그들은 추모 행렬이 빨리 짧아지길 기다리며,
당신에 대한 백성들의 눈물 또한 빨리 식어가길 기도하다가
그렇게 당신을 잊으면서
다시 춤추고, 노래하고, 술 마시며,
사기 치며, 거짓말하며 살아갈 것입니다

노짱, 미안합니다
미안해하지 말라는 당신의 마지막 말씀 때문에
더 미안합니다

**유진아**
1959년 서울 출생. 2004년 대산창작기금 동화 부문 수상으로 등단. 동화집으로 『토리 이야기』 등.

# 답장

박홍점

그가 보낸 백지의 편지 한 장을 받는 밤
천길 낭떠러지가 그의 몸을 받아주었다
광장으로, 광장으로 발길들이 이어졌고
세상의 모든 국화꽃들의 목이 사라졌다
죽음은 죽음을 낳고
영혼이 맑은 처녀들은 모두 그의 연인이 되었고
때늦은 아비들은 부러진 뼈마디를 끌어안고 불은 젖을 물렸다
채워도 채워도 모자라는 긴 편지를 썼다
수만장의 연서들이 깃발처럼 나부꼈다
소리들은 가능한 오래 입을 닫았고
바깥으로 이어진 선들은 안으로 구부러졌다
핏발 선 싱싱한 꽃들의 행렬이 지나가고
딱딱한 눈물들이 거리를 적셨다
이미 오래전에 낡아빠진 수많은 말들은
처음으로 돌아가 눈부시게 빛났다
흘리거나 삼키거나 쏟아놓은 물방울들이 강을 이루어
광장은 광장을 낳고
세상은 온통 시작도 끝도 없는 노란 유채꽃밭이다

**박홍점**
1961년 전남 보성 출생. 2001년 『문학사상』 신인상으로 등단. 시집으로 『차가운 식사』 등.

# 신화

김흥수

봉하마을 부엉이 바위 깎아지른 듯한 벼랑에는 언제부턴가 수리부엉이 부부가 살고 있었다네. 해질녘, 땅거미 지는 시간만 되면 어김없이 나타나 사내 부엉이가 "부우" 하고 부르면 아내 부엉이가 "어엉"하고 화답하며 남모르게 사랑을 했다네. 꽃피는 봄날 나뭇잎이 날로 푸르러 가는 오월, 부엉이 아내는 알 셋을 낳고 한 달을 넘게 그 알을 품어 엄마가 되었다네. 아울러 아빠 부엉이도 쉬지 않고 봉하마을을 맴돌며 하루 밤에도 십여 마리 이상 쥐새끼들을 잡아다가 아내와 아이들을 부양했다네, 평화롭게.

한편으로, 시대는 바야흐로 천지 개명하다는 서기 2000년대, 봉하마을이 속한 그 나라는 백성들 눈과 귀와 심장을 가리고 왜놈들과 그들의 앞잡이들과 그리고 서양 떼놈들까지 합작하여 가장 가까운 이웃나라랑 일부러 전쟁 직전까지 몰아갔다네. 그러한 살벌한 분위기 가운데 가장 가난하지만 황소처럼 우직한 봉하마을 출신의 그 우뚝 선 한 사내를 바보로 만들어 날이면 날마다 껌딱지 씹어대듯 씹어댔다네, 그리고 이놈 저놈이 협작하여 '니놈은 빨갱이 아니가?' '대핵교도 안 나온 놈은 인간도 아니어.' '맨날 세금 폭탄으로 백성들 말려 쥑이려 하네.' 기타 등등. 가장 사람다운 사람 하나를 마치 축구공처럼 번갈아 가며 이리 걷어차고 저리 걷어차고, 말똥구리가 말똥 돌리듯이 이리 굴리고 저리 굴리고 온갖 왕따를 다 해댔다네, 글쎄.

그렇게나 놀려대고 날마다의 증오와 저주의 굿판을 꿋꿋하게 견뎌내고, 그래도 그 바보는 서울서 자기 할 일을 끝까지 다 마치고 자기가 태어난 봉하마을로 하느님과 가장 가까운 사람 즉 땀 흘리는 농부를 꿈꾸며 농사를 지으러 내려왔다네. 고향에 돌아온 날부터 "부우엉, 부우엉." 밤마다 우는 수리부엉이 소리를 들으며 겉으로는 바보지만 속으로는 끝내 영험이 있어, 서서는 만리를 보고 앉아서는 천리를 본다는 그 사람은, 봉하마을뿐만 아니라 3면이 바다로 둘러싸인 한반도가 속한 그 나라를, 겨우 전체 국민 1%의 매판 재벌과 강남 부자 그리고 기득권 세력이 매일같이 나라말아 잡수시고, 허가 낸 깡패들과 조폭 언론들이 민족정기랑 민족혼을 빼놓고, 심지어는 백주 대낮에 우익꼴통들이 가스통을 들고 미친 개새끼들처럼 날뛰어, 한껏 도탄에 빠진 온 백성들을 어떡하든 구원하려고 마치 부엉이 일가처럼 온 백성이랑 함께 더불어 오래오래 평화롭게 살아갈 장기적인 계획을 세웠다네, 글쎄.

그런데 부엉이 아빠에게 있어서, 이웃 사자바위에 똬리를 튼 구렁이 한 마리가 있어, 부엉이 알을 훔쳐가고 부엉이새끼를 물어 죽이고 부엉이 아내를 욕보이고 하는 것처럼 세상에 더 슬픈 일이 어디 있겠냐? 그런 것처럼 이제 사나이로서 할 일을 마치고 낙향한 이 봉하마을 그 사내에게 매일같이 온갖 증오와 저주와 그리고 궁형, 없는 죄를 만들어 뒤집어씌우질 않나 온몸을 발가벗겨 저자거리에 거꾸로 매달고, 아들은 노예로 딸은 홍등가로 아내는 깜빵으로 보내려는 그것도 모자라서, 그 사내의 사돈에 팔촌 더 나아가 그 사내의 친구나 친지, 그 바보를 좋아하는 사람 모두를 죽이려고 환장을 했대지, 정말.

그리하여 때는 바야흐로 2009년 5월 그 어느 날, 먼동이 틀 무렵, 부엉이 일가는 하루 일을 마치고 편하게 잠자리에 들려고 부엉이바위를 한 바퀴 낮게 비행하고 있을 때, '나로 말미암아 여러 사람이 받은 고통이 너무나 크다.' 라는 달랑 유서 한 장을 남기고 그 마을에 산다는 가장 사람다운 사람 바보 하나가 바위 위에서 꽃처럼 떨어질 때, 부엉이 엄마 아빠 아이들은 협력하여 독수리처럼 몸을 날려 그 사람을 태우고는 저 먼 영원한 나라로 날아갔다네, 영영!

**김흥수**
1974년 『동아일보』 신춘문예로 등단. 시집으로 『충청도사설』 『나락을 거두며』 『작은 학교 이야기』 등. 수필집으로 『유다에게 손뼉을』. 대전 · 충남 작가회의 회장 역임.

# 어떤 눈물

조재도

그가 터뜨린 공동체적 눈물
마침 울고 싶던 차에 터져 나온 눈물
6박 7일 동안 쏟아져 나온 눈물
5백만 명의 눈자위 붉게 한 눈물
정 붙일 사람 없어 더욱 외로운
요즈음, 간만에 해일처럼 폭발해 버린 눈물
자발로 걸어와 쏟아놓고 간 눈물
30만 국화송이에 맺힌 눈물
쌀 7백 가마에 섞여든 눈물
5톤의 쇠고기에 떨어진 눈물
생수 50만 병을 마셔버린 눈물

이제 다 우셨나요?

지난 17대 대선
전체 유권자 37,653,518 명 중
이명박 11,492,389
정동영 6,174,681
그 표차 5,317,708

한국 사람들
신화 만들기 참 좋아하는 거 같애요

꿈에 취하는 거 정말 좋아하는 거 같애요
언제 그렇게 그를 사랑했던가 싶게
그를 사랑한 결과가 이것인가 싶게
분향소마다 쏟아낸 5백만의 눈물
나처럼 집에서 훌쩍인 눈물
그 눈물 모두 합하면

정동영이 대선 때 얻은 표와 거의 같은 수
이 말 거꾸로 한다면
우리끼리 흘린 눈물로는
우리끼리 부르는 노래로는
신화일 뿐
꿈일 뿐
솟구쳐오른 고래를 가리키긴 하나
잡지는 못할 뿐

깊은 울음은 어디를 돌고 돌아 우리들 막을 찢는 칼끝이 되나

**조재도**
1957년 충남 부여에서 태어나 청양에서 자람. 1985년 『민중교육』지로 등단. 시집으로 『좋은 날에 우는 사람』 등. 청소년 소설 『이빨자국』 등.

# 낙락장송

이기순

밑둥까지 뽑아버릴 듯
몰아치는 세찬 바람 차디찬 서릿발을
몸통으로 막아섰느니.
그 오랜 어둠의 세월
깊은 뿌리로 버티어
까마득한 절벽을 호올로 지켜내었기에
당신은 역사의 낙락장송이었습니다.

달콤한 꽃길 버려두고
가시덤불 숲속
진흙탕 험한 길을 헤쳐
자갈밭 거친 벌판 들어섰느니.
이슬에 젖은 어린 풀꽃
두 손 모두어 쓰다듬고
말라가는 작은 생명
끌어안아 함께 울었던
당신은 민초의 낙락장송이었습니다.

**이기순**
충북 괴산 출생. 1982년 『현대시학』으로 등단. 저서로 『문학의 고향을 찾아서』 『한국인의 문화유산 탐방기』 『독서평가록』 등. 현재 서울 오산고등학교 교사, 한국작가회의 회원.

# 바보 얼굴

장순향

빼꾸기 울어에는 강화도 군사통제구역
북으로 가는 길을 가로막은
철조망이 눈앞에 자꾸 아른거린다.
쓰러져가는 고택 어귀 소슬함 저편
우리 곁을 홀연히 떠나가신
바보 대통령의 함박꽃 웃음이 나부낀다.
달려가 두 팔 벌려 님을 품으니
차가운 바람만 가슴 가득 넘쳐나고
갑작스레 쏟아지던 초여름 소낙비에
젖어드는 풀잎을 살포시 즈려밟다가
다만 님 위해 차를 달이고 싶었다.
님 떠난 거리 마파람만 해설피 울부짖고
온방 가득한 향으로 님 향한
내 그리움을 달래고 싶었다.
그맘때쯤 봉화산 부엉이바위 너머
온밤내 서럽게 펄럭이는 그림자 하나
동백꽃 붉은 가슴으로
활활활 타오르고 있었다.

**장순향**
1960년 전북 남원 출생. 저서로 『명작무무보』 등. 현재 한양대학교 무용학과(학점) 주임교수, 춤연대 남북통일교류위원장. 사단법인 평화3000 이사.

# 부엉이 눈알처럼

류명선

내 귀한 꽃 같은 청춘 던져서
어떻게 얻은 이 땅의 민주인데
느그들 맘대로 잃어버린 십년이라고 하는가
온 만방에 촛불이 나부끼고
그 촛불 물대포로 아무리 쏘아대도
꺼지지 않는 영원불멸의 혼불인걸 왜 모르느냐
착한 사람, 바보 같은 사람 때려잡아 놓고
킬킬대며 우쭐거리는 이 어둠 속에
멍든 가슴 또 동백꽃처럼 멍들어 놓고
온통 타버린 얼굴에 와락 피눈물 솟는다.
시장터에서 쓰레기도 치우고 온갖 고생 다해봐서
서민들 아픈 맘 잘 안다더니 그래, 기껏 그거냐
이 겨레의 모든 고통을 짊어지고
스스로 떠나야 했던 그 심정 생각하면
부엉이 눈알처럼 둥그렇게 떠오르는
정말 바보 같은 사나이 그 이름 노무현.
그대 뿌린 한줌의 재가 다시 살아나
못난 이 백성들 가슴에 촛불되어 활활 피고 있다.

**류명선**
1951년 부산 출생. 1983년 문학무크지 『문학의 시대』로 등단. 시집으로 『고무신』 『반골』 『사는 게 장난이 아니다』 등. 현재 도서출판 푸른별 대표, 부산펜클럽 회장.

# 돌돌괴사

— '바보 대통령'을 추억하며

오종문

봄꽃 분분히 져 겁탈당하고 싶은 날
이 질퍽한 막장 설움 어찌해야 하나요
요런 날 꽃색 더 짙어 울 수도 없는 것을…

사는 게 힘이 들고 마음도 감옥일 때는
망나니 춤이 아닌
활인의 칼춤 보고 싶다
그대여, 항장불살의 절제된 그 검무를…
풀밭 꽃 진 자리 노란 꽃 피어나는
바보의 삶 기억하라
죽음을 기억하라
이 땅이 아름다운 것은 꽃이 아니라 희망이다

셀 수 없이 눈길 주고 눈부심을 탓하고
역사의 한 진실 묻고
성찰의 시간 앞세워
목 놓아 관디목질러 전별연을 갖고 싶다
목 놓아

**오종문**
1959년 광주 광산 출생. 시집으로 『지상의 한 집에 들다』 등.

# 바보 구름

–노무현 전대통령을 추모하며

박남희

바위 위에서 훌쩍 뛰어내리는 것을 두려워하지 않는 것은
구름밖에 없습니다 그러므로 당신은 구름입니다
뛰어내려 온몸이 부서지면서도 두려워하지 않는 것은
구름밖에 없습니다 그러므로 당신은 구름입니다

바위에서 훌쩍 뛰어내려 산산이 부서지고도
아프다는 말 한마디 없는 당신은 바보 구름
구름은 그 안에 습기를 머금고 있어서 종종 비를 내립니다
바보 구름 당신은 지금 이 땅 방방곡곡에 비를 뿌리고 있습니다

당신 온몸을 부수어 내리는 비로
답답한 이 땅의 흙들을 촉촉이 적셔주는 당신
바보처럼 제 몸을 부수어야
이 땅을 사랑하는 것인 줄 아는 당신은 바보 구름
당신은 지금 이 땅에 온몸으로 온몸으로 스미고 있습니다

당신이 높은 곳에 있을 때 이 땅을 지그시 굽어보며
이 땅의 가장 낮은 곳에 평등하게 임하고자 했던,
그 소박함과 소탈함에 수많은 습기가 숨어있을 줄은
이미 당신을 잃고 바보처럼 멍한 눈빛이 되어서야 알았습니다

당신, 바보 구름이 걷히고

햇빛이 너무 뜨거워 갈증이 심해지는 오늘
왠지 당신이 너무 보고 싶어서 더욱 목이 타들어가는 오늘
바보가 천덕꾸러기인 세상에서
바보 구름, 당신이 너무나 보고 싶은 날입니다

**박남희**
1996년 『경인일보』 1997년 『서울신문』 신춘문예로 등단. 시집으로 『폐차장 근처』 『이불 속의 쥐』 등. 평론집으로 『존재와 거울의 시학』.

# 큰 별 되어 억겁으로 빛날 것이외다

오영호

당신은
바보 촌놈이라 하지만
비탈길에서도 가난한 사람들을
쓰다듬던 순한 눈빛도
평양 하늘에 달아 논 평화의 깃발도
왠지 안 보이네요
오늘도,

밀짚모자 쓰고 논둑에서 이웃과 막걸리로
사람 사는 세상 소통의 다리 놓음도
자전거에 손녀 태워 봉화산 자락을
천천히 달리던 사람 사는 세상
그 잔잔한 미소도
이제는,

그렇게 모멸의 칼날이
가슴을 조여 차마 견딜 수가 없어
차마 견딜 수가 없어
동백꽃 떨어지듯 떨어져……

만방의 사람다운 사람들
향을 피워 기도하는 소리

하늘에 닿아 큰 별 되어
억겁으로 빛날 것이외다.

**오영호**
1986년 『시조문학』으로 등단. 시집으로 『풀잎만한 이유』 『화산도, 오름에 오르다』 등. 제주작가회의 회장 역임.

# 어느 민초의 진혼곡

신영주

길가에 잡초처럼 밟히며
말없이 피고 지는 민초들
당당히 어깨 펴는 맑은 세상 이루리라
높은 뜻 내어걸고 사자후를 토했더니
노도같이 들끓은 검은 함성
빗발치는 돌팔매질, 비웃는 손가락질
갈가리 찢긴 곤룡포……
허 허 헛웃음에 삼키며
파란만장 걸어온 영욕의 세월
부엉이 벗 삼아
지는 해 돋는 달에 묻으며 살렸더니……

혼탁한 세상 어이타 깃털 같은 먼지 하나
천하 몹쓸 죄인 되어 큰칼 목에 걸고
들이미는 번득이는 비수, 심장을 후벼대는 굽어진 붓끝
나락으로 잘려나간 수족
책을 읽을 수도 글을 쓸 수도 없이
바짝바짝 타들어간 영혼 타들어간 뼈마디
아아 어느 장사인들 견딜 수 있었으리……

님께서 모든 짐 혼자서 걸머지고 홀연히 이승을 떠나던 날
세상은 망연자실 말을 잃고

다시는 볼 수 없는
고뇌의 주름 소박한 그 웃음
그 모습 그리워
하늘도 울고 땅도 울었어라

삶과 죽음은 다 같은 자연의 한 조각
이승에서 못 다 이룬 높은 뜻
그 누구도 막지 않고 그 누구도 돌팔매질 없는
평화로운 하늘나라 가셔서
맘껏 이루시고
어느 화창한 봄날
메마른 이 땅에 꽃비로 내리소서.

**신영주**
1941년 광주 출생. 2006년 『현대문예』으로 등단. 작품으로 「민들레를 바라본다」「겨울나무」 등.

# 그대 아직 내 곁에 살아

정안면

그대 기어이 떠나가셨습니까
산을 이루고 강을 이루는
통곡의 슬픔을 끝내 뿌리치고
영영 떠나셨습니까 꼭 떠나야 했습니까
그대 기어이 가서 다시 오지 못한 길
머나먼 길 가셔야 했습니까
녹음방초의 푸른 강산 붉은 황톳길을
어찌 잊으려 그렇게 훌쩍 가셨습니까
사람은 가도 그 이름은 남는다지만
그대 떠나간 자리마다
새로 돋는 풀잎들이 자라나
그대의 선연한 얼굴로 피어나고 있습니다
그대여 노란 깃발이여
우리들의 노짱이여 바보 노무현이여
오늘 그대 떠나갔으나
나는 아직 그대를 떠나 보내지 못했습니다
아니 결코 떠나 보낼 수 없습니다
그대 꿈꾸던 대동세상의 노란 깃발들이
다시 강토에 휘날릴 때까지는
그대 뜨거운 격정으로 외치던
질곡과 압제의 사슬을 끊는 그날까지는
민족이 민족에게 하나되어 나누는

참다운 희망과 참다운 평화와
참다운 화해의 물결이 넘실거리는
대동세상의 그날이 올 때까지는
나는 아직 그대를 떠나 보내지 않았습니다
그대는 다시 이땅에 살아나 끝끝내 떠나지 않았습니다
그대는 오늘 기어이 떠나지 않았습니다

**정안면**
1955년 전남 광주 출생. 1985년 문학무크 『민의』로 등단. 시집으로 『찔레꽃 하얀 꽃잎』 『사랑을 찾아서』 『바람의 행로』 등.

# 피어나라 바보 노무현꽃이여

채상근

결코 굴복하지 않고 쓰러지지 않는
결코 타협하지 않는 살아있는 영혼
그 깨끗한 영혼은 우리 곁에 왔다가
불현듯 홀연히 떠나고 말았습니다
어디로 그렇게 먼 길을 가셨습니까
지켜주지 못해서 미안합니다
당신의 순수한 영혼을 우리는 사랑합니다
우리는 우리를 이제 무엇으로 달래야 합니까

밑씻개 같은 정부는 그 순박한 영혼을
높은 바위 위에서 밀어버렸습니다
질질 끌고 가 시궁창에 묻으려 했습니다

반칙과 특권이 통하지 않고
원칙과 상식이 통하는 세상
그 세상을 함께 꿈꾸던 우리들
어떻게 그 꿈을 다시 쌓아가야 합니까
더러운 세상에 다시는 오지 말라고
울먹이는 가슴으로 당신을 보냈습니다
당신께서 못 다 피운 참세상 참민주 꽃을
우리는 이제 어떻게 피워야 합니까

더러운 냄새나는 밑씻개 같은 정부는
미안해하지 말라고 원망하지 말라고
가슴 아프게 유언을 강요했습니다

삶과 죽음이 자연의 한 조각이라는
당신이 마지막 우리에게 가르쳐준 말처럼
광장에 거리에 노무현꽃이 피었습니다
해마다 오월이면 피어나는 꽃
사람냄새 나는 따스한 가슴 속에서
갈라진 한반도 민주강산 골짜기에서
저 너른 들판으로 민주광장으로
바보 노무현꽃은 피어납니다

해마다 봄이면 오월이면 피어나
한반도 전역으로 들불처럼 번지는
아아 바보 노무현꽃 당신을 불러봅니다

**채상근**
1962년 강원 춘천 출생. 1985년 시전문 무크 『시인』으로 등단. 시집으로 『다음 열차를 기다리는 사람들』 『거기 서 있는 사람 누구요』 등.

# 부엉이 바위꽃

정토

*'아무도 탓하지 마라, 내가 한 짓이니라.'*
수백년 전, 다락방에서 목매어 죽은 러시아의 농부가
초인되어 나타납니다.

*'힘으로만 이길 수 없으니 목각사자의 지혜로 대처하라.'*
천오백년 전, 우산국의 우해 왕을 복속시켰던
하슬라 군주 이사부가 동해의 왕으로 나타납니다.

*'모든 악연도 등에 지고, 무소의 뿔처럼 혼자서 가라.'*
수만년 전, 아함경에서 파아피만과 싸우던
숫타니파아타가 부엉이바위에 나타납니다.

농민의 아픔을 대신했던
러시아의 초인 쁘세블로도비치 스타브로긴.
비록 적일지라도 생명을 소중히 한 신라 장수 이사부.
끊임없이 악의 화신을 물리쳤던 숫타니파아타.

이들이 지난 새벽, 부엉이 바위 아래 뛰어 내린 꽃잎처럼
풀꽃 되어 나타납니다.

한 줌도 안 되는 악의 망령에게 이슬 먹은 꽃 날로
경종을 울리며 오늘 봉화산에 바위꽃 되어

훌쩍 꽃망울을 터트립니다.

마치 하랑과 조당의 슬픈 사랑으로 이루어진 해당화처럼.

"삶과 죽음이 모두 자연의 한 조각이니
이제 부엉이바위에서 하늘로 올라
영원히 꺼지지 않는 사라치의 꽃이 되소서."

**정토**
1960년 동두천 출생. 시집으로『부도』『유배지 사람들』『이사부』 등. 영상으로 〈대모후〉〈단오의 서낭과 정조대왕〉〈하슬라 군주 이사부〉 다큐멘터리 제작. 2001년 〈현대시문학〉 신인상, 2005년 국가인권위원회 '인권교육실천사례' 평화상 수상.

# 공고
—대한민국 이명박 정부에게

윤석주

야이, 느자구 없는 놈들아!

머리 위에 하늘이 있음을 항상 잊지 마라.

하늘나라 법집행관 윤 석 주

**윤석주**
1947년 전남 곡성 출생. 1996년 계간 『시와사람』 신인상으로 등단. 시집으로 『잠든 숲에 사랑을 묻다』. 〈우이시〉 동인.

# 푸른 등을 보았다

이순주

산의 등에는 바람이 살고 있었다
그는 그 산등성이 넘나들었다 등이 등을 타고 다녔다고 할까나 바람이 바람을 타고 다녔다고 할까나

점점 자반고등어 한 손이 되어가고 있었을 것이다 절여져 시꺼먼 등이 또 하나의 짜디짠 등을 감싸안으며 시름에 빠져 있었을 것이다 철쭉꽃 붉은 입술마저 부르르 떨리는 춥디추운 날이었을 것이다 껴안긴 등에서조차 간기가 속살에 서걱이며 겉돌던 날이었을 것이다 추워서 하도 추워서 참다참다 풍경소리가 대신해 마구 울어주던 날이었을 것이다

내가 보았던 그 바다는 수평선이 푸르렀던 바다 모진 비바람 홀로 다 맞으면서도 속으로만 조용히 울고 있었을 바보,
당신에게는 바람이 살고 있었다 누워서도 등이 시리겠다 이제 하늘은 푸른 이불이네 구름은 양털 이불이네 새 울음은 이쑤시개 귀이개네 때론 두통약이네 치통약이네 소낙비가 푸른 등을 씻겨주겠다 늘 가까이에서 푸른 등 모시고 서 있을 소나무 밤나무 갈참나무에게 참 고맙단 말 해주고 싶다

**이순주**
강원도 평창 출생. 2001년 『미네르바』로 등단. 2004년 로 『조선일보』 신춘문예 동시 당선. 2008년 『기독공보』 신춘문예 시 당선. 〈구름 위의 돌베개〉 동인.

# 바보연가, 어떤 패배에의 추념

최자웅

노무현 그대는 끝까지
옳은 것은 옳은 것이고
틀린 것은 틀린 것이라면
그냥 있지 않았다.
자신이 깨어지고 으깨지고
망가지고 죽어갈지라도
거기에 바보의 삶이 있었다.
바보의 길과
당신은 주의 제자라고 말한 적이 없었을지라도
당신이야말로 그 길로 보면
예수의 길에 살아가고
그 길과 십자가 위에서 죽어간 이였다.

그러나 그가 외로울 때
그가 홀로 새벽빛 속에
자진을 결행하려 할 때
한없이 외롭게 스스로를 걷고
고향 땅 정든 바위 위에서
몸을 날린 그의 외로움과 슬픔을 생각하면
마치 예수처럼
마지막 절규와 아픔 속에서
아무도 대신할 수 없었고

위로할 수 없었던 막막한 부끄러움과
비겁함과 인간의 나약함을 어이하리

부엉이 바위 위에 오늘도 해가 타고
밤이면 달빛이 내리고
부엉이가 울 것이다 시대의 황혼에
미네르바의 올빼미가 깃을 치듯이
우리들 죄의 바벨탑 너머에
어디에선지 새벽빛 타고서
의로운 종소리 하나
만종으로 울려오네
가슴 흔들며 두려워 뭔가 두렵기 그지없어
만장 대나무 하나 두렵기 그지없어
플라스틱으로 만들기를 강요한
저들의 비겁과 교활 위에
막을 수 없는 장엄한 폭풍과
황홀한 빛 줄기
쟝글의 북소리처럼 노호하며
가슴에서 가슴으로 타고 오네 살아 오네

그의 눈빛과 가슴에서
우리의 가슴으로

네 가슴에서 나의 가슴으로
노무현의 서툴고 촌스러운
그러나 그의 삶의 노래였고
실체였던 상록수 노래로
바보의 노래와 눈빛과 가슴으로
살아오네
삼일 만에 살아난 그 빛으로
차마 삼도천 건너
가지 못한 한 마리 큰 새의 파닥임으로
그러나 아프고 애잔하게 살아오네
제어할 수 없는 분노와 연민으로
새벽빛으로 새벽 종소리로
가슴 흔들며 살아오네

**최자웅**
1951년 전북 전주 출생. 시집 『그대여 이 슬프고 어두운 예토에서』로 등단. 시집으로 『겨울늑대— 어네스토 체 게바라의 추상』 등. 현재 우리시대의 시인들 공동대표.

# 6 사람 사는 세상 꽃불 밝혔네

# 다시 오월에

권덕하

우리가 온몸으로 기억하면
언제나 다시 오겠다 하셨지요.
연둣빛 잎새마다 설레는 숨결로
환한 꽃으로 피어나
우리 가슴에 돌아오겠다고 하셨지요.
남은 생에 그리 밝게 웃던 것도
푸른 숲에 이는 맑은 바람으로
우리 곁에 돌아오겠다는
뜨거운 약속이셨지요.
성큼성큼, 분단을 넘던 그 걸음으로
우리 곁으로 걸어와
묵묵히 함께 일하고 담배 한대 나누고
구두를 뒤집어 털고 일어나 자전거를 타고
잔잔한 웃음으로 돌아와
서럽고 가난하고 지친 우리 어깨를
다독여주겠다는 말씀이셨지요.
사람 사는 세상 만들자고
오리들을 놓아주던 들녘,
그 부드러운 바람결에
따뜻한 손길 놓아두고
봉화산 삭정이를 치던
그 정갈한 마음 그대로

산그늘에 묻어둔 채
신새벽, 홀로이 벼랑 위에 서서
그 백척간두에서
천문天門을 열고 모든 것 떨쳐버린 것도
사람을 잃고 서러운 눈물밖에 흘릴 줄 모르는
철없는 우리 곁으로,
비 되어 눈 되어 바람이 되어
다시 오겠다는 굳은 약속이지요.
세상에 대한 원망 다 거두고
야 기분 좋다, 라고
다시 한 번 외쳐보고 싶은 영혼이지요.
목숨이야 본디 정해진 것이라서
누가 만나고 헤어짐을 뜻대로 하랴마는
차가운 무관심의 바다에 몸을 던져
잠든 가족을 두고 고향에서 몸을 던져
그렇게 낯설게 가시매
생각할수록 서럽고 분한 마음 금할 길 없으나
그 모든 것, 온갖 차별과 분단을 넘어
화합의 길로 가자는 뜻이지요.
아직도 우리 몸 속에
먹먹하게 남아 있는 것은
사람 사는 미래를 앞당기고 싶었던

순정한 사랑이지요.
아직은 죽음으로 일깨울 수밖에 없는
자유롭게 평등한 세상 만드는 일은
님을 지키지 못해 한없이 미안한
산 자들의 몫입니다.
이제 님을 더는 외롭지 않게 하렵니다.
보셔요, 죽어서 이룬 삶의 약속이 저렇게
열정의 숯불로, 정의의 횃불로,
평화의 촛불로 우리 가슴속에
면면히 타오르고 있는 것을.

**권덕하**
1958년 대전 출생. 2002년 『작가마당』, 2006년 『시안』으로 등단. 저서로 『소설의 대화이론: 콘라드와 바흐찐』 등.

# 도화선

김응교

한때 얼마나 원망했던가
그도 우리 군대를 외국에 보냈으며
외국 군대 병영을 위해 대추리 주민을 몰아냈다
그의 자존심 때문에 운동권은 달콤한 비스켓마냥 부서졌건만,
수직의 정직성은 딱딱한 불만을 삽시에 지워 버리고

강자를 닦아세우던 맵쌀 눈매,
약자와 녹닥이며 낮았던 투박한 미소,
독도에 군함 보낸 섬나라에 한판 붙으려던 깡다구,
자전거 꽁무니에 막걸리병을 싣고 가는
대통령이라는 직함을 가진 농부*에 대한 기억만 남아 있다

그가 뛰어내렸던 봉화산에서
마을 위로 흐르는 안개를 내려다 본다
수직으로 추락한 윤리,
떨어졌던 자리, 풀과 바위를 더듬어 본다
피 한 방울 없다
아내와 가족과 자존심을 지키고,
수구에 복수를, 진보에 각성을 준 못 말릴 고집탱이,
그는 환상으로 사라졌는가

그를 TV특집에서 찾지 마라

그에 관한 특집은 현실의 대한민국이
애면글면 죄다 죽어간다는 사실을 은폐하고 있다.
아직도 장례식 못하고 냉장고에 얼려 있는 철거민 시체에서,
살아있지만 죽도록 가년스런 비정규직 아내의 눈물에서,
거기서 그를 묵상하자

이제, 사공명주생중달死公明走生仲達
사마중달을 쫓아내던 죽은 제갈공명처럼,
이 시를 읽는 당신 핏줄에
더러운 전체주의, 타락한 종교사기꾼을 불사르는
도화선으로 그는 움트고 있다

---

* 신동엽 「산문시 1」에서 인용

**김응교**
1962년 서울 출생. 1987년 『분단시대』, 1990년 『한길문학』으로 등단. 시집으로 『씨앗/통조림』, 저서로 『한국시와 사회적 상상력』 『박두진의 상상력 연구』 『시인 신동엽』 『이찬과 한국근대문학』 등. 일본 와세다대학 객원교수 역임.

# 2009년 5월 포항

권선희

바람이 매우 컸어요.
바다는 종일 어린 흰고래 같은 파도 비늘처럼 세웠고
숲은 나뭇잎 한 장 한 장 등을 다 보여주었어요.
꿈틀거리는 세상이 온통 바람이었지요.

오거리 대형 전광판이 시 승격 60주년 행사를 광고하며
시민들의 많은 참여를 바란다는 자막 몇 번이고 되돌릴 때,
형산로터리에서 두어 개 단체가 걸어놓은
근조 플래카드가 휘날릴 때,
내가 그대와 약속한 식당 문을 열고 들어가
여전히 푸짐하게 차려진 이기와 홍계 꾸역꾸역 집어 먹을 때,
급기야 친절하게 서로 먹여주기까지 할 때,

멀고 먼 서울광장은
바람이 불러 낸 노란 물결로 출렁였습니다.
콘크리트 위로 장황히 번지는 그 거대한 민들레 꽃밭은
도시의 잿빛 봄 깨우고 흔들며 흘렀지요.

석간조 사내들을 싣고
공단 버스가 가다 서다 반복하며 공사중인 형산교를 지날 때,
그대와 내가 웃으며 헤어지고도
섬처럼 둥둥 저녁을 표류하다 결국 술집으로 붉게 들 때,

분향소가 철수되고 만장이 태워질 때,
그때도 바람은 돌아가지 않았어요

누군가는 낮은 책상 앞에서 등 굽혀 시를 쓰고
누군가는 어쩌면 질끈 눈을 감았음에도,
기계 속 세상에도 바람이 살아
급속히 전송되는 조시 한 자락.

사납고 훈훈하고 따뜻하고 차갑게 다녀가는,
어루만지고 쓰다듬고 깨우고 일으키는 바람.
이제, 당신을 기억할 수 있어요.

**권선희**
1965년 춘천 출생. 1998년 『포항문학』으로 등단. 시집으로 『구룡포로 간다』 등.

# 당신 아니었으면

김순남

오순도순 사람 사는 세상을 꿈꾸었던
2002년 12월 노무현! 대통령 당선은
당신 아니었으면
선거축제의 열렬한 맛을 볼 수나 있었겠습니까?

힘없고 서러운 백성의 자존을 싣고
지순한 민주주의의 수레에 고투하시는 동안
2004년 저 무지몽매한 탄핵에 갇힐 때
전국 방방곡곡을 밝힌 백만 촛불의 탄핵무효!
우리 삶의 축제였음을 알기나 했을까요.

국민이 당신을 대통령으로 임명했을 때
당신은 국민을 대통령으로 섬겨 민망했지만
높낮이를 허물고 원칙과 상식 평등한 인권의
아름다운 대한민국이었습니다.

사람 사는 세상을 가꾸며
모심고 오리 기르는 밀짚모자 아저씨
자전거에 손자를 태우고 동네를 달리는 할아버지가
진정 우리의 대통령이던 축제의 무대에서
아!
바보 노무현이 뛰어내렸어요.

당신의 투철한 역사의식,
당신의 번뜩이는 시대정신,
당신의 순결한 피로 새겨진 민주주의,
우리에게 희망이라는 단어만 남겨놓은 채
노짱! 그 걸음 얼마나 무거우셨는지요?

미안해요. 사랑해요. 잊지 않을게요.
당신 때문에 행복했습니다.
삼천리 금수강산이 애끓는 눈물들
거리마다 비통한 울음바다에
퉁퉁 부어오른 슬픔마저
설마, 이별의 축제로 여기시라는지요?

안녕 노짱!
편안히 잘 가세요

**김순남**
1953년 경북 영덕 출생. 1993년 월간 『문학세계』로 등단. 시집으로 『돌아오지 않는 외출』 『남몰래 피는 꽃』 『누가 저 시리게 푸른 바다를 깨트릴까』 등. 제주작가회의, 한국작가회의 회원. 『정방문학』 동인.

# 부디 저희들 손 놓지 마소서

하재청

님 떠난 자리에 노란 꽃 피어납니다
안개공화국 곳곳에 푸른 생명들 피어납니다
가시처럼 뒤엉킨 안개손 헤치고
여기저기 누구도 보지 못한 꽃들
한때는 눈물이었고 한숨이었던 꽃들
한순간 이렇게 활짝 피어납니다
어디에서도 보이지 않던 꽃들
여기저기 무진장 피어납니다

님이 떠나기 전에는 몰랐습니다
이 세상 이렇게 많은 꽃들이
손에 손 잡고 살아간다는 것을,
정체도 알 수 없는 안개 속에 납작 엎드려
어느새 서로의 얼굴도 몰라보던 우리들
손에 손 잡고 제 생명 활짝 피우게 하시고
저 안개 속으로 성큼성큼 걸어가신 님
님이 걸어가신 길은 이제 더 이상
부엉이 우는 전설이 아닙니다

서로의 얼굴조차 잊어버렸던 우리들
서로의 가슴마저 외면했던 우리들
님이 떠나간 그 길 아무리 험하더라도

님이 떠나간 그 길 아무리 멀더라도
이제 손에 손 잡고 노란 꽃길 되겠습니다
더 이상 님을 위하여 눈물 흘리지 않겠습니다
다시 우리들 속의 님 손 잡고
하염없이 그 길 걸어가겠습니다
부디 저희들 손 놓지 마소서

**하재청**
1958년 경남 창녕 출생. 2004년 계간 시 전문지 『시와사상』으로 등단. 작품으로 「푸른 독」 「그녀의 몸 속」 「벽」 등.

# 마지막 선물

정춘근

미안해요
내가 당신께 드릴게 없어요
정치가 망치亡治가 된 시대에
소신에 모든 것 바친
참꽃같이 향기로운 당신

당신이 내게 준 선물은
순박한 웃음
가식 없는 행동
가난한 사람보다
더 고개 숙이는 촌스러움이지만
우리는 그때도 지금도
귀한 선물을 받은 걸 알고 있지요

바보 당신
선물에 마지막은 없어요
민초들이 가슴으로 받았던
따스한 점심 도시락 같은 사랑
대를 물려 이 땅에 아이들에게
배부른 선물이 되겠지요

사랑하는 당신

마지막으로 가시는 길
시청 광장에는
노란 파도가 만들어졌지요
민초들 마음속에
당신이 하나의 섬이 되는 순간이었지만요
진짜 바보들에게는
섬뜩한 옐로카드가 되었을 거예요

**정춘근**
1960년 강원도 철원 출생. 1999년 『실천문학』으로 등단. 시집으로 『지뢰꽃』 『수류탄 고기잡이』 등.

# 그리고 노을 앞에서

강병철

아름답다 짐받이 자전거 세운 초로의 밀짚모자, 담배 한 대 입에 문 노간지 그 사내다 점방 문 열면서 우루루 쏟아지던 봄빛 탓일까 초록빛 물감을 쏟아 부었거나 누군가 초록빛 보자기로 덮어씌웠던, 그 성성한 벌판 끝 아득히 보면서 그대는 투사와 판관과 시인의 그림자로 몸을 던지고

권위의 옥좌 그 베일 홀라당 걷어내자 찌라시 활자들 야만의 하이에나로 킬링휠드 연발 탄피 토하더니 여린 속살 골라 물어뜯고 쑤셔서, 기어이 외로웠나요, 마침내 그니의 맨살 바위 모서리에 닿는 찰나 늪 같은 고요에 빠지던 벗들, 시뻘건 노을로 울멍울멍 밀려와

아주 작은 비석 하나 품고, 헤어지기 위해 모여든 사람들 유채꽃 노란 대궁으로 껴안아달라는 마지막 유언 숙성시키는 중이다 긴 세월 적과 동지로 떠올리던 벗들, 아니면 시작부터 담을 쌓고 개새끼 소새끼 할퀴던 깨진 병조각들, 알몸의 온기로 사무치게 녹여내려다가

울지 말아야 한다 못된 놈들 끝까지 담을 쌓아야 한다 바드득 어금니 깨물면 샛강 건너 물푸레나무 초승달로 걸려있는 그니, 느이들은 지금 살아있다고 그 표정이냐며 킬킬킬 가쟁이 흔들어대는구나 분하다 망부석으로 남아있던 그 나라 백성들 무더기로 손등 찍으며 황혼을 토해내는 것이다

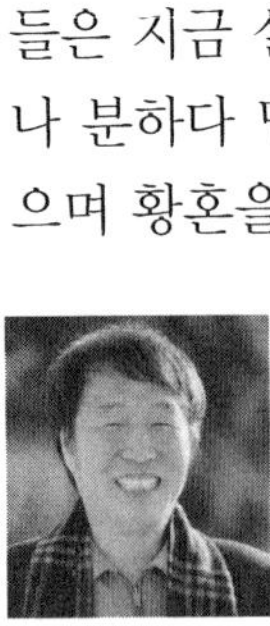

**강병철**
1956년 충남 서산 출생. 시집으로 『유년일기』『하이에나는 썩은 고기를 찾는다』, 소설집으로 『비늘눈』『엄마의 장롱』, 성장소설로 『닭니』『꽃 피는 부지깽이 등. 대전충남작가회의 회장 역임.

# 천적

최승익

천둥 번개로 하늘 갈라지고 땅은 부서진 다음
뿌리로 성장한 미물들 하나하나가 견제하며
성취한 반복된 사이클의 균형
작은 몸피 비상하는 저 텃새들
입술 다시며 부리를 씻고 있는
저들의 노래소리 들어보아
먹이사슬로 존재하는 먹고 먹히는 작은 몸들의
당당한 유전의 질서를 보아
치열한 경쟁으로 실존하는 한갓 미물의 성장도 저러한데
생태계의 저 엄연한 순리를 누가 파괴하고 있는가를
저들을 위해 누가 파수꾼이 되어야 하는가를
두 눈 뜨고 바라보아
누가 힘을 길러야 하는가를
저들의 칼날 앞에 누가 이기고 지는가를



**최승익**
1956년 동해 출생. 1989년 월간 『노동문학』 5월호로 등단. 시집으로 『휘파람 소리』 등.

# 아, 유월이 왔는데 왜 이리 춥습니까

손한옥

나는 당신을 한 번도 눈 여겨 보지 않았습니다.
그래서 웁니다.
나는 당신을 한 번도 칭찬하지 않았습니다.
그래서 웁니다.
사각의 링 한 켠에 당신이 몰려 있을 때
책임지지 않아도 되던 내 입과
당신을 심판했던 내 손을 지금 감춥니다.

푸른 지붕 아래서 푸른 수의를 입고 외롭게 서 있던 당신!
굵은 그 주름 속에 당신의 민족애가,
당신의 의義가 바위로 자라고 있음을 보지 못하였습니다.
나는 당신이 무엇을 잘했고 무엇을 잘못했는지
알고 싶지도 않습니다.
나는 내가 책임져야 할 밥 하나도 제대로 못 짓는 사람입니다.
그래서 나는 걱정입니다.
사소함까지 사랑한 당신, 책임을 생명으로 바꾸는 당신.
거룩한 당신과 함께 했던
봉하마을의 푸른 들판과 벗에게 한 약속은 어찌하시렵니까
황금들판을 만들기 위해 뒤뚱거리는 걸음으로
휘적시고 다닐 오리문을
새벽마다 열겠다고 하던 일을 누가 책임지고
열어 줄 것입니까.

나는 또 보았습니다. 뒷짐지고 나가다가
마당의 잡풀을 뽑아내던 당신의 마지막 손길이 담긴 사진을요
산산조각으로 흩어지는 순간까지 당신은,
책임이 생명인 사람 냄새 나는 사람이었던 것입니다
그래서 더욱 그리운, 당신의 영혼을 사랑합니다.

꽃피고 푸른 숲 흔들리는 유월이 왔는데도 왜 이리 춥습니까!
손 잡아 주세요!
시린 얼음사탕을 휴지로 싸서 아이 손에 쥐어주던
당신의 그 따스한 손으로 잡아 주세요 이 나라를.
그립습니다.
그날, 당신이 마지막 가시던
그 길 앞에서 '사랑합니다' 라고 통곡으로 막아서던 날,
당신이 사랑했던 순하고 어진 사람들이
쉰 목소리로 부르던 초혼가를 잊지 마세요.
아, 상천上天이시어, 우리들의 대통령 노무현 대통령이시어.
용서하는 땅으로, 사람사는 땅으로
법운지法雲地에 드시어 열락悅樂의 땅으로 지켜 주시옵소서!

**손한옥**
경남 밀양 출생. 2002년 『미네르바』로 등단. 시집으로 『목화꽃 위에 지던 꽃』 등. 한국작가회의, 한국시인협회 회원.

# 붉은 늪

권순자

악어떼가 몰려온 걸 보았나요
순한 눈들이 붉게 젖고 목젖 떨었지요
미련한 잠 깨우는 망치소리 들었나요
저녁 안개는 짙었지만
사랑의 진한 냄새를 지우지는 못했지요
쓸쓸한 장미 붉게 하늘을 물들이고
말라붙은 몸에 향기가 진했지요
급히 지나쳐가는 굉음이 진했지요
그대의 사슬은 울음도 웃음도 아니었지요
전신을 찌르는 바늘이었지요
자신을 속이는 무리들을 노려보는
피 흘리는 눈이었지요
강인한 그대 정신을 젖은 눈동자들은 기억할 테지요
아무리 쏟아도 비어지는 것들의 텅 빈 정신에
소중한 노동을 바꿀 수는 없지요
독한 술에 취한 알코올 중독자처럼
의로움도 분해하려는 아둔한 세상
참을성 없는 이 붉은 늪에서 헤엄치는
남은 벌거숭이들 보아요

**권순자**
1958년 경북 경주 출생. 2003년 『심상』 신인상으로 등단. 시집으로 『우목횟집』 등. 〈시인통신〉 동인, 한국시인협회 회원, 한국작가회의 회원.

# 죽어야 산다

송은영

보름달을 향해
직선으로 날아가는
크고 검은 부엉이를
아무도 보지 못했다

새벽은 먹통이다
누가 산산이 부서지고
갑자기 숨이 멎는다
우수수 감꽃도 떨어진다

생이 너무 아파서
아픈 살 점 한 조각
누구에게 보시하려 하였던가

아무 일도 없었다는 듯이
날이 새고 아침이 왔다

어둠 속에는 길이 없는데
죽은 바람이 더 선명하게 살아났다

**송은영**
1969년 포항 출생. 2007년 『시와상상』으로 등단.

# 노간주나무

박민규

누굴 원망해 본 적도 없다.
북풍 사나운 산정 자갈밭에 뿌리 내린 운명으로
온몸을 가시로 찢어 견뎠을 뿐
살기 위해 허리를 곧추세웠을 뿐
스스로 향이 되려고 한 적 없는데
좌도 우도 모르고 하늘만
하늘만 바라보았을 뿐인데
내 팔다리를 자르고 도끼로 허리를 찍어낸 자들이
이제 내 몸을 태우는 다비식에 쫓아와
찬 물을 끼얹으며 말한다
너는 향이 아니었다고
우리가 원한 건 네가 아니므로
죽어도 결코 온전히 죽게 할 순 없다고
캄캄한 밤
허리 잘린 그루터기에서
부엉 부엉
어미 잃은 부엉이가 운다.

**박민규**
1959년 충북 음성. 1993 계간 『시와사회』로 등단. 시집으로 『들풀의사랑』 등.
한국작가회의 회원, 버마를 사랑하는 작가들의 모임 부회장.

# 현장검증

권혁재

봄날이었지 벚꽃 그늘 속에서 수갑을 찬
나를 닮은 너를 보았지
바람이 불자 한 무더기의 꽃잎들이 나뒹굴고
그럴 때마다 너의 윤곽은 뚜렷해져
내가 너 아닐까 하는 의심을 해보았지
처음 너를 만났을 때
간이역을 스쳐가는 귀향객의 눈빛으로
봄날이 아파 해서 너무나 아파 해서
죽음을 도와줬다고 너는 자백했지
벚꽃 그늘 속으로 바람처럼 불어간 너를,
군중에 떠밀리며 훔쳐보는 내 앞으로
꽃잎은 저 홀로 흩날려 다가왔지
꽃나무 아래서 하늘을 올려다보며
단지 사람을 닮은, 사람 같은 나뭇가지에
열병처럼 도진 꽃 한 송이 걸었을 뿐인데
피어나는 꽃에는 마음이 약하고
지는 꽃에만 한없이 잔인한 사월이었지
정말 봄날 같지 않던 봄날이었지.

**권혁재**
1965년 경기도 평택 출생. 2004년 서울신문 신춘문예 당선으로 등단. 시집으로 『투명인간』 등.

# 그대를 보았습니다

— 노무현 대통령 영전에 부쳐

김영언

우리는 보지 못했습니다.

저 무심한 하늘로
저 미명의 신새벽으로
사악한 어둠을 회오리바람처럼 휘감고
백학처럼 그대가 외롭게 날아오를 때까지도

그날 곧은 절벽으로 떨어진 것은
그대가 아니었습니다.
맹목으로 반목하는 우리들의 이기심이었습니다.

그날 차마 힘겹게 끊어진 것은
그대의 목숨이 아니었습니다.
보이지 않게 번지는 멸시와 억압의 사슬이었습니다.

그날 저 비겁한 침묵 속으로 울려 퍼진 것은
단지 외로운 분노만이 아니었습니다.
진정으로 부끄러움을 일깨우는 통곡이었습니다.

비로소
우리는 보았습니다.

위를 우러러보기만을 강요받았던 우리들은
낮아서 보이지 않던 그대를 보았습니다.

강폭한 광풍 속에서 움츠렸던 우리들은
부드러워 보이지 않던 그대를 보았습니다.

오로지 나만 볼 줄 아는 문맹이 되어가던 우리들은
너무 넓어 보이지 않던 그대의 미소를 보았습니다.

매운 새벽 안개 헤치고
기박奇薄한 역사의 탁한 물살 거슬러
서로 낮아져 모두가 높아지는 꿈의 그 나라로
바람처럼 앞장 서 그대 홀연히 떠난 뒤

마지막에서야
영원히 눈물로 그대를 보았습니다.

**김영언**
1962년 인천 출생. 계간문예 『다층』 신인상 당선. 시집으로 『아무도 주워 가지 않는 세월』. 한국작가회의 회원.

# 너무 늦은 키스

최기순

그를 만나러
오래오래 걸어서 갔네

내 사랑은 너무 늦게 도착해서
그는 이미 이 세상을 다 걸어간 후였네
광장에서도 많은 이들이 늦은 사랑을 후회하며
흰 꽃들을 들고 서 있었네

때는 성혼의 계절이어서
등불을 켜들고 밤을 지샌 행복한 신부들은
흰 드레스에 화환을 쓰고 웨딩마치를 울리고
연인들은 스스럼없이 분수가에서 포옹을 나누는데

굽이치는 산 위로 떠오르는 아침을 보여주고
황금빛 일곱 송이 수선화*와 음악
빵 한 조각과 솔가지로 베개를 만들어 준다던
그 사람은
기다리다 지쳐 가고 없었네

아직
사랑한다는 말
카론에게 줄 뱃삯도 건네지 못했는데

벌써 강어귀에 배를 대었다고 하네

흙먼지 자욱한 광장에 엎드려
백랍처럼 희고 차가울 이마를 향해
깊고 깊은 작별의 키스를 보내네

이끼 푸른 돌담을 끼고
멀리 더 멀리 돌아오는 길
더운 풀숲에 수선화 몇 송이 푸석하게 말라 있었네

* Seven Daffodils(일곱 송이 수선화) 중에서… 소박하고 마음 편하게 살 수 있게 해준다는 뜻의 노래.

**최기순**
경기 이천 출생. 2001년 『실천문학』으로 등단. 주요 작품으로 「발굽들」 「멀고 아득한 마을에 눈이 내리면」 등.

# 눈물꽃

— 고 노무현 전 대통령의 죽음을 생각하며

정선호

오월, 꽃들이 지천으로 떨어졌다
떨어진 꽃들 망월동 묘지에서 환생하고
너무도 바보스러웠고 인간적이었으며
대통령이란 굴레를 던지고
신동엽 시인의 시에서처럼 고향에서
자전거에 아이를 태우고 다니던 사람,
오월, 꽃처럼 바위 아래로 떨어졌다

우리나라에선 유독 꽃들이 오월에
제 명 다하지 못하고 수많은 눈물 흘리며
강에 떨어져 강물과 함께 바다로 간다
그때마다 산 자들 죽음 자의 슬픔 딛고
거대한 힘으로 다시 일어서곤 한다

죽은 자의 관 부여 잡고 통곡하며
다시 시퍼런 죽창 밤새도록 깎으며
거짓과 위선 뭉겨버리고
어린 아이들 손 잡고 거리로 나선다
촛불을 들고 바다 위를 걷는다

보라 삶과 죽음의 계곡에서 시지프스처럼
만장에 시를 적어 놓고

거친 항해 시작하는 수만의 발걸음을,
바람을 불러 황토길 헤쳐가고
바위를 향해 노래를 부르며 통곡하는
이름 없는 풀잎들 보라

그 풀잎들 밤이면 찬란한 아침 위해
이슬을 불러 꽃을 난산하는 것 보아라

그 위대한 죽음 하나,
환한 눈물꽃으로 우리들 가슴팍에
또렷하게 피어오른 것 분명히 보아야 한다

**정선호**
충남 서천 출생. 2001년 『경남신문』 신춘문예와 2003년 『시와상상』으로 등단.
시집으로 『내 몸속의 지구』 등.

# 알몸

이강산

사람의 몸에서 사람 냄새 말고 또 무슨 냄새가 날 것인가
사람의 몸에서 마땅히 사람 냄새 말고 다른 무엇이 풍겨날 것인가

그 사람의 냄새가 독했던 사람이여
당신 떠나고 남은 그 냄새 혹독하여 나는 눈 부릅뜬다

부엉이바위 위에서 사람 밖 냄새 훌훌 벗어던진 당신
그러나, 그럼에도, 꼭 그래야만 했을까
나는 아린 가슴으로 반문한다

저 더러운 권력의 냄새를 그렇게 벗어던져야 했을까
저 더러운 지역주의의 냄새를 그렇게 벗어던져야 했을까
저 더러운 학벌과 재벌의 냄새를, 차별과 대립의 냄새를
꼭 그렇게 벗어던져야만 했을까

그 악취들, 악취의 옷 겹겹이 껴입은 사람들, 백주에 버젓한데
당신 먼저 다 벗어던졌어야 했는가
바보, 바보 손가락질 받으며 당신 혼자 알몸이었어야 했는가

오죽했으랴, 오죽했으랴 싶어서 돌아본다
한 사람, 열 사람, 백 사람 함께 옷 벗는 사람 없었구나
한 사람, 열 사람, 백 사람 함께 알몸인 사람 도무지 없었구나

하여, 나는 그만 부끄러워져서
내 코와 눈과 귀가 비로소 뚫린 듯
그 알몸의 냄새 뒤쫓아 달음박질한다

한때 우리가 막힌 코로, 막힌 눈으로, 막힌 귀로
그 알몸을, 그 냄새를 내쳤으니 손가락질 하였으니

당신, 사람의 냄새 거두어 떠난 뒤
우리 몸에 찌든 사람의 냄새 아닌 것들
권력의, 지역주의의, 학벌의, 차별의, 대립의, 냉전의 냄새,
썩은 악취 떨치려 옷 벗기 시작하였으니

당신, 홀연히 날아가버린 부엉이바위 앞에 서서
우리는 하룻밤이든 열흘 밤이든 일 년의 밤이든 불면이다
우리는 하룻밤이든 열흘 밤이든 일 년의 밤이든 알몸이다

**이강산**
1959년 충남 금산 출생. 1989년 『실천문학』으로 등단. 시집으로 『세상의 아름다운 풍경』 『물속의 발자국』 등.

# 유서

정종연

정말 가셨을까요
이제 편히 가시라요

민초들 주름살
그렇게 밟고
이렇게 가셔야 하였는고

큰 도둑놈들아
지역 귀신들아
그래 잘 보냈는고

언제나 놈들 들판—
바람이 불어도
결코 꺼지지 않는 촛불을 켜려
작은 등불이 꺼지고 말다

원망마라
포괄적 살인자들
한때는… 백성인 것을

'고뇌하지 마라
절망하지 마라

누구도 탓하지 마라'

바보 님아
사람이 사는 세상을
부엉이바위에서도
이렇게 온몸으로 만들고자 하셨나요!

**정종연**
1963년 전남 함평 출생. 2007년 계간 『만다라문학』 신인상, 2009년 『한국평화문학』 5집으로 등단. 〈늘푸른소나무〉 동인. 공동시집으로 『멀리 사라지는 등이 보인다』(한국 · 버마 합동시집) 등.

# 아무 말 없는 달이어야 합니까

이선

아침이 되어도 캄캄한 밤이에요
몸이 바위처럼 무거워요
입에 풀칠하려 밥상머리에 앉아
이렇게 서걱거리는 밥 한술 넘겨요
꾸역꾸역 밀어 넣었어요
울컥 몇 술 넘어가질 않아요
뙤약볕 쌓여가는 적막한 거리에서
온 몸을 사르던 붉은 칸나꽃 당신이
왜 아무 말 없는 달이어야 합니까
우리 사랑의 노래 뜨겁게 부르며
그저 한 점 바람결 같은 메아리를
그러나 끝내 돌아오지 않는 메아리를
민둥산처럼 기다리다가 그렇게
창연한 달이 되었는지 모르겠습니다
달이 되어서도 눈길 떼지 못하고
이 땅을 비추고 있는 당신
이제 우리 어두운 골방에 쪼그리고 앉아
눈물을 훔치는 어둠의 자식일 수 없습니다
비굴한 역사의 자식일 수 없습니다
제 배만 부르면 그만인 모리배들
개떼처럼 더 극성을 부릴 텐데요
거짓을 일삼는 저들의 얼굴을 보아요

새카맣게 널름거리는 뱀의 혓바닥을
아, 가증스러운 진화라고 해야 하나요
있을 수 없는 일이에요
오늘도 악몽을 꾸며 제 신음소리에 놀라
간신히 눈을 떴지요
뙤약볕 쌓여가는 적막한 거리에서
온몸을 사르던 붉은 칸나꽃 당신이
왜 아무 말 없는 달이어야 합니까
굽이굽이 아픈 역사를 짊어진 이 땅에
못다한 사랑 고루 뿌리고 있습니까
사람의 마을 작은 골목길에
순결한 달빛이 서럽게 쌓여가는 밤입니다

**이선**
1962년 충북 음성 출생. 1999년 『충청일보』 신춘문예로 등단. 시집으로 『밤 두 시 십분쯤』 등.

# 촛불

이규석

질펀한 어둠 밝혀가자고
더 큰 어둠이 몰려와 눌러도
심지 꼿꼿하게 세워 타올랐습니다

이 시대 저 캄캄한 어둠 흔드는
쌓이고 쌓여 답답했던
가슴 여는 소리였습니다

권위주의의 체면 스스로 머리 숙여
어깨 밑으로 내려놓으시고
다정다감한 할아버지로
가슴 열고 만나는 따뜻한 이웃으로
컬컬한 막걸리 맛에 농익는
투박한 농부의 소탈한 웃음도
죄가 되는 이 세상
황당한 심술바람만 거세게 불었습니다

그랬습니다
어둠은 얕은 마음에서부터 오는 것이고
자기 배만 채우는 은밀한 거래
그 어둠에 길들여지기를 거부한 채
봉하마을 부엉이바위에서

변명하지 않을 역사를 향해
제 한몸 사루어
어둠 밝히는 빛이 되셨습니다

빛은 이제 들불처럼 번져
손과 손을 맞잡은 우리가 되어
내 작은 가슴에도 타오르고 있습니다

**이규석**
1958년 경남 함안 출생. 1987년 『고주박』 동인지로 등단. 경남작가회의 회원, 『객토문학』 동인. 시집으로 『하루살이의 노래』 등.

# 민들레 편지

이남순

겹겹이 싸인 슬픔 조심스레 보듬어도
바람보다 꼿꼿하게 지켜왔던 정절인가
참았던 울음보인가 구름 같은 꽃 한 송이

울컥, 하는 북받침이 꿈이듯 살아나고
빈한한 내 가슴에 당신아픔 너무 겨워
생전에 첫 마음 열어 화답하여 드리오니

허공을 딛고서도 옳은 뜻 꿇지 않던
그 봄날 숨찬 사랑 내 절망도 깨어나서
외마디 꽃 대궁마다 당신만의 꽃일래요

꽃들이 피었다고 다 꽃은 아니옵고
나지막이 피울망정 함부로 피지 않는
당신께 온새미로의 내 약속을 바칩니다.

**이남순**
1957년 경남 함안 출생. 2008년 경남신문 신춘문예로 등단.

# 당신의 목젖으로

박우담

이렇게 떠나시면 어쩌란 말입니까
늦장걸음으로 가시면 안되겠던가요
늘 밑바닥에서 출발하는 그대의 눈시울이 그립습니다
바닥이 슬피 웁니다
우리가 딛고 섰던 곳이
당신의 눈시울이었다는 걸 이제야 알겠습니다
가장 높은 곳에서
가장 낮은 울음을 울 줄 알던 그대의 목젖이
우리가 걸터앉았던 문턱이었다는 걸
이제야 알겠습니다
님이시여!
이제는 그 울음 거두시고
편히 가소서
아. 어찌된 일입니까
그대의 빈자리가 보이기 시작했습니다
늦은 밤 부엉 부엉 부엉이 소리로도 울지 마소서
우리가 당신의 목젖으로 울겠습니다
님이시여! 먼 길 부디 편히 가소서

**박우담**
1957년 진주 출생. 2004년 『시를 사랑하는 사람들』로 등단. 남가람문학회 회원.

# 농사꾼이 밭을 탓하랴

신병구

농사꾼이 밭을 탓하랴
차라리 그 밭에 거름 되려고
생목숨 내던진
바보대통령 영결식날
뙤약볕 몰려다니는 산밭에 나가
저물도록 묘목을 심었다
지친 몸 끌고 돌아와
TV 앞에서 잠시 졸았나 보다
밭이랑 가득하던 묘목은 가뭇없고
아가리 벌린 시커먼 비닐 구멍들이
여기는 왜 묘목을 심지 않느냐 달려들어
퍼뜩 깨었다
운구차 뒤로 만장 뒤로  화면 가득 까마득한 사람들
뿌리내릴 밭을 잃고 흐느끼던 묘목들이
죄다 저기 몰려갔을까
탓할 길 없는 슬픔이 분노가
탓할 길 없는 밭자락이 묘목들이
세상 가득 물결치고 있었다

**신병구**
1968년 군산 출생. 2006년 『문예연구』 신인상으로 등단.

# 꽃이 깨물다

동길산

꽃이 꽃을 깨물어서
꽃이 진다
꽃을 한 잎 한 잎 깨무는 꽃은
꽃이 한 잎 한 잎 지고
꽃을 한꺼번에 깨무는 꽃은
꽃이 한꺼번에 진다
자기를 깨물어 지는 꽃
사람이 그러랴
내가 그러랴
지는 꽃이
꽃 위에 앉는다
꽃이 꽃을 깨물어서
꽃이 꽃 위에 앉는다
꽃이 꽃을 깨물어서
꽃은
지고 나서도 꽃이다

**동길산**
1960년 부산 출생. 1989년 무크지 『지평』으로 등단. 시집으로 『무화과 한 그루』 등. 산문집으로 『길에게 묻다』 등.

# 부엉이

서수찬

부엉이는 바위로만
전해졌다
부엉이는 뒷배경으로만
가만히 앉아 있었다
부엉이는
멀리서 어둠만이
서서히 몰려오고 있는 것을
바라보고 있었다
어둠이 쥐의 얼굴로 변하고
변하고 있다는 것도
부엉이는 알고 있었다
지상의 곳간에는
곡식이 표시 나게
없어지고 있다는 것도 알고 있었다
그간 착실하게 모아 두었던
사람 사는 세상도
여기 저기에 쥐의
이빨자국으로 가득 찬 것도
부엉이는 보았다
바위로 사는 것이
원망스러웠다
부엉이는 큰소리로 울어 보았다

아무도 대답이 없었다
살아 있는 어느 것도
바위의 울음소리를 거들떠 보지 않았다
부엉이를 어떻게든 깨워야 한다고
더이상 바위처럼 인자한 모습을 하고 있을 때가 아니라고
한 바보는 자신이 직접
바위를 입기로 했다
부엉이에게 영혼을 입히기로 했다
그런데 거짓말같이
끔쩍도 않을 것 같은 바위가
진짜로 울기 시작했다
부엉이 소리를 내기 시작했다
다들 그 소리를 똑똑히 들었다
어둠속에서 부엉이 눈이 동그랗게 동그랗게
쥐를 파먹기 시작했다.

**서수찬**
1963년 광주 광산 출생. 1989년 『노동해방문학』으로 등단. 시집으로 『시금치 학교』 등.

# 노란 길

송진

노란 깃발이 사라진 길 끝에서
그대를 생각합니다

빨간 보도블록 왼쪽 화단 속
사철나무 하얀 꽃이 소복처럼 피었습니다

함박꽃 미장원 오른쪽 화단 속
치자나무가 꽃상여처럼 흔들립니다

그대는 목란꽃 무궁화꽃 둘러싸인 봉하마을에서
손녀와 얼음과자 먹는 꿈 꾸셨지요

부엉이바위 그늘 아래 꽃들의 고단한 하루
잠시 쉬어가기를 원하셨지요

꽃은
밤이면 자연의 조각이불을 덮고 잠시 잠이 들 것입니다
새벽이면 자전거 페달을 더 뜨겁게 밟을 것입니다

치자꽃 굵은 주름 속에 핀 그대의 향기로운 웃음
이 땅의 아이들 그 향기로 피어날 것입니다

그대는 진정한 시인이며 진정한 정치가이며
진정한 대통령이었습니다

그대는 우리의 순결한 꽃입니다

이제 마음의 짐을 내리고
편안히 쉬시기를 간절히 기원드립니다

**송진**
1960년 부산 출생. 1999년 『다층』으로 등단. 시집으로 『지옥에 다녀오다』 등.

# 노간지

장헌권

시간을 노랗게
색칠한 바보
빈 가슴 부벼댈
언덕을 더듬어
작고 담담한
비석으로
앉아 있다

서럽고 서러운
울음소리
까맣게 타버린
혼을 묻으며
아린
아쉬움으로
모질고 굴곡 많은
멍멍해진
역사를 뚫으며.

**장헌권**
2008년 『문학공간』으로 등단. 광주 서정교회 목사, 광주 기독교연합회 NCC 인권위원장. 광주 국제영화제 이사.

# 반성

김광선

서민의 자식으로 태어나서 그
품계를 벗어날 수 없어서
힘 있는 자 앞에서는 많이 주눅 들고
약한 자 앞에서는 조금
목에 힘을 주었던 적 있었던가, 먼빛으로
저 파란 샛강 줄기 어느 곳으로 흘러들었던가
아닌 것을 분명히 아니라고 밥 앞에서
용기 있게 말해본 적 있었던가
있었다 있었다, 섣불리 꽃부터 피운 벚꽃처럼
바람 속 구호로 흩어졌다
강줄기였던, 흩어지는 꽃잎마저도
가슴으로 받아냈던 그대는 역사의 줄기가 되었다
꽃도 지고 이파리만 무성하게 우거져가는
상기된 초여름 자꾸만 기침을 뱉아내는 저녁 강줄기는
핏빛으로 노을이 붉다 다 갈아엎은 무논의 써레질
새로 심은 모싹들이 저녁바람에 떨고
나뭇가지들 만장처럼
아직은 연초록 그렇게 흩날렸지.

**김광선**
1961년 전남 고흥 출생. 2003년 창비 신인상 수상으로 등단. 시집으로 『겨울삽화』 등. 주요 작품으로 『어떤 해약』 『믹서기』 등. 『젊은 시』 동인.

# 5월의 슬픈 무궁화

이설영

몰랐습니다
그토록 외로운 민중의 노래를
홀로 부르셨다는 것을…
이렇게 뒤늦게 당신을 위해
촛불을 드는 무심함의 우리를 용서하소서
권력의 마성에
검게 물든 자들과 맞서 싸워야 했던
고독한 투쟁의 길 끝에
끝내 떠나야만 했던 5월 어느 날
무궁화 꽃은 모두 시들어 떨어지고
힘없는 서민의 터전은
통한의 눈물바다가 되었습니다

기타 반주에 맞추어
그리 잘 부르던 상록수도
국민이 대통령이다
외치던 민중의 노래도
이제 다시 들을 수 없음에
슬픔만 가득 밀려옵니다
혼탁한 이 하늘 아래
그 누가 또다시 우리를 위한
노래를 불러 주겠습니까

진정 이 땅 위해 세상에 다녀간 이
이제 없으니 이 나라를 어찌하오리까

언제부터인지
청와대 태극기는 점점 병들어 갔습니다
송두리째 뽑아다가 봉하마을에 세워두고
진정한 평화의 깃발 되게 하여
당신의 투혼과 함께 힘차게 펄럭이게 하고 싶습니다

그 고귀한 절규의 눈물이
해마다 찬란한 5월의 깃발이 되어 펄럭일 때면
우리도 허전했던 당신의 가슴에 촛불을 밝혀 드리겠습니다

살아생전 못다 이룬 꿈 대신
홀연히 떠나신 역사의 뒤안길에서
부디 그토록 사랑했던 이 나라와
많은 사람들에게 평화의 빛을 비춰주소서.

**이설영**
1969년 대전 출생. 〈대전산악정보신문〉 대상 수상. 시집으로 『인연 하나 사랑 하나』 등. 〈물빛글터문학〉 사무국장.

# 내가 눈을 감아도

임성용

이상하지요
어둑한 밤
별이 지고 나니
하늘이 밝아지네요

이상하지요
보잘 것 없는
꽃이 지고 나니
향기가 밀려오네요

잠시 바라본
나의 별
내 가슴의 향기
그것이 사라지기 전에는
진정 내 것인 줄 몰랐어요
내 그리움은 너무 멀리 있다고
고개를 저었어요

그런데 이상하지요
내가 우러른 별자리
내가 가꾸어갈 꽃밭이
누군가 절명한 뒤에

고스란히 남아있었어요

내가 눈을 감아도
시그럭대는 바람소리
어둠을 톱질하는 소리가
한 편의 시처럼 들려왔어요.

**임성용**
1965년 전남 보성 출생. 전태일문학상 수상. 시집으로 『하늘공장』 등. 현재 리얼리스트100 회원.

# 죄인의 변명

이선미

말에 휘둘리다 잠 한숨 그리워
영원히 눈감은 사람

욕된 삶도 한번쯤은
눈감는 바보가 되어도 좋았을걸
사람답게 사는 세상 처절하게 버티어도
끝내 닿을 수 없어
절벽으로 흩어진 핏빛 꽃송이

사람에게 다가설 줄 알아
구멍가게에 앉아 담배 꺼내 물고
자전거에 손녀딸 태우고 논길 달리던
밀짚모자 쓴 우리의 소탈한 대통령

그가 꿈꾸었던 균형발전 이룬
평화로운 나라를 향한 간절한 소망이
무참히 깨어지던 절벽에서 손 잡아주지 못한
우리는 모두 죄인입니다.

뒤늦게 깨달은 뉘우침에
슬퍼도 슬프다 말 못하고
아직은 안녕히 가시라 못합니다.

우리의 슬픔을 딛고 일어나요
마지막 승리자인 당신이 일어나야
독주를 고집하는 시대 앞에서
소통을 할 수 있어요

우리의 분노를 붙잡고 일어나요
영원한 승리자인 당신이 일어나야
재벌들을 더 살찌우는 이 정권 앞에서
서민들이 다시한번 살 수 있어요

당신이 일어나야 이룰 수 있어요
민주주의 우리 대한민국

**이선미**
1966년 전북 익산 출생. 2007년 『한울문학』 신인문학상 수상으로 등단. 주요 시집으로 『바람에게서 들은 세상 이야기』(공저) 등. 대표작으로 『별』 『은행나무』 등. 현재 철원문학동인 모을동비 동인. 관인초등학교 초등보육교사.

# 견고한 성

임희구

그는 산자락에 성을 하나 가지고 있다
세상 귀퉁이에 은밀하게 솟아있는 철옹성
어쩌다 한 번 그 성에 가본 적이 있다
처음엔 그곳이 그렇게 견고한 성인 줄을 몰랐다
그의 깊고 깊은 체취에 넋을 놓쳐
나는 그 성의 견고한 성벽을 바로보지 못했다
바람 한 점 들어갈 곳 없이 옹골찬
그 성 안으로 오늘 그가 들어갔다
물론 늘 있는 일이지만
그가 그 견고한 성 안으로 들어갈 때마다
나는 한번쯤 뒤돌아봐 달라고 터무니없이
소리치곤 한다 그게 얼마나 무식한 짓인지
빤히 알면서도 나는 늘 잊어먹는다
성 밖에서 그만 바라보다가
그의 단단한 성을 까먹고 있다가
그가 고단한 외출을 마치고
성 안으로 들어갈 때면 나는 갓난아기처럼 자지러진다
그렇게 혼자 자지러지다 보면
내 삭은 가슴속에서 그의 성이 보인다
밤새 홀로 감당해내야 하는 성주의 처절한 고독이
그 고독의 참담한 눈물이 견고한 성처럼 보이는 것이다

**임희구**
1965년 서울 출생. 2003년 계간 『생각과느낌』으로 등단. 전태일문학상 수상.
주요 시집으로 『걸레와 찬밥』 등.

# 합장

박노정

몸 바치네
빚잔치가 거나하네

통째로 던지는
단호한 결별 앞에

파란만장의
소지 한 장
시름없이 타오르네

사람들은 서둘러
말문을 닫고

기나긴 칩거의 또아리를 틀겠네

**박노정**
1980년 『호서문학』으로 등단. 시집으로 『늪이고 노래며 사랑이던』 『바람도 한참은 바람난 바람이 되어』 등. 제1회 진주민족예술상 수상. 민예총 진주지부장, 진주문인협회 회장 역임. 현재 화요문학회 회장.

# 부엉이바위 눈물로 사람 사는 세상 꽃불 밝혔네

— 고 노무현 대통령님을 떠나보내며

김형효

삼천리강산에 새봄이 왔지만
당신은 먼 길을 가셨습니다
온 봄이 진정 봄이 아니었지요.
아픈 세월의 아리랑 고개를 넘어
우리들에게 모진 풍파를 이겨 갈
뜻을 모아 주셨습니다.
가셨지만, 보내지 못한 마음 하나로 모여
다시 님의 뜻을 살리러 일어나고 있습니다.
부디 보살펴 주십시오.

원 없이 하고 싶은 말씀이라도
하시지 그러셨어요.
달갑던 진실이 가득한 말씀을
알아듣는 사람들이 있었는데요.

말없이 세월이 가지만,
그런 속절없는 세월 따라
함께 가는 사람들도 있었는데요.
오월의 하늘이 당신을 지켜주지 못했나요.

저는 이렇게 말하고 싶어요.
마치 다툼(승부)으로 일관한 세월 같다.

그렇게 말하는 사람들에게
그렇게 사랑스런 세상을 살고 싶었던 분이라고,
꿈도 꿔 본 적 없는 나라에 살고 싶어서였다고,
그렇게 살게 하고 싶어서라고,

세월처럼 구름이 흘러가듯이
어디선가 바람이 불어왔습니다.
당신은 그 바람을 따라와서
빛고을을 찬란하게 밝혔습니다.
핏빛으로 물들었던 오월의 하늘에
슬픔을 이기고 빛이 들게 하였습니다.
자주와 자존을 일으키기 위해
온몸으로 몸부림치셨습니다.

사람들이 떼 지어 패 지어
이러쿵저러쿵 중얼거리고 매도할 때도
그런 세월을 탓할 것은 없다.
그들의 안부는 내 것이 아니다.
그렇게 의연하던 당신이지요.

당신이 가버린 그 자리에
모든 것 산산이 흩어지고

아침 해가 솟아나듯
나는 놀라 일어섰고
모든 형제 모든 국민이 놀라 일어섰습니다.

무시무시한 기운으로
아침 일찍 일터로 가는 사람들이
그 웅성거림을 모아
오늘 민주를 압살하는 자들을 향해 바로 섰습니다.
저들이 저주의 굿판을 벌이기 위해
저들이 가혹한 훈련을 시작하기 위해
줄지어 서 있는 것을 똑바로 보고 섰습니다.

해맑은 처녀들은 아픔에 겨워
고달픈 다리 끌고
사거리를 지나 집으로 갑니다.
능수버들 늘어진 개울가에
어머니 말씀을 듣고
표독스런 승냥이의 울부짖음을 알아채듯
저 하늘의 구름 속 흰 독수리처럼
계곡으로 내려와
우리를 표적 삼은 저들을 바라봅니다.

봄밤에 우는 소쩍새 울음소리
슬프다 했건마는
오늘은 아니라네.

봄날 맑은 날에 뒷동산
진달래, 개나리, 민들레꽃을 보며
우리네 서글픔은 천지간을 이었다네.

어쩔 끄나, 어쩔 끄나,
고비 고비 눈물로 넘어갈 세월이 멀기만 하니,
하늘의 무심함을 누가 탓 하리오.
우리네 사람살이 너나들게
뜻을 모아 살아가세.

가신 님도 그리 살게 우리 님도 그리 살게
천지간을 이어가게 우리 모두 힘 모아서
무등에서 봉하에서 대동 세상 열어보세.

1946년에 태어나서 2009년에 세상 떠난
노무현 대통령 님의 명복을 빌어봅니다.
두 손을 간절히 모아 서로 맹세하며
그 분의 뜻을 이루는 것이 우리가

살아있는 우리가 가야할 길이라 믿으며
지역감정의 끈을 놓아야겠습니다.

우리나라라 말하면서
우리의 주권을 우리가 가져오지 못하고
전시작전권을 미국에게 주자는 정당은
과연 존재해야 마땅할까요.
그들은 우리의 영혼을 무척이나 힘들게 합니다.
우리끼리 갈라져서 무엇을 얻자는 것인가요?
그들에게 무조건 순종하며 살아야 하나요.
그들을 지지해서는 안됩니다.
평등한 세상을 이루자는 정당을 지지하고
어렵고 힘든 사람들과 함께 하자는 정당을 지지하는 것
그게 바로 우리가 가야 할 길입니다.
가진 것도 없는 사람들이
왜? 부자들과 권력을 가진
그들을 지지해야 하나요?
이제 그 길에서 벗어나야 합니다.
우리가 노무현 대통령님을 보내면서
꼭 다짐해야 합니다.
노무현 대통령님의 뜻을 살리는 길을
차분히 각자의 자리에서 찾아 나서야 합니다.

그 길이 진정으로 옳게 모시는 길입니다.

부엉이바위 눈물로
사람사는 세상의 촛불을 환히 밝히신
노무현 대통령님이시여

삼가 고인의 명복을 빕니다.

**김형효**
1965년 전남 무안 출생. 1997년 시집 『사람의 사막에서』로 등단. 시집으로 『꽃 새벽에 눈내리고』 『사막에서 사랑을』, 산문집으로 『히말라야, 안나푸르나를 걷다』. 현재 우크라이나 니꼴라예프 수호믈린스키 국립대학교 한국어 강사.

# 세상을 두 번 울리신 분

김귀녀

오늘아침 누가
한쪽 가슴을 도려내고 나를 울게 했다
그 상처가 너무 깊어 아프다
당분간 오래도록 아플 것이다
세상을 두 번 울리신 분
대통령 당선에서 국민을 울렸고
봉하마을 부엉이바위에서
국민들을 또 다시 울게 한다
겪어보지 않은 자는 모를 것이다
그 상처의 깊이를
또 얼마나 아픈 것인지를
골 깊게 파인 상처가 아물 때쯤, 알아질 것인가
신만이 아실 것이다
가난한 서민들을 위해 웃던
산목련처럼 하얀 함박웃음을
이젠, 더 이상 볼 수 없어 슬프다
저녁노을 선홍빛 눈물이 뚝뚝 떨어진다

**김귀녀**
강원 양양 출생. 2005년 월간 『문학세계』로 등단. 시집으로 『자연으로 가는 길섶』『바다에서 별을 줍다』(공저) 등. 월간 『문학세계』 신인 문학상 수상. 한국문인협회 회원, 아카페문학회 회원 , 〈시인의 향기〉 운영위원.

# 냉이꽃의 힘

석여공

발목 아래 냉이꽃 피었다
냉이꽃 앉은 키로 세상을 바라보랴 하면
나는 얼마나 더 작아져야 하느냐
엎드려 냉이꽃보다 깊이 엎드려
냉이꽃에게 절한다

지난 날 네가 밟고 떠나간 그 길에
냉이꽃 피었다
내가 밟고 지나왔던 그 길에도 냉이꽃 피었다
차가운 뺨 한 장 남기고 떠난 너는 위대하다
누군가 나를 짓밟는 발목이 있다면
지금 용서하라
그래야 꽃피울 힘을 갖는다

**석여공**
1962년 전남 강진 출생. 2006년 계간 『불교문예』 신인상으로 등단. 시집으로 『잘 되었다』 등. 승려시인이자, 와편전각가로 활동중. 한국문학평화포럼 회원.

# 별 진 자리에 꽃이 피었다

최연식

낮은 곳에 앉아 보았니?
수드라*의 쓰디쓴 눈물 보았니?
법 앞에 평등이란 말이 믿어지니?
정치가 정말로 국민을 위한 것이었니?
고개 숙이고 구걸하던 놈들 옆구리 칼 차고 나서
너를 위해 우리를 위해 어느 것 하나 약속 지킨 것 있니?

개천에서 용 났다고?
그래, 실개천에서 용 한 마리 솟았다.
잘 나가는 대학도 못 다녔고
부모 잘 만나 물려받은 재산도 없었지만
사람이 사람답게 대접 받는 세상 만들고자
오기 하나로 싸워 이겼다.

이기고 나면 귀족이 되어 과거를 잊었지만
그는 낮은 곳을 기웃거렸고 그 낮은 곳이
평범한 곳이 되도록 스스로 낮아졌다.

그와 함께 낮아지는 것이 싫어
아니 낮은 곳을 높이는 것이 싫어
씹고 물고 할퀴었다.

혁명을 꿈꿨다.
가진 자를 뭉개는 게 아니라
비겁하게 쌓은 재물 공정하게 거두려 했고
억눌려 기氣피지 못 하는 개천의 미꾸라지들
용龍되어 비상할 수 있기를 희망했다.

그가 걸어온 길은 포장된 길이 아니었다.
귀족의 마차를 버리고 손수레 끄는 짐꾼 속으로 갔고
칼 든 자들의 호위를 버리고
죄도 없이 죄인이 되는 민중 속으로 갔다
방패도 없이 피 흘리는 백성의 앞에 서서
나부터 밟고 가라며 창끝에 몸을 들이댔다.

그리하여 용龍이 되었다.
초롱한 눈망울의 백성을 보며
낮은 곳 높이려고 용틀임했지만
귀족과 낙타가 바늘구멍 들어가기보다
힘든 자들의 반항으로
그들과 싸우다 곤룡포를 벗어야했다.

그리고 본래의 실개천으로 돌아가
가장 낮은 곳의 미꾸라지들과 살려 했다.

사람답게 살려했다.
사람 사는 세상 제대로 만들고자 했다.

다시 칼 쥔 자들
촘촘한 그물로 실개천 틀어막고
죄 없는 자 돌로 치라는 말씀 뒤로 한 채
선혈이 낭자하도록 송곳으로 찔러댔다.

자신의 아픔이야 견디겠지만
더러워진 실개천에서 울부짖는 미꾸라지들
다시는 용 될 수 없게 짓누르는
장화 발 앞에
맑은 물 되어 함께 살고자
피로써 비 되어 흘러내렸다.

혁명을 꿈꿨다.
부엉이 워-엉 울던 밤
하늘의 별이 떨어지고
아침이 되자
별진 자리마다 꽃이 피었다.

선혈을 머금고 핀 꽃마다

꽃씨를 날리고
여기저기 내려앉은 자리마다 꽃이 자란다.

혁명을 꿈꿨다.
꽃이 자란다.

* 수드라: 힌두교를 믿는 지역에서 가장 낮은 계급의 백성들.

**최연식**
1954년 강화 출생. 1999년 계간 『시인정신』 신인상으로 등단. 시집으로 『문득 그대 그리운 날』 『내게 머문 눈빛만으로』 『그 눈 속에 잠들다』 등. 한국작가회의 회원, 강화문학회 회장.

# 사람 사는 세상을 위하여

— 고 노무현 전 대통령님을 추모하며

윤임수

그들은 모릅니다.
왜 우리가 당신을 바보라고 부르는지를,
조롱과 수모와 온갖 모욕을 당하면서도
왜 당신이 바보의 길을 갔는지 그들은 모릅니다.
이 세상보다 더 높은 곳에서 어물쩍 서성거리며
말로만 우리를 위한다는 영악한 그들은 모릅니다.
알량한 권력에 빌붙어 노닥거리며
순수가 무엇인지 진정이 무엇인지 도통 관심이 없는 그들은,
고통으로 신음하는 사람들의 피를 빨아 제 배 채우고
길게 드러누워 회심의 미소를 짓는 그들은,
모릅니다 모릅니다 아무것도 모르면서
그저 잘난 입이나 오물거릴 뿐입니다.

그러나 우리는 압니다.
왜 당신이 우리에게 바보였는지를,
그 숱하게 더러운 날들을 지새우면서도 당신이
왜 그 바보의 길을 갔는지 우리는 압니다.
국회의원 당선이라는 뻔한 길을 버리고 당당하게 맞붙은 당신
삼당야합의 비열한 눈웃음에 묵직한 돌팔매를 던진 당신
지역주의를 없애고 하나가 되자고 몸부림쳤던 당신
기득권을 버리지 않으려는 권력에 홀로 맞붙어
절대로 절대로 정의를 내어줄 수는 없다고 외쳤던 당신

그러다가 결국 온몸을 던지고 자신을 버리고
이 세상을 통째로 끌어안은 당신
우리는 그러한 당신을 너무도 잘 압니다.

그리하여 전 대통령님 노무현 당신
이제 우리는 당신을 보내려 합니다.
이래서는 안 된다고, 이대로는 절대 보낼 수 없다고
온몸 슬픔으로 출렁거리지만
안타까운 마음이여, 애처로운 가슴이여, 제발, 제발 숨죽여다오
애원의 눈빛으로 당신을 보내려 합니다.
이건 아니지, 정말이지 이건 아니지 하면서도
슬퍼하지 마라, 원망하지 마라, 당신 마음을 가슴에 담고
이제 정녕 당신을 보내려 합니다.
그러나 그렇게 보내도 사랑하는 당신
무척이나 보고 싶을 것입니다.
돌아보는 모든 자리 자리마다 당신은 살아있을 것입니다.

그러므로 이제 우리 당신이 그토록 원했던 세상
위아래 나뉨이 없이 모두가 주인인 세상
그 참으로 사람이 사람으로 사는 세상을
우리가 만들어 가겠습니다. 우리가 함께 가겠습니다.
그리하여 결국 당신이 우리 곁에 영원히 살아있음을

알겠습니다. 바보 같은 당신이 혼자가 아니었음을
절대 혼자가 아니었음을 알겠습니다.
이렇게 당신을 보내지만 또한 보내지 않았음을
비바람 맞고 눈보라 쳐도 온 누리 끝까지
저 푸른 눈물 뚝뚝 떨어지는 하늘을 우러러
저 타는 가슴 쩍쩍 갈라지는 땅을 보듬어
영원히, 영원히, 당신이 살아있음을 알겠습니다.

**윤임수**
1966년 충남 부여 출생. 1998년 『실천문학』 신인상으로 등단. 시집으로 『상처의 집』 등. 한국작가회의 회원.

**노무현 추모시집 발간 및 추모예술제 – 문학예술인 성금 기탁자 명단**

마음의 정성을 모아주신 분들께 감사드립니다.

강경호 강기희 강 민 강병철 강상기 강영환 강희근 고규태 고명철 고미경
고증식 고희림 공정배 권덕하 권석창 권선희 권순자 권화빈 권혁재 김경훈
김규성 김규철 김기홍 김동환 김만수 김명성 김선규 김선자 김선태 김성대
김성라 김수열 김수우 김순남 김시천 김양호 김여옥 김영곤 김영곤 김영언
김영춘 김영현 김영환 김용락 김용태 김윤곤 김윤호 김윤환 김윤현 김응교
김이하 김인호 김재균 김정란 김준태 김 진 김진수 김창균 김태수 김판수
김희수 김희정 나문석 나종영 나해철 노혜경 남요원 류명선 리명한 맹문재
모윤태 문대남 문인수 문창길 문창룡 박경희 박관서 박구경 박노정 박몽구
박상률 박상봉 박선욱 박설희 박예분 박우담 박두규 박봉례 박용수 박정모
박정수 박정애 박종관 박찬일 박해전 박홍점 박희주 박희호 방남수 배창환
백신종 서애숙 서정춘 서정홍 서 희 석벽송 성군경 성희직 손태연 손한옥
송명호 송은영 송진호 신동원 신보성 신용기 신영주 신 진 신현미 안이희옥
양 곡 양문규 양정자 오영호 오인태 용환신 유강희 유명선 유시연 유재영
윤미나 윤석주 윤석홍 윤영교 윤임수 이강산 이규석 이기순 이남순 이다빈
이달호 이덕규 이민숙 이 선 이선미 이성룡 이소리 이순주 이승철 이승희
이시영 이윤하 이응인 이인범 이재무 이정록 이정숙 이종수 이지담 이진명
이학영 이현채 이홍섭 임경자 임상모 임수생 임 윤 임종철 임헌영 임효림
장순향 장정임 장헌권 전무용 정공량 정낙추 정대호 정민나 정선호 정세훈
정수리 정수자 정안면 정연수 정용국 정원도 정윤천 정일관 정재분 정종연
정춘근 정푸른 정행균 정형택 조기조 조영옥 조용미 조용숙 조재도 조정인
지요하 차옥혜 차정미 채상근 채지원 최기순 최기종 최동현 최승익 최연식
최영록 최자웅 최창균 최현희 표성배 하재청 함민복 함순례 함진원 호인수
홍일선 홍일표 홍희표 △무명씨 1인

# 노무현 전대통령의 서거를 애도하며 명복을 빕니다

국내외 각계 인사들의 정성으로 노무현 전대통령 49재 추모예술제가
2009년 7월 9일 오후 5시 봉하마을에서 개최되었습니다. 후원에 감사드립니다.

민가협 임기란 이 영 서경순 조순덕 정순녀 장두석 이정이 김종대 김명성 김용태
이상익 오길석 강기정 강봉균 강성종 강창일 김동철 김부겸 김상희 김성곤 김성순
김영록 김영진 김우남 김유정 김재균 김재윤 김종률 김진표 김춘진 김충조 김효석
김희철 노영민 문학진 문희상 박기춘 박병석 박상천 박선숙 박영선 박은수 박주선
박지원 백원우 백재현 변재일 서갑원 서종표 송민순 송영길 신낙균 신학용 안규백
안민석 양승조 오제세 우윤근 우제창 원혜영 유선호 이강래 이광재 이낙연 이미경
이석현 이성남 이시종 이용삼 이용섭 이윤석 이종걸 이춘석 장세환 전병헌 전현희
전혜숙 정국교 정세균 정장선 조경태 조배숙 조영택 조정식 주승용 천정배 최규성
최규식 최문순 최영희 최인기 최재성 최철국 추미애 홍영표 홍재형 강기갑 오복자
김계윤 김동휘 김동성 김미숙 김용이 김원영 김인각 김인술 김정호 김주민 라상채
박영덕 박원석 박점이 서동국 송준석 이선재 임재택 장남주 장대근 정미경 정재강
정현찬 최방원 나간채 박해전 신영희 박하늘 박한길 박진수 정해숙 황보윤식 김난수
김창근 김현칠 박천희 이성길 김우경 신맹순 송진복 정일용 이준희 고승우 박순경
김애영 조영건 장시기 김우남 전호근 강수돌 임헌영 김시우 전기호 홍경의 이낙호
김제영 법 타 김승자 김승균 윤영전 박남순 길일기 권정희 황국연 배순용 박병남
이윤하 신용승 (무순)

**민주당** | 대표 정세균 원내대표 이강래
사무총장 이미경 정책위의장 박병석
최고위원 송영길 김민석 박주선 안희정 김진표 장상 윤덕홍

**민가협** | 상임고문 임기란 회장 이영 서경순 조순덕 정순녀

**(사)한민족생활문화연구회** | 이사장 민족의학자 장두석

**6.15공동선언실천부산본부** | 상임대표 이정이

**노무현 대통령 초등학교 시절** | 은사 김종대

**참말로 chammalo.com** | 회장 박해전 대표 인병문

**노무현 전대통령 49재 추모예술제 행사위원회**
**위원장 김영현 박해전 | 총연출 이승철**